2018年度国家社科基金项目“西藏边境地区融入‘一带一路’建设研究”（项目编号：18BMZ095）

2017年度西藏自治区哲学社会科学专项资金项目青年项目
“西藏建设面向南亚开放重要通道的战略研究”（项目编号：17CGL005）

2016年度西藏大学珠峰人才发展支持计划——“珠峰学者”计划项目

西 藏 经 济 文 化 研 究 中 心 文 库

西藏大学中国少数民族经济发展协同创新中心 编

“一带一路”倡议与西藏经济社会发展研究

STUDIES ON THE BELT AND ROAD INITIATIVE AND THE ECONOMIC AND SOCIAL DEVELOPMENT OF TIBET

图登克珠　徐 宁　编著

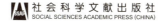

社 会 科 学 文 献 出 版 社
SOCIAL SCIENCES ACADEMIC PRESS (CHINA)

总　序

昔日北京大学校长蔡元培先生曾经说道：“大学者，研究高深学问者也。”大学之大，在于学，在于学术研究，在于思想的交融。对知识的追求、传递和探索，是新时代大学生生存和发展的主题，是高水平大学建设的具体体现。值此“双一流”大学建设之际，“西藏经济文化研究中心文库”面世，是西藏大学建设“世界一流学科”的重要成果，献礼祖国改革开放40周年和西藏自治区成立63周年。

中共中央第六次西藏工作座谈会以来，西藏经济社会取得了长足发展。尤其是以西藏大学为主的西藏高校智库结合改革开放40年来取得的成绩，不断总结西藏经济社会发展的经验，探索西藏新时期经济发展的新道路和新模式。以西藏经济文化研究中心和中国少数民族经济发展协同创新中心为主的、扎根西藏的本土研究智库，坚持“立足西藏，服务西藏”的原则，秉承老西藏精神和藏大精神，以服务西藏经济社会发展为宗旨，身兼研究西藏经济、社会、旅游、文化、宗教等领域中具有全局性、综合性、战略性、长期性、前瞻性的热点、难点问题的主要职责，为西藏自治区的相关职能部门提供政策建议和咨询意见。西藏经济文化研究中心、中国少数民族经济发展协同创新中心结合西藏大学经济与管理学院中国少数民族经济博士点和硕士点，为西藏经济社会的发展培养政治立场坚定、专业理论扎实、服务意识强的“靠得住、用得上、留得下”的应用型人才；以西藏大学为牵头单位，协同西藏自治区宣传部、组织部、旅发委等区直单位和拉萨市、山南市、日喀则市、林芝市、阿里地区等市、地政府，以及中国社会科学院、中国人民大学、首都经济贸易大学、新疆大学、内蒙古大学、青海大学、云南大学、西南财经大学等研究机构和高等院校，坚持作为推进民族地区发展的特色新型智库、作为加强理论联系实践的合作科研平台和作为协同高校“双一流建设”的基础支撑平台、交流合作平台和智库平台。

西藏经济文化研究中心积极组织教师团队和研究生团队申报各级各类科研项目，并择优选取研究成果资助出版，形成“西藏经济文化研究中心文库”。文库以“全球视野、区域发展战略和文化包容”为基本理念，力图全面而系统地研究西藏经济社会发展，以“一带一路”倡议加快西藏建设面向南亚开放重要通道为研究背景，旨在以更为宏阔的视野，详尽而深入地介绍西藏的发展与进步。目前，文库已经出版了《促进西藏经济发展方式转变的路径研究》《西藏经济增长问题研究》《西藏经济发展问题研究》《大众创业的西藏故事》等多部学术编著，并取得界内专家学者的积极赞许和肯定。

在“西藏经济文化研究中心文库”系列著作付梓之际，我感到由衷的高兴。衷心感谢各位专家学者对文库系列著作出版的支持，也感谢中国社会科学院社会科学文献出版社相关工作人员的辛苦努力，并期待有更多优秀的成果出版。

图登克珠

2018 年 6 月于西藏大学至善楼

序　言

中国西藏地处中国西南边疆，处于东亚、南亚、中亚交汇的“世界屋脊”的青藏高原西南部，与南亚国家缅甸、印度、尼泊尔、不丹等国家和地区接壤，边境线长4000多公里，是中国建设面向南亚开放重要通道和构建中国—南亚命运共同体的核心区域。自“一带一路”倡议提出以来，西藏自治区党委政府认真分析区内外延伸发展的历史机遇，提出积极融入“一带一路”和建设面向南亚开放重要通道，并在国家“一带一路”行动规划框架下，将西藏划为“一带一路”建设的重点省区。

中央第六次西藏工作座谈会上习近平总书记提出了“治国必治边、治边先稳藏”重要战略思想，强调了“依法治藏、富民兴藏、长期建藏、凝聚人心、夯实基础”的西藏工作重要原则，指出“西藏工作关系党和国家工作大局”。西藏经济社会发展进入了新时代，以西藏大学为核心的西藏本土高校智库和研究机构积极地开展了以习近平新时代中国特色社会主义思想为指导的“一带一路”倡议和区域战略研究。

《“一带一路”倡议与西藏经济社会发展研究》是一部在国家“一带一路”框架指导下，探讨西藏融入“一带一路”首先应该以边境地区经济社会发展为主要研究内容的著作。只有着眼于边境地区研究，促进边境地区社会长治久安、和谐稳定，才有利于西藏积极地融入“一带一路”，加快建设面向南亚开放的重要通道。本书分为“研究报告篇”和“研究专题篇”。“研究报告篇”主要是我与西藏经济文化研究中心徐宁博士、格桑央珍三人的研究成果，研究主要集中在西藏融入“一带一路”倡议的区域战略研究、边境地区旅游发展和口岸建设三个方面，认为西藏必须积极地融入“一带一路”建设，以边境旅游和口岸建设为主要内容，加快西藏面向南亚开放重要通道建设；“研究专题篇”主要是我和尼玛次仁、徐宁、鲁同所、益西旦增、旺多、伍金加参、夏双辉、杨成业、杨卫华、达瓦萨珍等西藏经济文化研究中心研究团队成员的研究论文，内容涉及西藏建设“一带一路”的互联互通的区域战略、边境旅游与贸易、口岸建设、国际金融、语言教育、宗教文化等前沿领域。

以上研究成果，由我与“西藏经济文化研究中心文库”编委会其他专家联合收集，在此向各位作者表示衷心感谢。同时，本书也有许多不足之处，请各位读者不吝赐教，指正批评。

图登克珠

2018年6月于西藏大学至善楼

目　录

研究报告篇（Research Reports）

研究专题篇（Research Special Papers）

研究报告篇

(Research Reports)

第一部分

推动西藏融入“一带一路”倡议的战略研究报告[*]

徐　宁　图登克珠[**]

前　言

国家和西藏自治区政府积极扶持西藏边境口岸发展。在国家层面：2013年9月和10月，习总书记在出访中亚和东南亚时分别提出了“丝绸之路经济带”和“21世纪海上丝绸之路”，即“一带一路”[①]；2015年3月28日，国家发改委、外交部、商务部经国务院授权联合发布《推动共建丝绸之路经济带和21世纪海上丝绸之路的愿景与行动》，指出推进西藏与尼泊尔等国家边境贸易和旅游文化合作[②]；2015年8月24~25日，在中央第六次西藏工作座谈会上，李克强总理提出“建设好重要世界旅

* 本文系2015年西藏自治区教育厅高校人文社科项目“推动西藏融入‘一带一路’的战略研究”（项目编号：sk-2015-08）、2017年西藏自治区哲学社会科学专项资金项目青年项目“西藏建设面向南亚开放重要通道的战略研究”（项目编号：17CGL005）的阶段性成果。

** 徐宁，陕西子长人，西藏大学经济与管理学院在读博士研究生，研究方向：民族地区经济政策与区域发展战略；图登克珠，四川德格人，西藏自治区人民政府参事、西藏大学科研处处长、西藏经济文化研究中心主任，教授，博士生导师，研究方向：西藏经济与区域战略研究。

① 陆静、李发鑫、熊燕舞：《东西方交融的物流传奇》，《运输经理世界》（上半月）2014年第5期，第44~45页。

② 国家发展改革委、外交部、商务部：《推动共建丝绸之路经济带和21世纪海上丝绸之路的愿景与行动》，《人民日报》2015年3月29日，第4版。

游目的地，搞活商贸流通业，加强对南亚地区的开放力度”①。在西藏自治区层面：2015 年西藏自治区党委、政府提出加快建设南亚大通道，积极对接“一带一路”和孟中印缅经济走廊，推动环喜马拉雅经济合作带建设②；“十三五”期间，西藏将紧紧抓住国家建设“一带一路”和构建沿边地区开发开放“三圈三带”新格局的战略机遇，发挥西藏区位优势，全方位对内对外开放，建设面向南亚开放的重要通道，加快形成开放型经济体制。

国家和西藏自治区党委、政府积极支持西藏边境地区的发展，高度重视西藏边境口岸的建设，扎实落实边境地区扶贫攻坚工作，为西藏边境地区社会经济的发展指明了方向，也为西藏边境地区实现长治久安奠定了基础。

第 1 章 西藏融入“一带一路”的战略意义

“一带一路”倡议的提出，为我国社会经济发展带来了前所未有的机遇。它是我国在区域范围内甚至在全球范围内寻找新的经济增长点的一大战略举措，是国家适应经济全球化新形势、扩大并巩固同各国各地区利益会合点的重大战略，也是构建开放型经济新体制的重要举措。“一带一路”倡议构想体现了中国在坚持全球经济开放、自由、合作主旨下，促进世界经济繁荣的新理念，也揭示了中国和亚洲经济合作进程中如何惠及其他区域、带动相关区域经济一体化进程的新思路，更是中国站在全球经济繁荣的战略高度，推进与亚洲乃至欧洲和非洲合作跨区域效应的新举措。《推动共建丝绸之路经济带和 21 世纪海上丝绸之路的愿景与行动》指出，共建“一带一路”是中国的倡议，也是中国与沿线

① 《习近平在中央第六次西藏工作座谈会上强调依法治藏富民兴藏长期建藏 加快西藏全面建成小康社会步伐》，《西藏日报》2015 年 8 月 26 日，第 1 版。

② 洛桑江村：《西藏自治区 2015 年政府工作报告》，《西藏日报》2015 年 2 月 4 日。

国家的共同愿望[①]。2015 年 3 月 28 日，习近平总书记在博鳌亚洲论坛年会开幕式上发表主旨演讲，他指出，“一带一路”建设秉持的是共商、共建、共享原则，不是封闭的，而是开放包容的；不是中国一家的独奏，而是沿线国家的合唱。“一带一路”建设不是要替代现有地区合作机制和倡议，而是要在已有基础上，推动沿线国家实现发展战略相互对接、优势互补。[②] 本章将从“一带一路”倡议的内涵出发，深入阐述西藏融入“一带一路”的战略意义。

1.1 “一带一路”的内涵

1.1.1 “一带一路”的提出

2013 年 9 月 7 日，国家主席习近平在哈萨克斯坦纳扎尔巴耶夫大学发表题为《弘扬人民友谊　共创美好未来》的重要演讲，他指出，“为了使欧亚各国经济联系更加紧密、相互合作更加深入、发展空间更加广阔，我们可以用创新的合作模式，共同建设‘丝绸之路经济带’，以点带面，从线到片，逐步形成区域大合作”[③]。在出访哈萨克斯坦期间，习近平主席还首次提出了加强“政策沟通、道路联通、贸易畅通、货币流通、民心相通”，共同建设“丝绸之路经济带”的战略倡议。同年 10 月 3 日，习近平主席在出访印度尼西亚时指出，东南亚地区自古以来就是“海上丝绸之路”的重要枢纽，中国愿同东盟国家加强海上合作，使用好中国政府设立的中国—东盟海上合作基金，发展好海洋合作伙伴关系，共同建设“21 世纪海上丝绸之路”。中国愿通过扩大同东盟国家各领域务实合作，互通有

① 国家发展改革委、外交部、商务部：《推动共建丝绸之路经济带和 21 世纪海上丝绸之路的愿景与行动》，《人民日报》2015 年 3 月 29 日，第 4 版。

② 《习近平出席博鳌亚洲论坛 2015 年年会开幕式并发表主旨演讲：〈迈向命运共同体 开创亚洲新未来〉》，《人民日报》2015 年 3 月 29 日，第 1 版。

③ 《习近平在哈萨克斯坦纳扎尔巴耶夫大学发表重要演讲：〈弘扬人民友谊，共同建设“丝绸之路经济带”〉》，《人民日报》2013 年 9 月 8 日，第 1 版。

无、优势互补，同东盟国家共享机遇、共迎挑战，实现共同发展、共同繁荣。[①] 习近平主席在演讲中还指出，我们要共同努力建设一个更加紧密的中国—东盟命运共同体的“21 世纪海上丝绸之路”。经过 2014 年的酝酿与谋划，2015 年成为“一带一路”实质启动的关键一年，“一带一路”合作倡议正式由战略构想阶段步入全面务实阶段，成为贯穿国家与地方全年工作的一条主线。[②] 2014 年 3 月，国家总理李克强在第十二届全国人大第二次会议上所做的《政府工作报告》中提出，要“抓紧规划建设丝绸之路经济带、21 世纪海上丝绸之路，推进孟中印缅、中巴经济走廊建设，推出一批重大支撑项目，加快基础设施互联互通，拓展国际经济技术合作新空间”[③]。2015 年 3 月，李克强总理在第十二届全国人大第三次会议所做的政府工作报告中指出，推进“丝绸之路经济带”和“21 世纪海上丝绸之路”合作建设，加快互联互通、大通关和国际物流大通道建设，构建中巴、孟中印缅等经济走廊，扩大内陆和沿边开放，促进经济技术开发区创新发展，提高边境经济合作区、跨境经济合作区发展水平。[④] 2015 年是我国“十二五”规划的结局之年，也是我国深化改革开放的关键之年，把“一带一路”建设与区域开发开放结合起来，加强新亚欧大陆桥、陆海口岸支点建设，促进构建我国新时期全面对外开放的新格局。“一带一路”倡议自提出之后，在一年多的时间内，就有众多的国家以不同的形式表示支持。可以说，这一倡议的提出顺应了国际形势，满足了沿线国家共同发展的强烈需求。在全球化、信息化时代背景下，其有强大的技术作为支撑，因此更具前瞻性，在良好开局的基础上今后必定会取得更好、更长远的发展。

---

① 习近平：《携手建设中国—东盟命运共同体——在印度尼西亚国会的演讲》，《人民日报》2013 年 10 月 4 日，第 4 版。

② 田惠敏、田天、曾琬云：《中国“一带一路”战略研究》，《中国市场》2015 年第 21 期。

③ 《李克强在第十二届全国人民代表大会第二次会议上作政府工作报告》，《人民日报》2014 年 3 月 6 日，第 2 版。

④ 《李克强在第十二届全国人民代表大会第三次会议上作政府工作报告》，《人民日报》2015 年 3 月 17 日，第 1 版。

西藏自古以来就是丝绸之路的重要参与者，也是丝绸之路中唐蕃古道和茶马古道段的重要开辟者。西藏具有独特的地理区位优势，与印度、尼泊尔、不丹等南亚国家和地区接壤，是我国通往南亚的重要门户。2015 年 1 月，西藏自治区党委、政府提出要积极对接“一带一路”和孟中印缅经济走廊，推动环喜马拉雅经济合作带建设①，充分反映出西藏自治区党委、政府对国家“一带一路”倡议的积极响应。

1.1.2 “一带一路”的历史背景

古丝绸之路是古代中国与世界经贸往来的重要通道，是中国文明与世界文明的交融渠道，是推动世界文化交流进程的主要工具。古丝绸之路的出现，中国开始与西方国家经贸、文化接触、交融，并互相学习、互相激发、互相吸取本国文明发展所需要的养分，使人类社会文明不断进步、不断发展。明清政府对外贸易的限制和防范海外势力入侵，加之国力衰退，丝绸之路逐渐走向衰落，但丝毫不能掩盖其在世界文明进程中焕发的光芒。

古丝绸之路成为古代中国与他国所有政治经济文化往来通道的统称，有西汉张骞出使西域的官方通道“西北丝绸之路”；有北向蒙古高原，再西行天山北麓进入中亚的“草原丝绸之路”；有西安到成都再到印度的山道崎岖的“西南丝绸之路”；有从中国东南沿海出发，穿过南中国海，进入太平洋、印度洋、波斯湾，远及非洲、欧洲的“海上丝绸之路”；等等。古丝绸之路在线路上可分为东段、中段、西段，而每一段又都可分为中、南、北三条线路。东段：由长安到玉门关、阳关，东段各线路的选择，多考虑翻越六盘山及渡黄河的安全性与便捷性（汉代开辟）；中段：从玉门关、阳关以西至葱岭；西段：从葱岭往西经过中亚、西亚直到欧洲。

1.1.3 “一带一路”所涵盖的地域范围

一 国际范围

“一带一路”是指“丝绸之路经济带”和“21 世纪海上丝绸之路”

① 洛桑江村：《西藏自治区 2015 年政府工作报告》，《西藏日报》2015 年 2 月 4 日。

的简称，它既涉及西欧、日韩等发达国家，也涉及中亚、东欧等原苏东国家，同时还涉及南亚、西亚、非洲等第三世界国家。[①]“一带一路”覆盖人口约46亿人，占世界人口60%以上，GDP总量达20亿万美元，约占世界GDP总量的1/3。[②]“一带一路”东牵亚太经济圈，西系欧洲经济圈，是世界上跨度最长的经济大走廊，是世界上最具发展潜力的经济合作带，也是当前世界寻找新的经济增长点的新的发展机遇。

“一带一路”建设不仅不会与欧亚经济联盟、上海合作组织、中国—东盟（10+1）等既有合作机制产生重叠或竞争，而且它还秉承着与沿线各国“共建、共享、共赢”的原则，在现有地区合作机制和倡议的基础上，注入新的血液与活力，推动沿线国家和区域合作组织实现发展战略的相互对接、优势互补。2017年，“一带一路”在世界范围内话题热度攀升，“丝绸之路经济带”“21世纪海上丝绸之路”“一带一路”三个词被提及3.77亿次，国外媒体和网民对“一带一路”的积极态度占比从2013年的16.6%上升到2017年的23.6%；截止到2017年11月，中国国家交通运输物流公共信息平台，实现与31个港口物流信息互联共享，已与12个国家建有34条跨境路缆和多条国际海缆；2017年前三季度，中国对“一带一路”沿线国家进出口增长20.1%，沿线国家对华投资新设企业2893家，同比增长34.4%，实际投资总额达42.4亿美元，与沿线国家经济往来密切。[③]

（一）沿线主权国家的认同

“一带一路”倡议得到了世界范围内亚洲、欧洲、非洲和美洲等国家和地区的认同和响应，它们纷纷与中国签订系列备忘录、合作文件、声明，等等。有的国家或地区或许并未使用“一带一路”的概念，但与

① 申现杰、肖金成：《国际区域经济合作新形势与我国“一带一路”合作战略》，《宏观经济研究》2014年第11期，第32~34页。

② 张茉楠：《全面提升“一带一路”战略发展水平》，《宏观经济管理》2015年第2期，第20~24页。

③ 中国“一带一路”官网，https://www.yidaiyilu.gov.cn/xwzx/gnxw/43662.htm.

中国实质性的合作，却开展得如火如荼。[①]

1. “丝绸之路经济带”沿线国家的认同

丝绸之路经济带包括中国陕西、甘肃、新疆，中亚五国（哈萨克斯坦、吉尔吉斯斯坦、乌兹别克斯坦、塔吉克斯坦、土库曼斯坦），俄罗斯，蒙古国，中东欧十一国（波兰、捷克、斯洛伐克、匈牙利、德国、奥地利、爱沙尼亚、立陶宛、白俄罗斯、乌克兰、摩尔多瓦），南欧十三国（罗马尼亚、保加利亚、塞尔维亚、马其顿、斯洛文尼亚、阿尔巴尼亚、希腊、克罗地亚、波黑、意大利、黑山、西班牙、葡萄牙），西欧四国（英国、荷兰、比利时、法国），北欧三国（瑞典、挪威、丹麦），共 39 个国家，这些国家均以不同的形式表示支持并加强合作，积极参与“一带一路”建设，寻找新时期区域经济及战略合作的新方向和增长点。其中俄罗斯和蒙古国，中亚五国，中东欧的白俄罗斯、波兰、匈牙利、罗马尼亚、塞尔维亚，西南欧的希腊、英国、德国、西班牙，对“一带一路”倡议及相关合作最为积极。[②]

2. “21 世纪海上丝绸之路”沿线国家的认同

我国大陆海岸线自鸭绿江口至北仑河口，长达 1.8 万多千米，岛屿海岸线长 1.4 万多千米，大陆海岸线总长 3.2 万多千米。海岸线曲折，较大的海湾有 150 个，多数属于港阔水深的天然港口。这些都为造船业的发展奠定了天然的地理环境基础。自海上丝绸之路开辟以来，中国与海外国家和地区就有着密切的往来，从东北亚（日本、韩国），东南亚（菲律宾、越南、老挝、柬埔寨、缅甸、泰国、马来西亚、文莱、新加坡、印度尼西亚、东帝汶），南亚（尼泊尔、孟加拉国、印度、巴基斯坦、斯里兰卡、马尔代夫），西亚（阿富汗、伊拉克、伊朗、约旦、以色列、巴勒斯坦、沙特阿拉伯、巴林、卡塔尔、科威特、阿联酋、阿曼、也门、阿塞拜疆、

---

① 杨善民主编《“一带一路”环球行动报告（2015）》，社会科学文献出版社，2015，第 178 页。

② 杨善民主编《“一带一路”环球行动报告（2015）》，社会科学文献出版社，2015，第 198 页。

土耳其），到非洲（埃及、苏丹、阿尔及利亚、肯尼亚、埃塞俄比亚、尼日利亚、刚果、几内亚）的西线；从中国沿海出发，经东南亚到南太平洋（澳大利亚、新西兰、巴布亚新几内亚、斐济），北美（加拿大、美国、墨西哥），到中南美-加勒比地区（委内瑞拉、古巴、秘鲁、巴西、智利、阿根廷）的东线。东西线沿线这55个国家均有不同程度地加入“一带一路”建设的可能性，从而抓住发展机遇，加强和扩大双边或多边经贸、人文、旅游等全方位的合作。但是，由于东西线政治制度环境、经济发展环境、宗教人文环境等方面的不同，使得东西线国家对“一带一路”倡议的反应差别很大。“从总体上看，东北亚的韩国，东南亚的印尼、马来西亚、柬埔寨、泰国，非洲大部分国家，澳洲各国，中南美洲各主要国家态度积极。东北亚的日本、南亚的印度、北美的美国，反应谨慎，甚至暗中围堵；西亚国家政局不稳，表态各异。”①

（二）全球性及区域性组织的认同

根据“一带一路”沿线国家不同程度的认同，我们看出，“一带一路”涵盖了亚洲、欧洲、非洲、大洋洲、美洲等世界范围内主要的大国，已经形成了超越区域性的倡议，是一个名副其实的世界性、全球性的倡议，而且这一倡议得到了全球性和区域性组织的认同。据统计，“联合国、亚太经合组织、上海合作组织、东盟、大湄公河次区域经济合作、海合会、欧盟、欧亚经济联盟、太平洋岛国论坛、阿盟、亚洲合作对话机制等国际性及政府间合作组织和机构，普遍对‘一带一路’持积极态度”②。

二　国内范围

在《推动共建丝绸之路经济带和21世纪海上丝绸之路的愿景与行

---

① 杨善民主编《“一带一路”环球行动报告（2015）》，社会科学文献出版社，2015，第24页。

② 杨善民主编《“一带一路”环球行动报告（2015）》，社会科学文献出版社，2015，第187页。

动》中，圈定了重点涉及的18个省区，包括新疆、陕西、甘肃、宁夏、青海、内蒙古等西北6省和自治区，黑龙江、吉林、辽宁等东北3省，广西、云南、西藏等西南3省和自治区，上海、福建、广东、浙江、海南等5省市，涉及的内陆地区则是重庆市。此外，还提及要发挥港澳台地区在“一带一路”中的重要作用。在2015年4月10日由中国国际经济交流中心举办的《推进共建“一带一路”愿景与行动》研讨会上，国务院推进“一带一路”工作领导小组办公室负责人、国家发改委西部司巡视员欧晓理公开解读《推动共建丝绸之路经济带和21世纪海上丝绸之路的愿景与行动》，欧晓理强调，“一带一路”领导小组第一次会议要求每个省区都要编制本省区市推进“一带一路”建设的实施方案，不存在哪个省份缺席的问题。因此，我国地方政府紧盯“一带一路”，为“一带一路”建设不遗余力。

（一）“丝绸之路经济带”沿线省份

在“丝绸之路经济带”沿线上，有黑龙江等16个省、自治区、直辖市，其中西藏自治区位于“丝绸之路经济带”的重要节点。沿线各省区对“一带一路”均有不同的定位，具体如下：

黑龙江省：建设东部陆海丝绸之路经济带；①

吉林省：构建陆海空国际大通道；②

内蒙古自治区：“丝绸之路经济带”向北开放重要桥头堡，草原丝绸之路经济带建设；③

北京市：实现京津冀协同发展，打造新型首都经济圈；④

山西省：对接跟踪“一带一路”总体规划；⑤

---

① 《黑龙江省印发〈推进东部陆海丝绸之路经济带建设工作方案〉》，人民网，http：//hlj.people.com.cn/n/2015/0201/c220027-23750358.html. 浏览时间：2016年5月27日。

② 《融入“一带一路”战略　吉林构建陆海空国际大通道》，大吉林网，http：//www.dajilin.com/xsy/jlxw/2014-09-11/71330.html. 浏览时间：2016年5月27日。

③ 《向北开放：“草原丝绸之路”上的互联互通》，《内蒙古日报》2014年12月31日。

④ 王安顺：《京津冀协同发展，打破一亩三分地思维》，《京华时报》2014年3月25日。

⑤ 《山西省积极参与“新丝绸之路经济带”建设》，《山西经济日报》2014年7月12日。

河南省：建设“中欧物流通道枢纽”[①]，构建空中亚欧大陆桥[②]，打造丝绸之路经济带重要桥头堡[③]；

陕西省：打造丝绸之路经济带桥头堡、丝绸之路经济带新起点；[④]

甘肃省：打造丝绸之路经济带黄金段、向西开放的战略平台[⑤]、经贸物流区域中心、产业合作的示范基地[⑥]；

宁夏回族自治区：打造丝绸之路经济带战略支点[⑦]、中阿空中丝绸之路，建设中阿金融合作试验区，构筑中阿博览会战略平台[⑧]；

青海省：打造新丝绸之路的绿色通道、战略基地和重要节点；[⑨]

新疆维吾尔自治区：共建丝绸之路经济带的桥头堡、主力军和排头兵[⑩]，打造丝绸之路经济带核心区；[⑪]

重庆市：建成长江经济带西部中心枢纽[⑫]、丝绸之路经济带的起点、

---

① 《郑州将建设成为丝绸之路经济带中欧物流通道枢纽》，九九物流网，http://www.9956.cn/news/114355.html. 浏览时间：2016年5月27日。

② 《河南郑州与卢森堡致力构建空中“丝绸之路”》，新华网，http://www.ha.xinhuanet.com/hnxw/2014-06/23/c_ 1111258256.htm. 浏览时间：2016年5月27日。

③ 《河南打造内陆丝绸之路经济带重要桥头堡》，全球政务网，http://www.govinfo.so/news_info.php? id=31394. 浏览时间：2016年5月27日。

④ 《陕西：将打造丝绸之路经济带新起点》，新华网，http://news.xinhuanet.com/local/2014-01/15/c_ 118972469.htm. 浏览时间：2016年5月27日。

⑤ 《甘肃：向西开放 建设丝绸之路经济带黄金段》，人民网，http://gs.people.com.cn/n/2014/0528/c358184-21300005.html，浏览时间：2016年5月27日。

⑥ 《丝绸之路经济带甘肃段建设总体方案》，中国政府网，http://www.gov.cn/xinwen/2014-05/23/content_ 2685540.htm. 浏览时间：2016年5月27日。

⑦ 《宁夏回族自治区：打造丝绸之路经济带战略支点》，中国民族宗教网，http://www.mzb.com.cn/html/Home/report/14033977-2.htm. 浏览时间：2016年5月27日。

⑧ 《宁夏：打造丝绸之路经济带战略支点》，人民网，http://finance.people.com.cn/n/2014/0305/c1004-24528732.html. 浏览时间：2016年5月27日。

⑨ 《青海省加快丝绸之路经济带建设的调研》，中国经济网，http://www.ce.cn/xwzx/gnsz/gdxw/201409/03/t20140903_ 3471828.shtml. 浏览时间：2016年5月27日。

⑩ 《发扬丝路精神，共建丝绸之路经济带》，理论-人民网，http://theory.people.com.cn/BIG5/n/2013/1023/c40531-23302763.html. 浏览时间：2016年5月27日。

⑪ 《新疆：努力成为新丝路的核心区》，财经-中国网，http://finance.china.com.cn/roll/20140616/2472601.shtml. 浏览时间：2016年5月27日。

⑫ 《发改委：推进重庆建成长江上游经济带西部中心枢纽建设》，中国发展网，http://www.chinadevelopment.com.cn/2016/12/1109473.shtml. 浏览时间：2016年12月27日。

“两带”建设的枢纽；[①]

四川省：建丝绸之路经济带、长江经济带的重要支点；[②]

西藏自治区：积极对接“一带一路”和孟中印缅经济走廊[③]，加快建设面向南亚开放的重要通道。[④]

（二）“21世纪海上丝绸之路”沿线省份

“21世纪海上丝绸之路”沿线包括辽宁省、河北省、天津市等11个省、自治区、直辖市。自“一带一路”倡议提出以来，沿线省、自治区、直辖市均提出了相应的对接战略定位，具体如下：

辽宁省：积极参与中蒙俄经济走廊建设[⑤]，打造“21世纪海上丝绸之路”东线枢纽；[⑥]

河北省：主动融入“一带一路”建设，打造京津冀新经济增长极；[⑦]

天津市：建设新亚欧大陆桥“桥头堡”；[⑧]

山东省：“一带一路”海上战略支点和新亚欧大陆桥经济走廊的重要沿线地区；[⑨]

---

① 《重庆争取成为丝绸之路经济带的起点、“两带”建设的枢纽》，中华人民共和国商务部网站，http：//www. mofcom. gov. cn/article/resume/n/201403/20140300508219. shtml. 浏览时间：2016年5月27日。

② 《四川天府新区总规获批定位丝路、长江经济带双支点》，搜狐财经，http：//business. sohu. com/20141126/n406390286. shtml. 浏览时间：2016年5月27日。

③ 《西藏将对接“一带一路”和孟中印缅经济走廊》，证券时报网－中国－快讯，http：//kuaixun. stcn. com/2015/0119/11975503. shtml. 浏览时间：2016年5月27日。

④ 《西藏代表团：加快建设面向南亚开放重要通道》，西藏在线网，http：//www. tibetol. cn/html/2016/xizangyaowen_ 0308/23654. html. 浏览时间：2016年5月27日。

⑤ 《辽宁积极参与中蒙俄经济走廊建设，港口股有望受益》，证券时报网，http：//kuaixun. stcn. com/2015/0128/11997071. shtml. 浏览时间：2016年5月28日。

⑥ 《营口港打造“21世纪海上丝绸之路”枢纽》，中国日报网，http：//www. chinadaily. com. cn/hqgj/jryw/2014-11-25/content_ 12774634. html. 浏览时间：2016年5月28日。

⑦ 《“一带一路”，河北如何找到新路径》，河北省人民政府网，http：//www. hebei. gov. cn/hebei/11937442/10761139/12611835/index. html. 浏览时间：2016年5月28日。

⑧ 《天津：锁定新亚欧大陆桥“桥头堡”》，中国政府网，http：//www. gov. cn/xinwen/2014-12/25/content_ 2796166. htm. 浏览时间：2016年5月28日。

⑨ 《山东省第十二届人民代表大会第四次会议政府工作报告（全文）》，大众网，http：//sd. dzwww. com/sdnews/201502/t20150202_ 11828658. htm. 浏览时间：2016年5月28日。

江苏省：对接“一带一路”与长江经济带战略[①]，提升沿东陇海线地区；[②]

上海市：全球投资贸易核心节点城市[③]，发挥窗口、桥头堡和龙头作用；[④]

浙江省：海上丝绸之路建设的区域链接和航海贸易的枢纽功能区，战略安全保障和战略资源保障的枢纽区，开放合作的先行区；[⑤]

福建省：21 世纪海上丝绸之路互联互通建设的重要枢纽，经贸合作的前沿平台，体制机制创新的先行区域，人文交流的重要纽带；[⑥]

广东省：21 世纪海上丝绸之路的第一港[⑦]，东莞市建设 21 世纪海上丝绸之路的“先行市”；[⑧]

广西壮族自治区：与东盟共建 21 世纪海上丝绸之路[⑨]，重要枢纽；[⑩]

海南省：21 世纪海上丝绸之路的先锋[⑪]，南海基地。[⑫]

---

① 杨春蕾：《推进江苏对接“一带一路”的建议》，《新华日报》2015 年 10 月 30 日。

② 《落实“一带一路”重大战略 提升沿东陇海线地区发展水平》，《新华日报》2015 年 5 月 28 日。

③ 《上海对接“一带一路”的法案：定位全球投资贸易核心节点城市》，观察者网，http：//www. guancha. cn/economy/2015_ 04_ 15_ 315960. shtml. 浏览时间：2016 年 5 月 29 日。

④ 李磊：《21 世纪海上丝绸之路的上海机遇》，《文汇报》2014 年 11 月 26 日。

⑤ 《浙江在 21 世纪海上丝绸之路建设中的战略定位合作建议》，浙江省发展规划研究院网站，http：//www. zdpri. cn/newsite/sanji. asp？ id=224233. 浏览时间：2016 年 5 月 29 日。

⑥ 福建省发改委、福建省外办、福建省商务厅：《福建省 21 世纪海上丝绸之路核心区建设方案》，《福建日报》2015 年 11 月 17 日。

⑦ 《南沙市被定为“21 世纪海上丝绸之路的第一港”》，南方网，http：//news. southcn. com/g/2015-02/02/content_ 117609722. htm. 浏览时间：2016 年 5 月 29 日。

⑧ 《东莞积极建设 21 世纪海上丝绸之路“先行市”》，东莞时间网，http：//news. timedg. com/2015-10/29/20268034. shtml. 浏览时间：2016 年 5 月 29 日。

⑨ 《广西与东盟共建 21 世纪海上丝绸之路》，广西壮族自治区人民政府网，http：//www. gxzf. gov. cn/syttxw/201509/t20150918_ 478188. htm. 浏览时间：2016 年 5 月 29 日。

⑩ 《广西成为 21 世纪海上丝绸之路重要枢纽》，新华国际网，http：//news. xinhuanet. com/world/2015-02/27/c_ 1114451214. htm. 浏览时间：2016 年 5 月 29 日。

⑪ 《海南转身：“21 世纪海上丝绸之路”先锋》，新浪财经，http：//finance. sina. com. cn/roll/2016-03-04/doc-ifxqafha0344502. shtml. 浏览时间：2016 年 5 月 29 日。

⑫ 《省政协：海南打造 21 世纪海上丝绸之路南海基地》，人民网，http：//www. people. com. cn/. 浏览时间：2016 年 5 月 29 日。

1.2　西藏融入“一带一路”的战略意义

1.2.1　西藏与“一带一路”的历史渊源

从先秦到元、明、清，丝绸之路在中国西北先后出现多个通道，如古羌中道、河西道、吐谷浑道、唐蕃道（吐蕃道）、河湟-青唐道、青藏道等[①]。西藏自古以来就是丝绸之路的参与者，西藏与丝绸之路的历史渊源可以分为五个阶段，分别为萌芽阶段（秦汉时期）、发展阶段（魏晋南北朝时期）、成熟阶段（唐宋时期）、成型阶段（元明清时期）、新发展阶段（和平解放至今）。

一　萌芽阶段（秦汉时期）

在历史发展中，西藏并非与世界隔绝发展，而是一个多文化的交会之地，是印度、喜马拉雅地区、中国、伊朗及中亚施展过多种影响的地区。[②] 史前西藏与内地有着密切交流，西藏卡若遗址和曲贡遗址发现有内地传来的玉器，西藏史前时代的先民还将玉通过某种交换方式传播到南亚印度河上游地区。[③] 有学者认为，丝绸之路出现在秦朝时期，湔氐道是我国第一条丝绸之路的交通枢纽，是秦王朝进入蜀地的一条官道，在湔氐道秦置有湔氐县，即今松潘以北之川主寺镇的元坝子。[④] 由于秦代初期秦王朝所控地区为湔氐道一线和“松潘草地”羌系民族[⑤]，从四川的都江堰经湔氐道进入“松潘草地”至松州，经青海玉树至西藏的古商道，所以这里是当时中国最主要的交通枢纽。据史料记载，公元 1 世纪，我国形成了一条以西藏为主的“麝香之路”，即昌都→拉萨→阿

---

① 毛阳海：《西藏对接“一带一路”战略历史渊源和现实意义》，《西藏民族大学学报》（哲学社会科学版）2015 年第 4 期，第 60~70 页。

② G. 图齐：《西藏考古》，向红茄译，西藏人民出版社，1987，第 65 页。

③ 霍巍：《从考古发现看西藏史前的交通与贸易》，《中国藏学》2013 年第 2 期，第 5~25 页。

④ 张翔里：《神秘的中国西羌丝绸之路》，青马博客，http：//ourfolk. net/2008/06/23/285/.

⑤ 张翔里：《神秘的中国西羌丝绸之路》，青马博客，http：//ourfolk. net/2008/06/23/285/.

里→西亚（罗马帝国），交换西藏盛产的麝香。[①] 麝香由生活在喜马拉雅山南麓的商人们从西藏贩运到印度，再经中亚销至罗马帝国，或者通过青海柴达木盆地或西宁北上，经河西走廊、新疆到达罗马帝国。[②] 麝香之路是秦汉时期丝绸之路在青藏高原的雏形。费孝通、李绍明、童恩正等一致认为，在秦汉时期，就存在一条“藏彝走廊”。在秦汉时空范围内，藏彝走廊的流动性较为明显。[③]

我们目前说的“丝绸之路”，是指公元前 138 年西汉时张骞出使西域开辟的以长安（西安）为起点，经中亚地区、阿拉伯海等，并连接地中海各国的陆上通道。这条通道也被称为“西域道”，德国地理学家李希霍芬把这条道路称为“丝绸之路”，也称为“北方丝绸之路”。[④] 2012 年，考古学家在西藏阿里地区发掘噶尔县故如甲木墓地的四座墓葬，发现青藏高原最早的丝绸实物和仿汉铁剑，说明该地区在汉朝时期处于丝绸之路的波及区，通过什普奇拉山口进行着藏印间贸易。[⑤]

因此，藏民族在秦汉时期就通过“麝香之路”和“藏彝走廊”与“丝绸之路”相对接，参与内地贸易往来，也逐渐开始与南亚、西亚等国家产生经济联系。

二　发展阶段（魏晋南北朝时期）

魏晋南北朝时期，内地与西域的贸易发展较为繁盛，其间曹魏、西晋、前凉、前秦、西凉、北凉、北魏、西魏、北周等政权，先后对西域

① 陈继革：《穿越世界屋脊的麝香之路》，《中学地理教学参考》2006 年第 4 期。

② 杨作山：《吐蕃与大食的早期经济往来》，《青海民族研究》2006 年第 1 期，第 122～127 页。

③ 段渝：《藏彝走廊与丝绸之路》，《西南民族大学学报》（人文社会科学版）2010 年第 2 期，第 1～5 页。

④ 陈保亚、刘青：《茶马古道与丝绸之路联合考察问答》，《科学中国人》2013 年第 5 期，第 40～44 页。

⑤ 仝涛：《西藏阿里地区噶尔县故如甲木墓地 2012 年发掘报告》，《考古学报》2014 年第 4 期，第 581～584 页。

有统辖关系，这使得丝绸之路在政治上得到了畅通的保障。[①] 约在三国、两晋时期，发羌族翻越唐古拉山，进入西藏雅鲁藏布江中游河谷，成为吐蕃主干。[②] 魏晋南北朝时期，中原战乱，来自西域、西亚、中亚的商贾行至河西，闻内地战乱，便以河西为贸易终点，在本文中，将这条道称为“西域丝绸之路”或“西丝绸之路”。因此，河西经济繁荣与否，决定着整个丝绸之路的畅通与兴衰。[③] 其实，魏晋时期，还有一条贸易路线与河西道平行，即吐谷浑道。公元 5 世纪末 6 世纪初，吐谷浑政权建立，控制了丝绸之路的青海道，开辟了丝绸之路“青海路”，该道亦称“河南道”或“吐谷浑道”。[④] 其大致路线为：由甘肃临夏过黄河，经青海往西至阿尔金山噶斯山口进入若羌，不经河西走廊直达西域。吐谷浑结好四邦，与曹魏、西晋、前凉、前秦、西凉、北凉、北魏、西魏、北周等政权政治、经济往来密切，成为南北东西的中介，是中原与中亚、西亚等地区社会经济联系的重要通道。

魏晋南北朝时期战争频仍、政权更替频繁，民族迁徙和民族融合的浪潮进一步加剧，此时贸易路呈现出断带状态。藏民族与“吐谷浑道”等发生着密切的经济联系，也是西藏与内地联系的主要通道。

三　成熟阶段（唐宋时期）

丝绸之路历史悠久，在唐宋时期，丝绸之路已经成熟，形成了“唐蕃古道”和“茶马古道”。

吐蕃王朝松赞干布时期，青藏高原与外部地区交往形成了一定的内

① 马志冰：《魏晋南北朝时期西域与中原的贸易往来》，《新疆社会科学》1988 年第 3 期，第 87～94 页。

② 杨晨东、杨建国：《三国至隋前西藏地区的民族与文化》，《西藏大学学报》2002 年第 2 期，第 31～38 页。

③ 陈爱珠：《魏晋南北朝时期丝绸贸易路的发展》，《兰州商学院学报》1994 年第 2 期，第 82～84 页。

④ 毛阳海：《西藏对接“一带一路”战略的历史渊源和现实意义》，《西藏民族大学学报》2015 年第 4 期，第 60～70 页。

外部条件，松赞干布在统一青藏高原后，开始把目光投向周边地区。[①]松赞干布向北征服象雄、苏毗、吐谷浑，《赞普传记》载：“迫使唐人及吐谷浑人岁输贡赋，由此首次将吐谷浑人收归辖下。”[②] 松赞干布向南，杀泥婆罗之“宇那孤地”，立“那日巴巴”为王。[③] 此时，他既占据北部与唐王朝的经贸要道，也占据南部与泥婆罗的经贸要道。[④] 公元635年，吐蕃赞普松赞干布迎娶尼婆罗（尼泊尔）尺尊公主，尺尊公主通过吉隆进藏。公元641年和公元710年，文成公主、金城公主分别先后与吐蕃赞普松赞干布、赤德祖赞联姻，因此唐蕃关系被形象地称为“舅甥关系”，“唐蕃友好”也被誉为“舅甥友好”。文成公主和金城公主进藏的路线成为吐蕃与内地王朝往来的主要道路，被誉为“唐蕃古道”。通过这条“唐蕃古道”，中原的酿酒、碾磨、粮食、纸墨制造、养蚕等先进生产技术传入西藏，促进了吐蕃的经济、社会发展。[⑤] 此时，唐蕃古道基本形成，且分为南、北两段，北段是长安（今西安）至吐蕃逻些（拉萨）的“唐蕃道”，南段是吐蕃逻些（拉萨）至泥婆罗坎提普尔（尼泊尔加德满都）的“蕃泥道”。在吐蕃时期，主要经过以上两条道路进行对内、对外贸易。据史料记载，吐蕃除了有本土逻些等地为贸易中心外，还有河西走廊的甘州、瓜州和陇州、赤岭。[⑥] 吐蕃与波斯、泥婆罗、印度等国“取制食品、珍宝等”[⑦]，并从唐政治中心、经济中心长安采购商品[⑧]，运回吐蕃，可见逻些已然成为内外贸易的中心之一。

“茶马古道”始于唐朝，分为“青藏道”“川藏道”“滇藏道”，是汉藏茶马互市的主要交通道路。路线起初是经青海、四川和云南到西藏

---

① 张钦：《唐代吐蕃道与中印佛教文化交流》，硕士学位论文，西北大学，2014年6月。

② 王务、陈践译注《敦煌本吐蕃历史文书》（增订本），民族出版社，1992，第165页。

③ 王务、陈践译注《敦煌本吐蕃历史文书》（增订本），民族出版社，1992，第165页。

④ 陈庆英、高淑芬主编《西藏通史》，中州古籍出版社，2003，第33、34页。

⑤ 孟宪范：《“西藏：历史与现状”学术讨论综述》，《中国社会科学》1991年第4期，第170~179页。

⑥ 《藏族简史》编写组编《藏族简史》，西藏人民出版社，2006，第68页。

⑦ 《智者喜筵》第七品。

⑧ 《藏族简史》编写组编《藏族简史》，西藏人民出版社，2006，第67、68页。

拉萨，后又发展到尼泊尔、印度等南亚国家。“青藏道”是“唐蕃古道”转型“茶马古道”而来，而“川藏道”和“滇藏道”则是“茶马古道”的传统线路[①]。唐朝时期，中央政府制定了专门的茶叶贸易制度，实行茶税，主要以“贡赐”的贸易形式[②]。北宋初年，中央政府高度重视茶马贸易，西北原州、渭州、秦州、德顺军等地是汉、藏、蒙、党项等民族贸易的据点，也是茶马互市的主要场所[③]，而且建立茶马司管理茶马贸易，使得茶马贸易进入成熟发展时期[④]。到了南宋时期，则通过榷场进行贸易，然而西北仍是茶马互市的中心地之一。唐宋时期，四川、云南等地的茶叶在吐蕃等地畅销，经吐蕃远销尼泊尔、印度等国，汉藏（川藏、滇藏）贸易和茶马互市得到进一步发展[⑤]，也就是说，来自内地的茶叶、丝绸、陶器、香料等，经过“唐蕃古道”和“茶马古道”进入西藏，也远销尼泊尔、印度、大食等国家。由以上可以看出，西藏通过“唐蕃古道”和“茶马古道”与内地联系紧密，不仅促使古丝绸之路的“吐蕃道”或“高原丝绸之路”的形成，也为丝绸之路开辟了通向南亚较短的陆路通道。

四　成型阶段（元明清时期）

元朝时期，中央政府对西藏实行了行政管辖，设立释教总制院（后称宣政院）管辖西藏宗教行政事务，并授权萨迦派管理西藏。《元史》记载：“总制院者，掌浮图氏之教，兼治吐蕃之事。……帝师八思巴，尊为国师，授以玉印。”[⑥] 元王朝在吐蕃设官授职，清查户口，征收赋税，建立驿站，派驻军队，吐蕃农牧业取得了一定的发展。这一时期，汉藏经济往来主要以赐贡、设立驿站、封千万户侯、赋税和茶马互市

① 阳耀芳：《茶马古道的历史研究与现实意义》，《茶叶通信》2009 年第 1 期，第 44~48 页。

② 姜自荣：《茶马古道》，《黑龙江史志》2013 年第 17 期，第 13 页。

③ 段继业：《历史上的砖茶之路及其社会文化功能》，《西南民族大学学报》（人文社会科学版）2010 年第 7 期，第 21~26 页。

④ 姜自荣：《茶马古道》，《黑龙江史志》2013 年第 17 期，第 13 页。

⑤ 阳耀芳：《茶马古道的历史研究与现实意义》，《茶叶通信》2009 年第 1 期，第 44~48 页。

⑥ （明）宋濂等：《元史・桑哥传》，中华书局，2000，第 3058 页。

等形式为主。[①] 而且，对外交流频繁，成果十分显著，其中比较著名的是尼泊尔工匠阿尼哥（1244~1306）在元大都（今北京）、山西等地修建的佛教建筑，北京的妙应白塔寺也是由阿尼哥修建的。阿尼哥就是通过“蕃尼道”进藏，再由“唐蕃古道”进入中原，从而成为中尼友好关系的代表人物。

明朝继承了元朝在西藏的统治策略，实施“乌斯藏都司”和“俄力思军民元帅府”。[②] 在明朝时期，汉藏经济往来主要体现在赐贡、茶马互市等方面，在明朝输入藏地的物品中，丝绸仅次于茶叶，在明朝赏赐藏地的物品中，丝绸居其他工艺品之首。[③] 在这一时期，虽然丝绸之路“吐蕃道”一片繁忙的景象，但是陆上丝绸之路还是不能满足明朝社会尤其是勋戚贵族的需求，于是，郑和七次下西洋，穿过马六甲海峡，经印度洋、阿拉伯海，抵达非洲北岸，开辟了海上丝绸之路。[④]

明末清初，藏传佛教“格鲁派”由宗喀巴大师创立，并开始慢慢统一西藏政教。清王朝分别册封五世达赖喇嘛和五世班禅，主政前藏、后藏。1638 年，中央政府设立理藩院，专管外藩事务，派驻藏大臣，直接统治和施政西藏。1751 年，又设立噶厦地方政府为办事机构，与驻藏大臣共同负责西藏治理。在清朝时期，西藏与内地贸易往来频繁，其贸易路线基本上与“吐蕃道”“茶马古道”重合。内地运往西藏的主要以茶叶为主，丝绸、棉织品次之；西藏运往内地的商品有绵羊毛、牦牛尾、羊皮、骡马等[⑤]。据相关数据统计，19 世纪末 20 世纪初，西藏与内地各

---

① 黄万纶：《元明清以来西藏地方同祖国的经济关系纪略》，《西藏研究》1988 年第 3 期，第 8~18 页。

② 董莉英：《试述元明清中央政府治边政策（提纲）——西藏-尼泊尔边境管理》，张柱华主编《“草原丝绸之路”学术研讨会论文集》，甘肃人民出版社，2010，第 283 页。

③ 吴明娣：《明代丝绸对藏区的输入及其影响》，《中国藏学》2007 年第 1 期，第 58~63 页。

④ 丁笃本：《丝绸之路古道研究》，新疆人民出版社，2010，第 178~180 页。

⑤ 黄万纶：《元明清以来西藏地方同祖国的经济关系纪略》，《西藏研究》1988 年第 3 期，第 8~18 页。

省之间的贸易额为 208.5 万两白银，是中印边境地区的全部交易额 4 倍以上。[①]

到了民国初年，云南商界开通了滇缅印藏商路，从产茶区佛海用马帮运茶至缅甸景栋，然后由汽车、火车运至仰光，再经海路至印度加尔各答后有火车运至噶伦堡，最后通过马帮驮运到拉萨。因此，历经元明清时期，西藏与丝绸之路的节点已经成型，并且在中央政府与西藏地方的共同努力下，西藏在经济、社会、文化等各个方面取得了丰硕的成果。

五　新发展阶段（和平解放至今）

和平解放西藏，意味着西藏进入了新的时代，开始从封建农奴制社会向社会主义社会迈进。1950 年，张国华率军进藏，路线大体为：甘孜→昌都→丁青→藏北（冷拉山 6000 米，嘉黎和比如交界处）→墨竹工卡→拉萨。在张国华率军进藏的同时，康藏公路开始动工，具体路线为：甘孜→昌都→丁青→太昭→拉萨；此外，还有一条进藏油料补给预定路线，即敦煌→柴达木→黑河→拉萨。[②] 1954 年，川藏公路和青藏公路通车，结束了西藏没有现代交通的历史。1956 年，我国民航人员突破号称“空中禁区”的青藏高原上空，试航成功，成功开辟了进出西藏的空中通道。1977 年，胜利建成了格尔木至拉萨的我国第一条长距离输送的成品油管道，从此西藏向综合交通发展迈出了第一步。[③]

1980 年，针对西藏的经济社会发展，中央书记处在北京召开了第一次西藏工作座谈会，从此以后，西藏的交通设施发生了巨大的变化，截止到 2017 年，西藏已经形成了集公路、铁路、航空为一体的现代化交通体系，拥有 G214 线（滇藏公路）、G109 线（青藏公路）和 G219

① 〔苏联〕B. П. 列昂节夫：《外国在西藏的扩张（1888—1919 年）》，张方廉译，民族出版社，1960，第 33~34 页。

② 赵慎应：《张国华将军在西藏》，中国藏学出版社，1998，第 54~65 页。敦煌→柴达木→黑河→拉萨路线，是 20 世纪 50 年代干部战士进出西藏的主要路线，后被称为青藏公路。——作者注

③ 云燕：《西藏自治区交通发展战略研究》，硕士学位论文，天津大学，2004，第 6 页。

线（新藏公路）、G317 线（川藏北线）和 G318 线（川藏南线）为主的公路交通网。西藏还建成了拉萨贡嘎机场、日喀则和平机场、昌都邦达机场、林芝米林机场、阿里昆莎机场为主的航空港，航线直达国内外，大大缩短了西藏与内地之间的距离，推动了西藏从传统的农牧业社会向现代化社会的转变，带动了西藏的生产方式、经济结构、政治文化的转变。[①] 2006 年青藏铁路建成，2014 年拉日铁路通车，意味着西藏已经搭上中国社会经济发展的快速列车。2015 年，在中央第六次西藏工作座谈会上，李克强总理提出把西藏建设成为世界旅游目的地，打通面向南亚开放的大通道。同年，拉林高速公路和拉林铁路开始动工。2016 年，在全国“两会”期间，格尔木—拉萨的高速公路、川藏铁路编写进国家“十三五”规划，西藏自治区政府将积极打造以拉萨为中心的“3 小时综合交通圈”和“2 小时经济圈”，努力实现国道高等级化、农村公路网络化、边防公路通畅化。[②] 以上这些都为西藏融入“一带一路”倡议提供了重要的交通基础保障。

西藏和平解放以来，西藏各项社会事业发展取得了辉煌的成就。2013 年，习近平总书记提出“一带一路”倡议，为西藏社会经济的发展带来了新的增长点和新的机遇，西藏自治区党委、政府积极响应“一带一路”倡议，促进西藏加快融入“一带一路”倡议构想，为西藏打通南亚大通道奠定了坚实的基础。

总之，通过新藏线和青藏线，西藏的西北部与北部均对接丝绸之路经济带，东部经川藏线和东南的滇藏线与古代西南丝绸之路相对接。西藏拥有 4000 多千米的边境线，有樟木、吉隆、亚东、普兰等口岸与南亚印度、尼泊尔等国接壤，我国的丝绸之路经西藏过南亚等国，在印度洋与海上丝绸之路相接。因此，西藏自古以来就是丝绸之路的重要参与者，同时也是我国面向南亚开放的重要节点。

---

① 袁爱中：《西藏和平解放 60 年交通运输事业发展的传播学意义分析》，《西藏民族学院学报》（哲学社会科学版）2011 年第 23 卷专刊，第 101~107 页。

② 《格尔木至拉萨高速公路纳入今年西藏主要交通建设项目》，《西藏商报》2016 年 3 月 9 日，第 4 版。

1.2.2　西藏融入“一带一路”的战略定位

一　西藏融入“一带一路”的路径选择

西藏自古以来通过“蕃尼古道”“唐蕃古道”“茶马古道”等参与古丝绸之路经贸、文化等交流，是“一带一路”倡议中的重要节点。西藏的西北接“丝绸之路经济带”，南下经尼泊尔，过印度与“21 世纪海上丝绸之路”对接。对于西藏融入“一带一路”通向何方是一个重要的思考问题。“一带一路”的核心在于实现资源在全球范围内的有效配置，“一带一路”坚持“共商、共建、共享”的原则，是开放包容的，是沿线国家的“合唱”，是在现有区域合作机制和倡议的基础上，推动沿线国家实现发展战略相互对接、优势互补，寻求合作最大公约数，扩大利益会合点，打造命运共同体，实现各国共同参与、共同建设、共同分享。自“一带一路”倡议提出以来，印度的态度一直模糊不定，怀疑中国的共享、共赢、包容发展的区域战略，同时它提出了“季风计划”和“香料之路”的东进政策，再者，印度与中国的边境问题和“达赖”问题一直是困扰两国双边发展的重要因素。因此，面对印度这一个与中国同为世界上增长较快的经济体，就目前国际格局和地缘政治、经济等因素来看，我国与它的合作范围较为狭窄。基于以上的条件和因素，笔者认为西藏对接“一带一路”的路径在于，首先将路通向尼泊尔，同时尼泊尔政府愿借“一带一路”机遇，加强与中国的合作，那么，我们就需要将尼泊尔打造成为“一带一路”中国在南亚地区合作的典范，从而带动相关国家的合作意愿，逐步建立中国与南亚国家的战略合作新格局。

二　西藏在“一带一路”倡议中的重要地位

（一）北道

唐蕃古道，即青藏线（青藏公路、铁路），丝绸之路南路。开通于隋初，形成于唐。通过青藏线充分发挥藏北连接陕甘宁经济圈和“丝绸之路经济带”的区位优势，以及藏青工业园、那曲高新技术开发区的平台作用，以青藏通道为依托，以那曲羌塘草原文化生态旅游核心区、西藏草原生态畜牧业生产区和国家重点生态功能区为重点，将藏北打造成为辐射藏东、藏西的综合性物流园区和国家西北通往南亚的主干线。

（二）西道

拉萨→阿里→叶城→中亚地区。这条道在历史上始于秦汉时期，象雄都城（今噶尔县门士乡古入江寺附近卡尔东遗址）琼隆银城（Khyung lung Dngul mkhar），于什布齐口岸（边贸市场）进入印度、波斯等。新中国成立以来，已经形成了新藏线西道路线，通过充分发挥藏西北连新疆、南接南亚的区位优势和独特的旅游资源优势，以冈底斯国际旅游合作区、狮泉河藏西经济区商贸物流中心、普兰口岸和阿里空港为依托，加快土林、神山圣湖申遗进程，将藏西打造成为国际著名旅游目的地、国家级重点生态功能区，衔接环喜马拉雅经济合作带、新疆丝绸之路经济带核心区和中巴经济走廊的重要门户。

（三）南道

通过边境口岸抵达印度、尼泊尔、不丹等国。亚东口岸与印度和不丹接壤，拉萨→江孜→亚东→加尔各答（印度），在印度洋西岸与海上丝绸之路连接，这是迄今为止西藏青藏高原与海上丝绸之路衔接的最短路线。聂拉木、定结、定日、仲巴、吉隆等与尼泊尔接壤，同时经由吉隆口岸进入尼泊尔（大唐王玄策出使天竺从吉隆出境，尺尊公主、莲花生等则由吉隆入藏）的道路被称为“蕃尼古道”，即拉萨→日喀则→拉孜→吉隆→加德满都，也是西藏建设对南亚开放重要通道的核心通道。基于拉萨为核心区、日喀则为副核心区，依托拉萨→山南 1 小时经济圈、拉萨→山南→日喀则 3 小时经济圈，将拉萨打造成为面向南亚开放的中心城市，将日喀则打造成为面向南亚开放的重要前沿区和重要的商贸物流中心，将拉萨→山南→日喀则核心经济区打造成为环喜马拉雅经济带、南亚大通道的核心区。

（四）东道

①川藏线。川藏线→成昆线与西南丝绸之路连接，后南下进入缅甸西南入印度（民国时期修建史迪威公路），在印度洋东岸与海上丝路连接。②滇藏线，茶马古道的一支。始于隋唐，吐蕃为管辖南诏而开通，南诏为吐蕃向中央政府纳税和贡茶的必经之路。西藏经滇藏线与西南丝绸之路对接，后南下进入缅甸西南入印度（民国时期修建史迪威公路），在印度洋东岸与海上丝路连接。东道的历史较为久远，可以追溯到隋唐时期，西藏应该充分发挥东道林芝、昌都东连四川、北接青海、南通云南的区位优势和资源优势，以川藏、滇藏通道为依托，以构建西南水电基地重点开发区、大香格里拉旅游区西部中心为重点，将藏东打造为内连川渝经济圈、大香格里拉经济圈、长江经济带，外接孟中印缅经济走廊、中国→中南半岛经济走廊的川滇四省区边界区域经济中心和国际旅游生态区。

三　西藏融入“一带一路”的战略定位

西藏是我国西南开放的重要门户，与印度、尼泊尔、不丹、缅甸等南亚国家接壤，形成了我国建设环喜马拉雅经济合作带的重要核心区域，通过樟木、吉隆、亚东、普兰等边境口岸，形成西藏建设面向南亚开放的重要通道。“十三五”时期，西藏自治区党委、政府明确提出西藏战略定位，即西藏是重要的国家安全屏障、重要的生态安全屏障、重要的战略资源储备基地、重要的高原特色农产品基地、重要的中华民族特色文化保护地、重要的世界旅游目的地、重要的“西电东送”接续基地、面向南亚开放的重要通道。西藏将紧紧抓住“一带一路”倡议机遇，积极建设面向南亚开放的重要通道，把西藏打造为我国沿边开放的试验区和西部地区实施“走出去”战略的先行区。

2016年，西藏自治区党委、政府紧紧围绕“一带一路”的战略部署，在面向南亚开放的过程中，以“两带五线”为主轴，依托西藏自治区拉萨国家经济技术开发区、昌都经济技术开发区、日喀则物流工业园区、那曲物流园区等区内产业集群和境外区外产业园区，促进西藏更快、更好地融入“一带一路”国家发展倡议中，加快建设面向南亚开放的重要通道。

1.2.3 西藏融入“一带一路”的战略意义

一 有助于西藏对接“一带一路”，促进西藏外向型经济发展

外向型经济是实行开放型经济交往体制，面向国际市场，建立以出口为主导的产业结构，广泛利用国际资源，充分参与国际分工和国际交换的经济。[①] 2017 年，西藏自治区与 68 个国家和地区开展了双边贸易，其中尼泊尔联邦民主共和国为最主要的贸易伙伴，与其贸易总额达到 24.08 亿元，与上年相比下降 21.5%，占进出口总额的 40.9%。除尼泊尔外，与西藏外贸交易居前三位的是法国、比利时和老挝，贸易额分别为 11.98 亿元、6.39 亿元和 2.77 亿元，比上年分别增长 34.3%、1.1 倍和 27.7 倍。[②] 受到尼泊尔“4·25 地震”的影响，中国西藏与尼泊尔对外贸易额虽然有所下降，但尼泊尔是西藏重要的贸易合作伙伴，尼泊尔自 2006 年以来，一直保持中国西藏第一大贸易伙伴地位。尽管地震给中尼边境带来了较大的损失，但是中尼在震后重建家园信心坚定。“一带一路”倡议给中尼双方都带来了机遇，尤其是与尼泊尔接壤的西藏，更是成为发展中尼关系的桥头堡。2014 年，日喀则撤地改市，同年拉日铁路通车，年发送旅客超过 40 万人次，日均发送旅客 6000 人次，给日喀则旅游业的发展带来了强大的动力。日喀则市亚东口岸、日屋口岸、樟木口岸、吉隆口岸等与印度、尼泊尔和不丹接壤，是西藏通往邻近的印度和尼泊尔等地的重要枢纽，处于“一带一路”相当重要的位置节点上，有助于西藏对接“一带一路”。因此，随着拉日铁路的开通和日后

---

① 刘辉煌、罗丽英：《新编现代西方经济学原理》，西南财经大学出版社，1999，第 56~81 页。

② 西藏自治区统计局、国家统计局西藏调查总队：《2017 年西藏自治区国民经济和社会发展统计公报》，2018 年 4 月，中国西藏网。

铁路向边境县域延伸，将进一步加快西藏南亚大通道建设，中国与尼泊尔等国家人文交流更加便捷化，促进西藏与周边国家边境贸易发展，实现西藏外向型经济发展。

二　有助于推动西藏与南亚国家之间多元化合作模式的发展

西藏面向南亚，从地理条件看，南亚国家中印度、尼泊尔、不丹、阿富汗与中国接壤，其中印度、尼泊尔、不丹与西藏毗邻，是中国周边地区中陆上邻国最多的地区，同时，这些国家也是南亚联盟的主要国家；从政治和安全角度看，南亚国家是中国周边环境的一部分，对中国西南地区安全具有重要的意义；从经济条件上看，南亚地区对中国西藏及西部发展和地区能源经济发展有着重要意义。[①] 尼泊尔是南亚联盟重要成员国，秘书处就设在尼泊尔首都加德满都。“一带一路”倡议提出以来，西藏作为一个“一带一路”重要战略节点，发挥着重要的作用，也是我国面向南亚次大陆开放的重要门户。近年来，南亚国家积极参与区域性及全球性政治、经济、文化活动，积极努力地改变其落后的面貌。推动西藏融入“一带一路”倡议，有助于扩大与南亚国家之间多元化合作。依托“中国西藏-尼泊尔经贸洽谈会”，积极开展与南亚国家多方面合作，对增进中国-南亚人民传统友谊，紧密双方经贸合作、战略合作、边境管理关系等有重要的战略意义。

第2章　西藏融入“一带一路”倡议的优势与问题分析

2.1　优势分析

2.1.1　独特的区位优势

西藏在融入“一带一路”倡议中具有独特的区位优势，这为“一带

① 张贵洪：《中国与南亚地区主义：以南亚区域合作联盟为例》，《南亚研究》2008年第2期，第3~7页。

一路”在西藏的融合与发展提供了天然的条件。西藏毗邻“一带一路”倡议沿线新疆、青海、四川、云南等省区，通过“青藏线”与格尔木藏青工业园和陕甘宁经济圈衔接，同时向北通过“青藏线”和“新藏线”与“丝绸之路经济带”和“中巴经济走廊”对接；向东通过“川藏线”和“滇藏线”与“成渝经济圈”、“长江经济圈”、“大香格里拉文化走廊”相衔接；西藏还在对外联通过程中与印度、尼泊尔、缅甸、不丹等南亚国家接壤，以樟木口岸、吉隆口岸、普兰口岸、日屋口岸、亚东口岸为主开放口岸，在面向南亚开放的过程中，经贸、宗教、文化、旅游等方面与尼泊尔等南亚国家联系紧密。因此，西藏在融入“一带一路”倡议中是联系内外的重要枢纽，是中国与南亚国家交往的重要门户。

2.1.2 深厚的历史渊源

自古以来，西藏就是丝绸之路的参与者，西藏与丝绸之路的历史渊源可以分为萌芽阶段（秦汉时期）、发展阶段（魏晋南北朝时期）、成熟阶段（唐宋时期）、成型阶段（元明清时期）、新发展阶段（和平解放至今）等五个阶段。因此，西藏与“一带一路”的历史渊源极深，佛教始于印度和尼泊尔，藏传佛教吸取印传佛教和汉传佛教教义发展而来。从古至今，西藏与南亚地区的宗教、经贸、文化、人文等方面的交往频繁，悠久的民间经贸往来是西藏融入“一带一路”倡议的深厚积淀。西藏通过麝香之路、唐蕃古道、茶马古道和蕃尼古道，使民间贸易、宗教人文经西藏绵延至南亚、中亚、西亚等地，促进了喜马拉雅地区经贸和人文的繁荣。西藏位于祖国西南边陲，“一带一路”倡议作为新时期以经贸为主轴的互利互惠战略，将为西藏经济发展创造重要契机。

2.1.3 发展的基础设施

改革开放以来，西藏与祖国一道开启了改革和对外开放的大门，尤其是在 1980 年中央第一次西藏工作座谈会以来，西藏的基础设施建设取得长足的发展，从城市建设到乡村公共服务等各个方面的基础设施都有了极大改善，为西藏融入“一带一路”倡议提供了有利的客观条件。基础设施互联互通是南亚大通道建设的基本前提和内容。近年来，西藏的交通、水利、能源等基础设施建设步伐不断加快，各项工程进展迅速。随着国家对西藏的更多优惠政策的出台，以及自治区内公路铁路、电网建设、保障性住房、风电水利、矿山资源、太阳能发电等项目的开展，内地众多工程机械企业进军西藏，这为参与“一带一路”建设提供了良好的硬件基础。

2.2　问题分析

2.2.1　经济地理环境较差，经济发展落后

1980年中央第一次西藏工作座谈会召开以来，西藏社会经济发展取得了长足发展，但是依然属于欠发达地区。西藏平均海拔在4000米以上，经济发展受到地理环境的影响较大，高寒缺氧，吸引不了更多优秀的人才来建设和服务西藏。西藏产业结构虽然处在“三二一”，是较为合理的结构，但是产业就业结构不合理，处于“一二三”形式。2017年，西藏全区生产总值突破1300亿元，但是经济总量薄弱，尤其财政处于完全依赖于中央和内地相关省市援助的“共享式财政”，因此自治区政府多次强调要内生式发展，增强西藏的自生发展能力，实现“造血”功能。

西藏生态环境较为脆弱，不适宜相对传统的工业产业的存在。中央第五次西藏工作座谈会提出西藏是我国重要的生态安全屏障，加之其生态本身的脆性，一旦破坏就很难恢复或者不再恢复，因此，西藏生态安全保护与经济发展如何相协调是亟须解决的第一现实问题。

2.2.2　国际政治环境复杂，区域发展不均

西藏地处中国西南边疆，处于与达赖分裂集团斗争和中国—印度国际关系的最前沿，西藏社会经济发展受到了国内外环境的双重影响。

首先，受到国内环境的影响，严重依赖中央和内地省市援助。我国是一个发展中大国，改革开放以来取得了飞速发展，成就了世界经济的奇迹。西藏在国内环境优化的基础上，在中央相关部委、兄弟省市的无私援助的基础上也取得了长足发展。中央及兄弟省市的援藏制度，是一种共享型经济发展方式[①]，1978~2008年间中央对西藏的财政补贴年均增长15%，仅2001~2008年中央财政补贴就达1500亿元，中央财政补贴在西藏社会经济发展中起到了不可替代的作用。

其次，受到国外环境的影响，处于与达赖分裂集团斗争和中国-印度国际关系的最前沿。达赖分裂集团依然存在分裂我国西藏的野心，以十四世达赖为首的“伪西藏政府”在世界范围内活动，并在欧美和印度等国家和地区的资助下实施一系列的反华活动，同时提出了所谓的“西藏问题”和“藏民族文化灭亡论”等。中国与印度边界还未正式划定，印度强占我国西藏藏南地区领土，大兴土木，修建机场和相关军事工地，给西藏建设“一带一路”带来了相当不利的影响。

最后，西藏区域内经济社会发展不平衡。2016年，西藏生产总值（GDP）达到1150.53亿元，从各地市来看，拉萨、日喀则和昌都GDP总量领先，分别为424.95亿元、187.75亿元和147.86亿元，那曲地区和阿里地区GDP最低，分别为106.24亿元和41.43亿元；2016年西藏各地市生产总值较2015年均有所增加（见表1-2-1）。从以上数据来看，西藏各地市经济发展极度不均衡，为“一带一路”建设带来一定程度的困难。

表1-2-1　2015年和2016年西藏各地市生产总值

单位：亿元

地市	2015年	2016年
拉萨市	376.73	424.95

① 李国政、彭红碧：《西藏共享经济发展方式的路径选择》，《当代经济管理》2010年第8期，第65~70页。

续表

地市	2015 年	2016 年
昌都市	132.02	147.86
山南市	113.62	126.53
日喀则市	166.85	187.75
那曲地区	94.94	106.24
阿里地区	37.12	41.43
林芝市	104.33	115.77
总计	1025.61	1150.53

说明：资料来源于《西藏统计年鉴（2017）》。

2.2.3　交通环境不便，经济距离太长

西藏虽然已经形成了以铁路、航空、高速公路为一体的现代化交通网，目前青藏铁路已经延伸至日喀则，川藏铁路拉林段和成康段已经在建，有拉萨贡嘎机场、林芝米林机场、昌都邦达机场、日喀则和平机场、阿里昆莎机场，西藏全区有 G317/318/219 国道，公路通车总里程已达到 70591 千米，但是区内交通环境依然不便。比如，到边境口岸地区基本上是属于公路交通；到亚东、樟木、吉隆、阿里地区基本上是公路交通；到日喀则境内的口岸需要从拉萨→日喀则（拉日铁路）→（次日乘大巴）相关口岸，平均花费两天的时间；从拉萨到阿里地区距离耗时更长，北道 1700 多千米，南道 1100 多千米，一般需要在中途休整一晚上，保证司机的休息时间，才能抵达目的地；拉萨到昌都距离 1000 多千米，也是一样需要在中途休整一夜。因此，由拉萨到各地市的经济地理距离相对较长，也是西藏融入“一带一路”面临的一个现实问题。

第3章　西藏融入“一带一路”倡议中的南亚国家因素

3.1　印度的影响因素分析

印度是南亚地区的主导国家，也是南亚次大陆最大的国家，在历史上与中国有着悠久的、密切的交往和联系，与中国、古埃及、古巴比伦同属四大文明古国。印度北与中国、尼泊尔、不丹接壤，东与缅甸为邻，且临孟加拉湾，西与巴基斯坦交界，且濒临阿拉伯海。近年来，印度经济发展较快。2015年，印度GDP占全球GDP的比例已经达到7%，且在2016年前两季度，经济增速明显超过中国。据世界银行最新的统计数据预测，国际货币基金组织（IMF）在报告中还预测，印度2018~2019财年经济增速将保持在7.4%，略高于此前世界银行预测的7.3%。[①] 印度已经成为世界上发展最快的国家之一，在国际和区域范围内的影响力不断提升。

中国和印度分别是世界上第一大和第二大发展中国家，也是经济发展速度较快的国家，在国际和区域内合作方面逐渐深入。在民族振兴、经济发展的现实需求中，中国和印度分别提出了“中国梦”和“印度梦”，加快实现国家梦，是当前中印两国的主要任务之一。随后，中国提出了“一带一路”，印度提出“季风计划”“香料之路”，从两国筑梦战略的发展区域来看，“一带一路”和“季风计划”、“香料之路”都分别符合本国的利益，也符合亚洲区域经济一体化建设和全球经济一体化进程，同时在全球范围来看，二者是相辅相成的，符合中印战略合作伙伴关系新的增长点。

---

① 《IMF预测本财年印度经济增速超预期》，新华网，http：//www.xinhuanet.com/2018-01/23/c_ 1122303326.htm。

自中国提出的“一带一路”倡议进入全面实施阶段以来，取得了重要的成绩。在历史的发展过程中，中印历史渊源深厚，印度是我国古代海上丝绸之路的重要节点，也是“一带一路”的重要辐射区域，既是丝绸之路的重要目的地，也是所有丝绸之路汇聚的中心，因此，在中国“一带一路”倡议中占据重要的地位。但是，长期以来印度表现出较为冷淡的态度，在东南亚地区积极推行自己提出的“季风计划”和“香料之路”。印度大国梦的发展有着浓厚的“中国情结”，印度媒体、智库和专家学者对“一带一路”的研究出现了地缘政治、马汉主义、新自由主义派和新现实主义派四个派别，他们均认为中国的“一带一路”不仅仅是经济的动因，也是基于安全、战略和美国的“亚洲再平衡战略”等因素，所以，不排除中国的“一带一路”对印度经济社会发展会起到重要的促进作用。他们还认为，印度莫迪政府对“一带一路”的认知还处在“态度保留”“犹豫不决”的状态。2014 年 9 月，中国国家主席习近平访问印度，与印度签署了《中印联合声明》（下文简称《声明》），但在该《声明》中没有出现“一带一路”字眼，这表明印度对中国的“一带一路”采取了保留的态度。[①] 目前双方的共识主要体现为，“双方关注孟中印缅经济走廊的合作情况”[②]。在《声明》中，印度香客和朝圣者将从中国西藏亚东口岸进境，前往中国西藏阿里地区朝圣。这也表明中国和印度可以通过宗教文化的形式加大民间交流，通过民间交流促进政府间的往来和互信。与此同时，印度政府不断推出“印度制造”，冲淡“一带一路”，夺回话语权。印度政府对本土制造越来越给予关注，开始大规模地对其进行宣传和造势。在莫迪总理出访美国前，邀请三星、奔驰等公司的 CEO 为活动宣传造势[③]，就是其中一例。

---

① 林民旺：《印度对“一带一路”的认知及中国的政策选择》，《世界经济与政治》2015 年第 5 期。

② 《中华人民共和国和印度共和国关于构建更加紧密的发展伙伴关系的联合声明（全文）》，新华网，2014 年 9 月 19 日，http：//news. xinhuanet. com/world/2014 - 09/19/c _ 1112555977. htm。

③ 《莫迪今开始访美力推“印度制造”》，凤凰网，2014 年 9 月 26 日，http：//news. ifeng. com/a/20140926/42094749_ 0. shtml。

3.2 尼泊尔的影响因素分析

西藏与尼泊尔山水相连，人文相近，历史上，中国西藏与尼泊尔人员往来、边贸活动频繁。唐朝时，吐蕃藏王松赞干布迎娶尼泊尔尺尊公主；元朝时，应西藏邀请，尼泊尔著名工艺家阿尼哥携 80 多位工匠来华建造西藏萨迦寺黄金塔、北京白塔寺、山西五台山慈寿塔等多项著名建筑。中尼两国地缘关系紧密，两国边界线长达 1414 千米，主要有西藏日喀则吉隆、樟木、日屋和普兰等口岸与尼泊尔有着密切的经贸、人文、旅游等方面的往来。

自 1955 年 8 月 1 日中尼建交以来，两国传统友谊和友好合作不断发展，高层往来密切。尼泊尔国王、首相多次访华，中国对尼泊尔的援助不断加大。2013 年中国国务委员杨洁篪访尼，是尼临时选举政府成立后首位到访的外国领导人，并宣布向尼第二届制宪会议选举提供 1000 万元人民币的物资援助，获得尼各界高度赞赏。2014 年外交部部长王毅访尼，提出拓展双方在贸易、投资、农业等九大领域的务实合作。2015 年尼泊尔“4·25”大地震发生后，中国第一时间调动各方资源驰援尼泊尔。

中尼各领域合作持续扩大。中尼建交后，两国政府先后签订贸易、经济技术合作、避免双重征税和防止偷漏税等协定。双边贸易关系不断加强，中方对尼享受零关税商品目录已扩大至 97%。近年，藏尼间经贸、交通、文化、旅游、警务、边防、友城、友协等各领域交流合作不断深化。中国西藏—尼泊尔经贸洽谈协调委员会机制等双边经贸、旅游交流合作机制和平台也在不断完善。樟木口岸重建等工作正有条不紊地开展。增设边贸口岸、建立跨境经济合作区和自由贸易区也在进一步探讨中。

人文交往广泛开展。中尼两国在体育、文学、艺术、宗教、科学、广播、摄影、出版、教育等方面均有交流。2000 年，中尼签署“中国公民赴尼泊尔旅游实施方案的谅解备忘录”①，尼泊尔也因此成为中国公民组团赴南亚旅游的第一个目的地国。孔子学院在尼发展壮大，成功在尼举办多届“中国节”“中国电影节”“大使杯汉语比赛”等。中国语言和文化在尼影响不断扩大，两国青年代表团多次互访。中国每年向尼提供100名政府奖学金名额，尼赴华留学人数不断增加。援尼医疗队坚持在尼南部工作十多年，民间友好组织对尼北部山区送医送药，开展治疗白内障患者的“爱心光明行”等活动。

近年来，中国西藏与尼高层互访不断得到加强。尼前总统亚达夫、副总统贾阿、副总理兼外长什雷斯塔、副总理兼内政部部长高塔姆、尼共（毛主义）主席巴特拉伊、尼共（联）主席尼帕尔等政要，以及尼共（联合马列）代表团等分别访问西藏。西藏自治区领导访尼团组也在不断增多，2014年10月，西藏自治区主席洛桑江村率团访尼，实现了中国西藏自治区主席近十年来对尼的首访，与尼方达成多项共识。此外，西藏航空与尼泊尔企业于2014年联手成立了喜马拉雅航空公司，于2016年9月共同签署了组建“喜马拉雅航空公司”的协议。西藏自治区除了不断加强与尼在经贸、学术、人文等方面的往来之外，还不断加大对尼的援助力度，2014年将每年对尼援助金额由500万元人民币增加至1000万元人民币，主要用于尼泊尔北部山区的农业、医疗、教育等方面。

中尼之间的交流交往与合作，为“一带一路”倡议在尼泊尔的实施，无论是在政策、设施、贸易、资金、民心等“五相通”方面，还是在“贸易领域、投资领域、农业领域、基础设施领域、科技领域、互联互通领域、旅游领域、人文领域、安全执法领域”，都奠定了良好的基础。

3.3　不丹的影响因素分析

不丹位于喜马拉雅山脉的东南麓，西与印度的锡金邦相连，北部和

---

① 《中国同尼泊尔的关系》，外交部网站，http://www.fmprc.gov.cn/web/gjhdq_676201/gj_676203/yz_676205/1206_676812/sbgx_676816/。

东部与西藏的日喀则、山南相连。2014 年，人口 76.5 万，地区生产总值 19.59 亿美元，属于最不发达国家。[①] 不丹与中国西藏山水相连、地缘相近、人文相亲，特别是宗教、文字相似，自古以来保持友好交往的传统。公元 7 世纪，不丹是中国吐蕃王朝的一部分。18 世纪中期，不丹成为清朝的藩属国。18 世纪末期，印度东印度公司将殖民主义伸向不丹。在很长的历史时间里，西藏一直是不丹的主要贸易对象。中国与不丹之间由于存在边界争议，以及不丹与印度的特殊关系等，两国之间未建立外交关系，且外交机构十分有限。中国西藏与不丹之间尚未建立口岸，仅在山南洛扎、日喀则亚东等边贸点存在少量以货易货传统往来。

近年来，随着中国的快速发展，不丹也同样期待能搭乘经济发展快车，中国与不丹两国在政治、经济、文化及国际问题等方面进行了一系列接触，不丹组织高级访问团访华，其间还顺访西藏。目前，虽然中国和不丹尚未建交，两国的合作交往层次水平也较为有限，但从长远来看，中国与不丹一旦建交，将会迅速提升中国与不丹在诸多领域的交往合作，也将进一步推动西藏成为面向南亚的重要通道、辐射向东南亚国家。

3.4 缅甸的影响因素分析

中缅两国于 1950 年建立外交关系，并最先通过友好协商解决两国边界问题。中缅边界西藏段共 3 个界桩，西藏察隅县与缅甸相邻，通往缅甸的主要通道有 5 条，从 1958 年起，由察隅县吉台存贸易点扩大到日东全乡，双方边民主要开展以物易物、互调余缺的边境小额贸易。[②] 从“一带一路”视角，特别是构建孟中印缅经济走廊（BCIM）来看，缅甸的态度存在不确定性。主要有从缅甸对外政策分析，缅甸在对外政策上追求大国平衡，向西方大国寻求靠拢，积极发展同美国、日本和印度等大国关系，对中缅关系未来发展存在不确定性。从缅甸内部来看，缅甸

① “Butan”, http://data.worldbank.org/country/bhutan.

② 董莉英：《中国西藏与缅甸关系》，《中国藏学》2013 年第 4 期。

国内形势存在一定动荡风险。如孟中印缅经济走廊需要经过动荡的缅甸北部地区，而这些地区长期以来被反政府武装控制，尽管缅甸总统吴登盛积极推动国内政治和解，但如何实现全国性停火和实现同国内少数民族和解仍是缅甸政府的主要挑战。

第4章　推动西藏融入“一带一路”倡议的战略

4.1　积极加快建设面向南亚开放的重要通道

4.1.1　正确认识南亚重要通道

2015年8月中央第六次西藏工作座谈会和2016年《西藏自治区政府工作报告》均提出“加快建设面向南亚开放的重要通道”，2016年，中国文化部、旅游局和西藏自治区人民政府联合主办的“第三届中国西藏旅游文化国际博览会”的主题是“‘一带一路’与加快建设面向南亚开放的重要通道”，该主题还是主旨论坛主题。由此看出，西藏自治区政府在融入“一带一路”倡议方面积极对接，并在建设进程中，逐步发挥西藏面向南亚的作用。

西藏加快建设面向南亚开放的重要通道，首先需要正确认识南亚重要通道。西藏有21个边境县104个边境乡，与南亚次大陆有着4000多千米的边境线，通过樟木、吉隆、亚东、普兰、日屋口岸等国家一级陆路口岸与南亚国家有着密切的经贸、人文等方面的往来。无论从历史发展过程中还是从现实的边境贸易及互市贸易中，西藏都已经成为名副其实的南亚重要通道。

4.1.2　加快建设开放的南亚重要通道

第一，在西藏融入“一带一路”倡议和对外开发与开放过程中，加快建设面向南亚开放的重要通道是重心，是基础，也是关键。西藏发挥自身独特的区位优势和地缘优势，紧紧抓住国家建设“一带一路”和构建沿边地区开发开放“三圈三带”（西南国际经济合作圈、西北国际经济合作圈、东北国际经济合作圈和环喜马拉雅经济合作带、中蒙经济合作带、鸭绿江中朝经济合作带）新格局的战略机遇，在加快建设南亚开放大通道中进一步融入国内国际市场，实现南亚大通道从“有形联通”到“无形链接”的升级与转变。

建设“一带一路”需要构建中国与沿线国家的“互联互通”。西藏在建设南亚重要通道的过程中要以西藏为轴心，以新疆、青海、四川、云南等自治区、省为依托，辐射南亚次大陆国家及周边区域，通过结合西藏实际，有效利用区内、区外和国际三个市场及三种资源在“政策沟通、设施联通、贸易畅通、资金融通、民心相通”等方面实现中国与南亚次大陆和印度洋地区的互联互通，组建区内外、境内外有机统一、相辅相成的国际区域产业体系，加强与南亚有关国家的经济合作伙伴关系，实现区域内国家经济发展战略的对接和融合，促进地区贸易自由化和经济一体化的发展。

第二，中尼印经济走廊建设是中国在“一带一路”倡议中建设的重要内容，构建中尼印经济走廊，助力面向南亚开放的重要通道建设。中国和印度作为两个最大发展中国家和新兴市场国家，都处在实现民族复兴的伟大历史进程中，最珍惜的就是和平与发展，两国的理想和目标息息相通。尼泊尔处在中印关系的中间，一直寻求在中印之间的平衡，推出“外交平衡战略”，希望成为中印关系的重要缓冲地和交涉中心，以凸显尼泊尔在亚洲的政治地位和外交地位。21 世纪以来，中印关系已经进入了多方战略契合的时代，中印联手合作将成就亚洲乃至世界的辉煌。2014 年 7 月，中国国家主席习近平在巴西福塔莱萨会见印度总理莫迪。习近平指出：“中印携手合作，全世界都会关注。无论从双边、地区还是全球层面看，中印都是长久战略合作伙伴，而非竞争对手。携手实现和平发展、合作发展、包容发展，让两国 25 亿人民过上更好的生活，为地区乃至世界增加和平与发展的力量，是我们最大共同利益所在。”莫迪指出：“扩大两国经贸、人文、旅游、教育、人才培训等领域交流合作，印方欢迎中国企业投资印度铁路等基础设施建设，在印度建立工业园区，正在积极考虑加入亚洲基础设施投资银行。”2014 年 9 月，中国国家主席习近平访问印度，形成“构建更加紧密的发展伙伴关系，共同实现和平发展合作发展”的共识，并发表《中华人民共和国和印度共和国关于构建更加紧密的发展伙伴关系的联合声明》；2015 年 5 月，印度总理莫迪访华时表示，“印中两国都向南亚有关国家提供着帮助和支持，中方提出了‘一带一路’倡议，印方同样重视南亚地区互联互通建设，认为这将促进本地区的发展繁荣”，随后中印发表《中华人民共和国和印度共和国联合声明》。2016 年 10 月，习近平主席在印度果阿与印度总理莫迪会晤时指出：“要提升各领域交流合作水平，继续推动铁路、产业园区等重大项目合作。要加强政党、地方、智库、文化、媒体等交流，扩大中印友好民意基础。要支持对方参与地区事务，加强在上海合作组织、南亚区域合作联盟、东亚峰会等框架内合作。”

中国与尼泊尔政府之间交流频繁，并且成果丰硕。自中国提出“一带一路”倡议以来，尼泊尔政府积极响应，并发表声明说愿意搭上中国经济的便车。2014 年 6 月，尼泊尔前总理苏希尔·柯伊拉腊访华，参加中国—南亚博览会；2016 年 3 月，尼泊尔前总理奥利访华，与中国签订了系列合作协议，这些协议的落地将进一步促进中尼双边关系的良性发展；2016 年 10 月，中国国家主席习近平在印度果阿会见尼泊尔新任总理普拉昌达。尼总理表示：“尼泊尔视中国为可靠的发展伙伴，愿同中国发展更加全面的伙伴关系，积极参加‘一带一路’和亚洲基础设施投资银行框架下互联互通建设。尼方愿密切同中方在国际地区组织中协调合作。”由此可以看出，尼泊尔还是坚持原有的外交政策，寻求在中国和印度之间的战略平衡。

因此，中尼印经济走廊有共建的上层机制的可能性。此外，中尼印经济走廊的建设也有其重要的历史文化渊源，中国西藏与尼泊尔、印度有着悠久的传统友谊，印度佛教传入西藏为藏传佛教的形成奠定了基础；西藏阿里地区的“神山圣湖”又是藏传佛教、印度教、耆那教、苯教等信徒心中的世界中心，转山、转湖是信徒的重要活动，因此在“一带一路”背景下，构建中尼印经济走廊是西藏融入“一带一路”倡议并参与建设的重要内容，它也有利于西藏助力面向南亚开放的重要通道建设。

4.2 积极推进“环喜马拉雅经济合作带”建设

4.2.1 “环喜马拉雅经济合作带”的提出

2015年1月，西藏自治区十届人大三次会议提出“对接‘一带一路’和孟中印缅经济走廊，推动环喜马拉雅经济合作带建设，构建对外开放的新格局”，第一次引入了“环喜马拉雅经济合作带”的概念。西藏是青藏高原的主体部分，南部是喜马拉雅山脉，与印度、尼泊尔、不丹等南亚次大陆国家接壤，在构建新时期对外开放新格局的背景下，西藏以樟木、吉隆、普兰、亚东、日屋口岸等为窗口，以拉萨为腹地，以日喀则为桥头堡的“环喜马拉雅经济合作带”重要区域，有利于打造辐射喜马拉雅周边国家及区域的“环喜马拉雅经济合作带”。

4.2.2 构建“环喜马拉雅经济合作带”国际产业体系

“环喜马拉雅经济合作带”的建设，需要区内外、境内外的产业体系为支撑，以园区作为支撑节点，发挥中心城市产业园区的区域辐射带动作用，边境口岸产业园区的特殊区位和桥头堡作用，境外产业园区的模式创新和资源共享，构建“环喜马拉雅经济合作带”，引领南亚大通道的国际产业体系转型与扩张。

（一）高原城市产业园区建设

以拉萨经济技术开发区与拉萨市首府经济为腹地。围绕南亚重要通道建设和西藏全方位对外开发开放，推进拉萨首府经济圈建设，提升拉萨国际影响力，加快建设西藏旅游目的地的核心城市，将拉萨打造成为对南亚开发开放的综合枢纽、总部经济中心、金融服务中心、科技创新中心。在以贡嘎机场为主要的航空港，构建高原独具特色的航空保税物流园区和汇集环喜马拉雅周边国际及南亚国家的商品商贸中心。

以日喀则综合物流园区与日喀则后藏经济为核心区域。强化日喀则市全区第二大经济中心、文化中心地位，增强桑珠孜区的综合承载能力，加快建设日喀则综合物流园区为重点产业园区，带动江孜、拉孜和边境口岸城镇等重点区域发展，壮大雅鲁藏布江中上游城镇带，将日喀则综合物流园区打造成为对南亚贸易往来和外向型产业发展服务平台。建设南亚国际物流枢纽基地、西藏外向型产业示范区和特色产业集聚发展中心。

以林芝经济开发区和昌都经济开发区为重要辐射区域。林芝经济开发区，着眼建设重要的世界生态旅游目的地，加快推进以巴宜区为中心，以林芝经济开发区为核心支撑，带动米林、扎木等为重要节点的尼洋河中下游城镇带发展，将林芝经济开发区打造成为南亚大通道特色产业发展和对外旅游服务支点。昌都经济开发区建设，发挥开发区的独特区位优势，承接长江经济带向南亚大通道的产业转移合作，努力在西藏特色加工产业发展、高新技术产业集聚、现代服务业提升等方面实现突破。建设南亚大通道国内产业承接中心、物资集散中心。

（二）边境口岸产业园区建设

吉隆边境经济合作区。承接日益增长的中尼贸易交流和人员往来（将来可以发展为中尼—第三国人才流、商贸流、技术流、资金流等自由往来）。吉隆边境经济合作区定位旅游合作、边境贸易、进出口商品物流与流通加工基地、工程承包产业服务基地，以及边境文化旅游商贸会展一体化服务基地，远期以吉隆为口岸依托建设中国-南亚自由贸易试验区。

中尼边境旅游合作区。边境地区拥有丰富的旅游资源，依托中尼双方的珠峰国家公园打造中尼边境旅游合作区，以旅游合作为支点，带动商贸、金融等商品贸易和服务贸易共同发展、共同繁荣的贸易自由一体化。

冈底斯国际旅游合作区。发挥普兰县地处中、尼、印三国边界的区位优势，利用阿里朝圣国际旅游资源，提升边贸旅游服务水平，建设冈底斯国际旅游合作区，整合阿里地区西部四县资源，实现边境一线连片发展。近期重点建设合作区成为中国面向南亚的区域性国际旅游目的地，打造合作区的国际品牌，中远期实现合作区向国外周边区域拓展延伸，向更高层次和更宽领域发展。

（三）境外区域产业园区建设

加德满都（中尼）综合产业园区。谋划在尼泊尔首都加德满都建设涉及农畜产品加工、纺织服装加工、商贸物流等产业的综合园区，依托两国在人力成本和技术水平上的互补性，推动中国对尼泊尔由产品输出走向产业输出。重点发展特色农畜产品初级加工、服装鞋帽制造、家用电器组装、摩托车组装等加工业态，产业园区产品直接进入尼泊尔，间接进入印度市场，部分可运回中国进行产品精深加工，实现两国产业链的有效对接，促进两国间经贸往来。

中尼边境商贸物流产业园区。谋划在尼泊尔距离吉隆口岸 30 千米的通泽建设商贸物流产业园区，重点发展商贸物流产业和加工产业，使经吉隆进入尼泊尔的物资在通泽产业园区进行集散、加工，再分拨到尼泊尔其他地区。在产业园区引入国内对外贸易、电子商务、运输物流企业，输出国内电商平台，探索对尼泊尔贸易线上和线下的有机结合，使通泽产业园区和吉隆边境经济合作区形成良好的互动发展态势，提高两国在经贸上的互利共赢水平。

4.3 进一步深化与南亚国家合作的多元化模式

4.3.1 完善基础设施建设，提升西藏服务的能力

在中国西藏与南亚地区深化合作中交通、通信欠发达，公用设施缺乏，基础设施不完善，这些是制约中国西藏与南亚地区深化合作的重要

因素。在完善基础设施建设方面，建议采取合作方式来共同承担，即采取“中国西藏+内地援藏省市或者中国+南亚地区国家”的模式。通过合理利用援助资金和外来资金，减轻西藏财政压力，加快基础设施建设速度。同时，可以充分利用“丝路基金”“亚投行”“金砖银行”等中国—南亚区域内金融机构的扶持，加大对中国—南亚地区基础设施的投入；也可以更好地吸引中国—南亚外域国家的投资，世界银行、亚洲开发银行等国际组织及西方发达国家对中国西藏与南亚地区交通、能源、通信、旅游业等合作项目的投资，从而带动该区域基础设施的完善。为切实提升区域服务能力，可以从交通设施和口岸建设两个方面加强基础设施的建设。

第一，构建高原立体交通网络，助推西藏南亚重要通道建设。“十三五”期间，西藏将逐步实现“国道高等级化、农村公路网络化、边防公路通畅化”。加快高速公路、普通国省公路、农村公路、边防公路等基础设施建设，推进国道高等级化，形成互联互通的区内和进出藏高速大通道。构建高原铁路交通网，形成以拉萨为辐射核心的青藏、滇藏、川藏、新藏铁路铁路网，延伸日喀则至吉隆（或樟木）口岸铁路建设，科学合理规划中国与尼泊尔铁路交通建设，最终打通“泛南亚铁路线”。逐步扩建拉萨贡嘎机场、林芝米林机场、日喀则机场、阿里昆莎机场，加快城镇中心区域至机场的高等高速公路建设，提升西藏区域范围内的航运能力，主推西藏面向尼泊尔等南亚国家开放的重要通道建设。

第二，加强中尼印边境口岸建设，推动边境服务融合发展。2015年4月25日，尼泊尔发生大地震，波及中国边境地区，樟木、吉隆口岸等有不同程度的损毁。地震后，经中尼双方的不断努力，吉隆口岸已于2015年11月再次开通。因此，加快樟木口岸恢复口岸功能建设，继续加强吉隆口岸通关能力建设和基础设施建设，加强“中尼跨境经济区”建设，推动吉隆口岸建设成为“中尼自由贸易示范区”，使吉隆逐渐成为西藏面向尼泊尔等南亚国家开放的桥头堡。逐步培育外贸企业，大力扶持发展对外贸易，逐步完善“自贸区”管理体制，鼓励边民互市自由贸易，鼓励自产产品出口，积极落实西藏产品“走出去”战略，促进西藏本土产品生产与国际市场接轨，加快西藏融入“一带一路”。

4.3.2 深化多元合作内容，构建中尼印经济走廊

2015年中国三部委联合发布的《推动共建丝绸之路经济带和21世纪海上丝绸之路的愿景与行动》指出，推进西藏与尼泊尔等国家边境贸易和旅游文化合作。中国西藏与周边国家的合作领域并不止于边境贸易和旅游文化，金融、基础设施、教育、科技等都是合作的重点。因此，西藏需要深化在“一带一路”倡议引领下与南亚周边国家共建边境贸易和边境旅游协同合作的先行领域，进一步深化边境地区口岸建设和安全管理的双边或多边机制，定期举行口岸管理双边或多边会晤，制定边境区域共同执勤制度，放下争端，为边民谋福利。加快环喜马拉雅经济合作带中贯穿喜马拉雅山脉的旅游资源的合作开发，尤其对跨境旅游资源进行合作，这是“一带一路”建设的重点领域。因此可以认为，西藏应该围绕“一带一路”倡议构想而提出具体实施措施，紧紧抓住历史机遇，发挥面向南亚开放的地缘优势，在“一带一路”倡议构想的推进中拓宽与南亚的多元合作，打造中尼印经济走廊，进一步构建中尼印共同体。

第一，大力发展边境旅游，建设中尼印边境旅游合作区。中国西藏和尼泊尔旅游资源丰富，发展边境旅游潜力是最大的。[①] 西藏自古以来就是丝绸之路的通商要道，其沿线还分布着大量的丝路遗址，以及遗址背后古老神秘的传说和珍贵的文化遗迹。这些深化了旅游内涵，增添了边境地区旅游魅力[②]。重视和发展边境旅游，应是当前西藏发展旅游业

① 葛全胜、钟林生等主编《中国边境旅游发展报告》，科学出版社，2014，第125页。

② 参考杨苗、蒋毅《融入“一带一路”战略构想，推动西藏跨越式发展》，《当代世界》2015年第1期，第71~72页。

的重点，也是西藏融入“一带一路”倡议新的增长点。依托珠穆朗玛峰国家公园，探索建立“中尼国际旅游合作试验区”，将珠穆朗玛峰国家公园打造成为中尼边境上的“珠穆朗玛国际公园”，不断拓宽中尼边境旅游合作区域，划定责任旅游区。基于中尼边境地区旅游资源和文化的特殊性与互补性，积极建设中尼边境旅游合作区，协调政府间的决策机构，使中尼边境区域内的旅游资源和生产要素得到合理的配置，强化中国与尼泊尔之间旅游产品的开发，联手打造中尼边境旅游合作区。充分利用冈底斯山冈仁波齐和玛旁雍错（神山圣湖）在印度教、藏传佛教、耆那教等宗教里的宗教地位，以宗教文化作牵引，吸引更多的南亚地区（如印度、尼泊尔）香客进藏朝圣，打造中尼印边境旅游之朝圣旅游路线（一、普兰→神山圣湖→古格王朝→昆莎→拉萨→加德满都/新德里；二、亚东→珠峰→仲巴→阿里地区→普兰［出境］），最终形成冈底斯国际跨境旅游区。

第二，加强现代物流基地建设，提升西藏边境贸易合作能力。现代物流业的发展对推动经济发展、促进就业有着十分显著的作用。南亚、中亚、西亚等国对于西藏和中国内地的茶叶、丝绸、陶瓷、羊毛、羊皮、酥油、香料、藏药材等产品需求量大。历史上有唐蕃古道与蕃尼古道连接，茶马古道与南亚陆路连接，西藏在历史上就是内地与印度、尼泊尔等南亚国家的商务贸易中转地。2006 年，青藏铁路通车；2013 年，那曲地区物流基地建成；2014 年，拉日铁路通车；2014 年，拉萨、日喀则成为中国首批公共物流示范基地，国内外大型物流企业到西藏投资兴业，大大促进了西藏现代物流体系的建设。西藏必须加快区内交通网络建设，必须建设一批具有示范性和竞争力的物流工业园区，并依托日益完善的交通网络，逐步辐射青藏高原，提升西藏区域合作能力。

结　语

西藏地处中国西南边陲，是中国重要的安全屏障，也是中国面向南亚开放的前沿。“十三五”期间，西藏自治区党委、政府明确提出西藏的战略定位，即西藏是重要的国家安全屏障、重要的生态安全屏障、重要的战略资源储备基地、重要的高原特色农产品基地、重要的中华民族特色文化保护地、重要的世界旅游目的地、重要的“西电东送”接续基地、面向南亚开放的重要通道。西藏融入“一带一路”倡议具有独特的区位优势、深厚的历史渊源和基础设施，但也存在一定的问题。在西藏融入“一带一路”倡议过程中，必然会受到地缘因素的影响，印度一直以来对我国“一带一路”持怀疑态度；不丹与中国尚未建交，政治经济等受印度影响；缅甸政权冲突，缅北地区战争迭起，不利于西藏“一带一路”建设；然而，尼泊尔自古以来与中国西藏有着深厚的历史文化渊源，尼泊尔北部地区有部分少数民族信仰藏传佛教，说藏语，生活习俗与西藏无异，且尼泊尔政府积极支持“一带一路”建设，因此，我们认为西藏对接“一带一路”首先要与尼泊尔建立合作关系，将尼泊尔打造成为“一带一路”中国在南亚地区合作的典范，带动相关国家合作意愿，逐步建立中国与南亚倡议合作的格局。

总之，西藏融入“一带一路”需要加强对建设南亚重要通道的重要性的认识，积极加快建设面向南亚开放的重要通道；积极推进“环喜马拉雅经济合作带”建设，构建域内域外产业体系；通过交通设施建设、口岸建设等方面，完善基础设施，提升西藏的综合服务能力；深化与南亚国家多元合作内容，构建中尼印经济走廊，打造中尼印共同体。

第二部分

“一带一路”背景下中尼边境旅游问题研究*

徐　宁**

第1章　中尼边境地区旅游资源概况

1.1　中尼边境地区旅游区位概况

1.1.1　中尼边境地区地理概况

西藏地区有4000多千米的边境线，日喀则市、山南地区、林芝地区、阿里地区三个市地有21个边境县90个边境乡镇（见表2-1-1）。根据表2-1-1，日喀则市有9个县、43个乡镇地处边境地区，有1414千米的边境线，其中定日县、定结县、亚东县、聂拉木县、吉隆县、萨嘎县、仲边县与尼泊尔接壤①。聂拉木县樟木口岸是西藏目前最大的国家一级陆路开放口岸，且东、西、南三面与尼泊尔接壤，距拉萨739千米，离尼泊尔首都加德满都110千米。它是发展最为繁华的口岸，具有“西藏小香港”之称，也是喜马拉雅山脚下的“经济行政区”。樟木口岸地处

* 本文系2017年西藏自治区哲学社会科学专项资金项目青年项目“西藏建设面向南亚开放重要通道的战略研究”（项目编号：17CGL005）的阶段性成果。

** 徐宁，汉族，陕西子长人，西藏大学经济与管理学院在读博士研究生，研究方向：民族地区经济政策与区域发展战略。

① 杨宏伟、赵兵：《加快西藏边境地区发展，确保祖国西南边疆安全》，《西藏发展论坛》2006年第1期，第28~32页。

樟木镇，这里全年气候湿润，雨季长达 150 天。全镇面积 70 平方千米，常住人口近 5000 人，居民以夏尔巴人、藏族为主，另外还有汉族、回族和尼泊尔人。日平均流动人口 4000 人次左右，高峰时可达 10000 人次。樟木镇依托特殊口岸优势，形成了口岸边贸、藏药生产、旅游三大特色支柱产业。1962 年，经国务院批准，樟木镇正式对外开放，目前已经发展成为国家一类陆路通商口岸，也是中国通向南亚次大陆最大的开放口岸，是国道 318 公路的终点，是中国和尼泊尔经济、文化交流的主要通道。

表 2-1-1　西藏自治区边境县边境乡镇名单

地区	县	乡镇名称
山南地区	错那县	1. 曲折木乡 2. 库局乡 3. 勒布办事处 4. 错那镇 5. 卡达乡 6. 浪波乡 7. 觉拉乡 8. 吉巴乡 9. 贡日乡
	洛扎县	1. 色乡 2. 边巴乡 3. 拉交乡 4. 拉康镇 5. 生格乡 6. 扎日乡
	浪卡子县	1. 打隆镇 2. 普玛江塘乡
	隆子县	1. 玉门乡 2. 扎日乡 3. 准巴乡 4. 加玉乡 5. 三林乡 6. 斗玉乡
阿里地区	普兰县	1. 普兰镇 2. 霍尔乡 3. 巴嘎乡
	札达县	1. 曲松乡 2. 达巴乡 3. 萨让乡 4. 底雅乡
	日土县	1. 日土镇 2. 日松乡
	噶尔县	1. 扎西岗
林芝市	米林县	1. 卧龙乡 2. 里龙乡 3. 米林镇 4. 丹娘乡 5. 派镇 6. 羌纳乡 7. 南伊乡
	朗　县	1. 金东乡
	察隅县	1. 上察隅镇 2. 下察隅镇 3. 竹瓦根镇
	墨脱县	1. 背崩乡 2. 格当乡 3. 达木乡
日喀则市	定日县	1. 绒辖乡 2. 扎西宗乡 3. 岗噶镇 4. 曲当乡 5. 扎果乡
	定结县	1. 萨尔乡 2. 琼孜乡 3. 日屋镇 4. 郭加乡 5. 陈塘镇
	岗巴县	1. 岗巴镇 2. 龙中乡 3. 昌龙乡
	吉隆县	1. 吉隆镇 2. 宗嘎镇 3. 贡当乡
	萨嘎县	1. 昌果乡 2. 拉藏乡 3. 雄如乡
	聂拉木县	1. 樟木镇 2. 聂拉木镇 3. 亚来乡 4. 波绒乡 5. 乃龙乡
	亚东县	1. 下亚东乡 2. 上亚东乡 3. 下司马镇 4. 堆那乡 5. 帕里镇 6. 吉如乡 7. 康布乡
	康玛县	1. 萨玛达乡 2. 噶拉乡 3. 涅如堆乡 4. 康玛镇 5. 雄章乡
	仲巴县	1. 亚热乡 2. 偏吉乡 3. 那久乡 4. 拉让乡 5. 帕羊镇 6. 霍尔巴乡 7. 吉拉乡

资料来源：据《西藏自治区地图册》（中国地图出版社，2012 年修订版）编制而成。

1.1.2 中尼边境地区旅游资源概况

西藏自古以来就是中国神圣不可缺少的一部分，西藏的历史、文化、宗教、资源等都是我国重要的文化资源和自然资源。西藏目前已经形成了以旅游产业为先导、建筑业为重点、农畜牧业发展为基础的产业格局。西藏旅游产业的快速发展归功于其独特的旅游资源，根据国家质量监督检验检疫局2003年发布的《旅游资源分类、调查与评价》（GB/T18972-2003），可将西藏边境日喀则市的旅游资源分为地文景观、水域风光、遗址遗迹、建筑与设施、人文活动等类型（见表2-1-2）。上述类型，又可大致划归为自然资源景观和人文景观，我们以下将从这两方面来对中尼边境地区旅游的现状进行综合分析。

表2-1-2 中尼边境旅游资源类型（以日喀则市为主）

主类	基本类型
地文景观	喜马拉雅山与珠穆朗玛峰、珠穆朗玛峰国家自然保护区、日喀则境内世界级山峰（洛子峰、马卡鲁峰、卓奥友峰、希夏邦马峰）等
水域风光	吉隆沟、樟木大峡谷瀑布、雍则绿措、绒布冰川等
遗址遗迹	樟木古镇、日喀则古城、江孜宗山抗英遗址、藏传佛教寺庙（扎什伦布寺、德庆格桑颇章、夏鲁寺、白居寺、萨迦寺、绒布寺等）等
建筑与设施	江孜帕拉庄园、夏尔巴人庄园及建筑、后藏式藏家院及建筑、中尼友谊大桥等
人文活动	日喀则藏历新年、珠峰旅游文化节等

说明：本表资料来源于图登克珠等编写的《大美西藏：西藏导游解说词》，根据国家质量监督检验检疫局2003年发布的《旅游资源分类、调查与评价》（GB/T18972-2003）制表。

1.1.2.1 自然资源

西藏边境地区旅游自然资源丰富，景色独特且优美，根据表2-1-2，自然资源主要包括地文景观和水域风光，具体包括以下几个方面。

（1）喜马拉雅山与珠穆朗玛峰。

①喜马拉雅山。“喜马拉雅”在藏语中意思是“冰雪之乡”。喜马拉雅山脉坐落于中国西藏自治区与巴基斯坦、印度、尼泊尔、不丹等国边境上，东西绵延2400多千米，南北宽200多千米，在我国西藏境内部分是它的主干部分。平均海拔高达6000米，是世界上最雄伟、最年轻的山脉，被称为世界屋脊的“大梁”。由于地势结构不对称，喜马拉雅山脉南北坡风景各异，北坡平缓，是我国青藏高原河谷盆地地带，这里牧草丰美，牛羊肥壮，雅鲁藏布江、恒河等都发源于北坡；南坡地势险峻，由于受印度洋季风影响，雨量充沛，植被茂盛，具有高山地势特征，形成了明显的垂直自然带[①]，具有极高的旅游价值和科考价值。

②珠穆朗玛峰。珠穆朗玛峰（Qomolangma），译为圣母峰，在尼泊尔称为萨加马塔峰，也叫“埃非勒斯峰”（Everest），“珠穆朗玛”藏语意为“第三女神”。它是喜马拉雅山脉主峰，也是世界第一高峰（海拔8844.43米[②]），位于中尼交界处，在西藏日喀则市定日县正南方。它的气候极度寒冷，分布着总面积达1500平方千米的各型冰川和瑰丽罕见的冰塔[③]，被称为“第三极地”。攀登珠峰的路线主要有两条：一条是从中国西藏境内出发的东北山脊路线，另一条是从尼泊尔境内出发的东南山脊路线。

（2）珠穆朗玛峰国家自然保护区。

1988年经西藏自治区人民政府正式批准建立“珠穆朗玛峰自然保护区”，1993年晋升为国家级自然保护区，位于西藏自治区的定日、聂拉木、吉隆和定结四县与尼泊尔王国交界处，总面积338万公顷，主要保护对象为高山、高原生态系统。区内划分为脱隆沟、绒辖等7个核心保

① 图登克珠等主编《大美西藏：西藏导游解说词》，西藏自治区旅游局，2011，第132～133页。

② 2005年10月9日，根据《中华人民共和国测绘法》，珠峰高程新数据经国务院批准授权，由国家测绘局公布。

③ 图登克珠等主编《大美西藏：西藏导游解说词》，西藏自治区旅游局，2011，第134页。

护区和聂拉木、吉隆等 4 个科学试验区①。

（3）西藏日喀则境内世界级山峰。

①洛子峰。洛子峰藏语意为“青色美丽的仙女”，是世界第四高峰，海拔 8516 米，位于珠峰以南，东侧在西藏日喀则境内，西侧在尼泊尔境内②。

②马卡鲁峰。马卡鲁峰亦称“次仁玛”，藏语意为“长寿母峰”，位于喜马拉雅山脉中段，海拔 8463 米，是世界第五高峰，北侧在西藏日喀则境内，南侧在尼泊尔境内③。

③卓奥友峰。卓奥友峰也称“乔乌雅峰”，藏语意思是“首席尊师”，位于中尼边界上，海拔 8201 米，是世界第六高峰。山峰以东北山脊和西南山脊为界，北侧在西藏日喀则境内，南侧在尼泊尔境内④。

④希夏邦马峰。希夏邦马峰藏语意思是“气候严寒、气候恶劣多变”，海拔 8012 米，是 14 座世界级 8000 米高峰中最后一座，也是唯一一座完全在中国境内的 8000 米以上世界级的山峰。

（4）樟木沟。

樟木沟是中尼边境地区旅游的必去之地，这里风景优美，沟壑纵横。樟木沟以“狭”著称，也是中尼边境五沟中最“狭窄”的风景区。聂拉木到樟木镇约 30 千米，樟木沟从希夏邦马峰纵势而下，山路盘旋在山腰上，层层而下，谷地是河，山间是路，相伴而行。樟木沟有着完整的亚热带常绿、半常绿阔叶林生态系统，四季葱绿，是盘旋在青藏高原南坡一道亮丽的风景线，它以最优美的姿态迎接着南亚及世界各地的友人。

（5）雍则绿措。

雍则绿措位于西藏日喀则市仁布县德吉林乡，距县城约 70 千米。每逢藏历 4 月 15 日，湖面上的冰解冻融化，春天悄然来临，藏历 8 月 15

① 图登克珠等主编《大美西藏：西藏导游解说词》，西藏自治区旅游局，2011，第 136 页。
② 图登克珠等主编《大美西藏：西藏导游解说词》，西藏自治区旅游局，2011，第 137 页。
③ 图登克珠等主编《大美西藏：西藏导游解说词》，西藏自治区旅游局，2011，第 37 页。
④ 图登克珠等主编《大美西藏：西藏导游解说词》，西藏自治区旅游局，2011，第 137 页。

日，湖面上又开始结冰，预示着冬天将要到来。相传，雍则绿措由莲花生大师取名。据史料记载，仁布发生地震，雍山崩塌，震后雍山顶涌现出了一个大湖，四季不枯，人们当时就称之为雍则绿措[①]。

（6）绒布冰川。

绒布冰川地处珠穆朗玛峰广阔地带，由西绒布冰川和中绒布冰川这两大冰川组成，是世界上发育最充分、保存最完整的特有冰川形态，也是珠峰自然保护区内最大的冰川。

1.1.2.2 人文资源

（1）樟木古镇。

樟木，古称“塔觉嘎布”，藏语译为“邻近的口岸”，是茶马古道一条重要的分支延长线。樟木镇依山而建，秀美宜人，四季如春。樟木自古就是泥婆罗道上的重镇，历史悠久，经济、政治、文化底蕴深厚，是历史学家及国际关系学家研究中尼关系发展不可绕开的一个重要研究对象。

（2）日喀则古城。

日喀则（Xigaze），原称“年曲麦”或“年麦”，即年楚河下游的意思。日喀则市是古代西藏后藏的首府，也是历代班禅大师的驻锡地，是后藏的政治中心、经济中心、文化中心和交通枢纽，也是全国著名的历史文化名城。日喀则古城以扎什伦布寺为中心，古城围绕寺院展开，寺院不仅是古城平面形态中心，也在色彩、高度上成为城市的视觉中心[②]。日喀则古城还保存着低层高密度的藏式传统聚落风貌，传统的藏式住宅以落院式布局为主，由宽窄不一的小巷相互通联。而日喀则新区虽然现

---

① 图登克珠等主编《大美西藏：西藏导游解说词》，西藏自治区旅游局，2011，第142~143页。

② 黄凌江编著《线描西藏：边境城市·集镇·村落·边贸市场探访》，中国电力出版社，2008，第2~3页。

代化程度发展较快，但也能看到明显的具有藏族特征的装饰元素[①]。

（3）江孜宗山抗英遗址（江孜宗山建筑）。

江孜（Gyangze），位于萨迦、后藏经亚东通往印度、尼泊尔、不丹的要道上，且地沃丰美，自古就是西藏对外交通、商旅往来的要道，是联系前后藏地区的重要交通枢纽，也是尼泊尔、印度与西藏交流的中转站，同时也是历代兵家必争之地[②]。在江孜古城的宗山上，雄踞着建于公元967年的江孜宗山古建筑群，距今已有1000多年的历史，是由吐蕃达玛乌冬赞的子孙巴廓赞所建，也是西藏最有名的宗山建筑群之一。1904年英军入侵江孜，江孜人民奋起反抗，谱写了一篇篇壮烈的抗英史诗。1961年，江孜宗山抗英遗址被国务院列为全国一级文物保护单位，1994年被西藏自治区政府列为全区青少年教育基地，1997年被中宣部列为全国百家爱国主义教育基地之一。[③]

（4）藏传佛教寺庙。

①扎什伦布寺。扎什伦布寺始建于公元1447年，位于日喀则市城区西北的尼玛日山南坡上，由格鲁派始祖宗喀巴大师弟子一世达赖喇嘛根敦巴珠主持修建，是历代班禅大师的驻锡地。扎什伦布寺藏语意思是“吉祥须弥”，与哲蚌寺、色拉寺、甘丹寺、塔尔寺、拉卜楞寺并称格鲁派六大寺院。1961年被国务院列为国家重点文物保护单位，2004年被列为国家AAAA级旅游景点单位[④]。

扎什伦布寺不只是一座单纯的寺院，更像是一座五脏俱全的小城市，甚至掺杂了迷宫的意味。众多的大殿、僧院、米村，以及场、院、殿、路、巷，容纳了僧人们诵经、学习、生活等各方面的功能，也容纳了丰

---

① 黄凌江编著《线描西藏：边境城市·集镇·村落·边贸市场探访》，中国电力出版社，2008，第4~5页。

② 黄凌江编著《线描西藏：边境城市·集镇·村落·边贸市场探访》，中国电力出版社，2008，第22页。

③ 图登克珠等主编《大美西藏：西藏导游解说词》，西藏自治区旅游局，2011，第118~122页。

④ 图登克珠等主编《大美西藏：西藏导游解说词》，西藏自治区旅游局，2011，第106页。

富有趣的实体建筑与空间和虚幻奇异的光影[①]。

②德庆格桑颇章。德庆格桑颇章是班禅大师的夏宫，位于日喀则市城区西南角，距扎什伦布寺约500米，原名叫作“贡觉林宫”，后被大水冲毁，重新修建取名为“德庆格桑颇章”。颇章是宫殿的意思，哲蚌寺甘丹颇章曾是达赖喇嘛的宫殿，扎什伦布寺的颇章，则是班禅大师的宫殿[②]。

③夏鲁寺。“夏鲁”藏语意为“新生嫩叶”。相传，夏鲁寺始建于公元11世纪，由萨迦派的吉尊·西绕琼乃主持修建，但直到公元1320年，夏鲁寺请布敦大师主持寺务，并创建夏鲁派，该寺地位才日益提升，影响力不断扩大[③]。

④白居寺。白居寺藏语全名是“吉祥轮上乐金刚鲁希巴坛城仪轨大乐香水海寺”，简称“班廓德庆”，即“吉祥轮乐大寺”，通称“班廓曲第”，意为“吉祥轮寺”。白居寺是由热丹贡桑帕巴和一世班禅克珠杰于公元1418年修建，是一座塔寺结合的典型藏传佛教寺院建筑，塔中有寺，寺中有塔。[④]

⑤萨迦寺。萨迦寺是萨迦派的主寺，萨迦寺分为南、北两寺，由萨迦派的创始人昆·贡却杰布于1073年创建。13世纪中叶，萨迦派在元朝的扶持下，建立了萨迦地方政权，八思巴被封为“帝师”，统管全国佛教事务和主持西藏地方事务[⑤]。萨迦寺内的壁画是西藏佛教寺院壁画的典型，代表了西藏宗教文化的异常繁盛，也是西藏文化典型，被后世流传，被教徒们供养。

⑥绒布寺。绒布寺位于西藏日喀则市定日县巴松乡南面珠穆朗玛峰

---

① 黄凌江编著《线描西藏：边境城市·集镇·村落·边贸市场探访》，中国电力出版社，2008，第2~3页。

② 图登克珠等主编《大美西藏：西藏导游解说词》，西藏自治区旅游局，2011，第110页。

③ 图登克珠等主编《大美西藏：西藏导游解说词》，西藏自治区旅游局，2011，第112~113页。

④ 图登克珠等主编《大美西藏：西藏导游解说词》，西藏自治区旅游局，2011，第115页。

⑤ 图登克珠等主编《大美西藏：西藏导游解说词》，西藏自治区旅游局，2011，第125页。

下绒布沟的卓玛（度母）山顶，始建于1899年，由红教宁玛派喇嘛阿旺丹增罗布创建，是世界上最高的寺院，海拔5154米。绒布寺内有著名的“长寿五仙女”壁画，这里蕴涵着美丽的传说，五位仙女（即五位女神，为扎西次仁玛、婷吉希桑玛、米玉洛桑玛、决班震桑玛、达嘎卓越桑玛）分别代表世间护法光明女神、智慧福禄女神、食物主宰女神、财务珠宝女神、六畜之主女神[①]。

（5）江孜帕拉庄园。

江孜帕拉庄园是目前西藏保存最完好的奴隶主庄园，是西藏十二大庄园之一，位于距离江孜县城4千米处的班久伦布村。它是旧西藏贵族和农奴两种不同生活的真实写照，也是旧西藏历史的缩影。

帕拉，是帕觉拉康家族的简称，在旧西藏贵族中，是仅次于历世达赖喇嘛的“亚奚”家族的五大“第本”家族之一，也是西藏近代史上有名的实力派家族，被列为西藏八大贵族世家之一。帕拉庄园1994年被西藏自治区人民政府确定为爱国主义教育基地，1996年4月，又被确定为西藏自治区文物保护单位，作为旧西藏封建农奴制的真实见证永久保留。[②]

（6）中尼友谊大桥。

中尼友谊大桥坐落在聂拉木县樟木镇附近中尼界河上，是一座横贯东西的钢筋混凝土大桥，连接中尼公路[③]，1964年建成。桥宽8米左右，长45米。桥头中国一侧建有友谊室和八角形友谊亭，供过往边民和观光游览者住宿休憩。

1.2 中尼边境地区旅游发展历程及现状分析

1.2.1 中尼边境地区旅游发展历程

尼泊尔是中国旅游客源市场的重要聚集地，拉萨是中国公民赴尼泊

---

① 图登克珠等主编《大美西藏：西藏导游解说词》，西藏自治区旅游局，2011，第130~131页。

② 图登克珠等主编《大美西藏：西藏导游解说词》，西藏自治区旅游局，2011，第123~125页。

③ 安七一：《中国西部概览：西藏》，民族出版社，2000，第132页。

尔旅游的重要中转地，加强中尼旅游合作意义十分重大。[①] 中尼友好发展的关系有着悠久的历史，早在唐宋时期就有记载，其时商贸往来比较密切。民主改革之前，中尼之间主要以商贸往来为主；民主改革之后，政府间互动频繁，中尼双边贸易发展迅速。中尼贸易成为西藏对外贸易发展的新亮点，也成为西藏经济发展新的引擎，这也为中尼边境旅游的发展奠定了坚实的基础。以下我们以民主改革为界线，从民主改革前后两个方面去了解中尼边境旅游的发展历程。

1.2.1.1 民主改革前的中尼边境旅游

据史料记载，中国与尼泊尔旅行交往的历史最早可以追溯到1800年前，晋代高僧法显、唐代高僧玄奘曾先后到佛祖释迦牟尼诞生地兰毗尼（今尼泊尔境内）取经拜佛[②]。7世纪中期，吐蕃松赞干布迎娶尼婆罗（今尼泊尔）尺尊公主。此时，吐蕃处于历史辉煌时期，它与尼泊尔的交往从以政治宗教关系上层建筑交流为主，逐步发展到民间经贸、宗教、文化交流等各个方面。19世纪末20世纪初，藏尼贸易在宗教交流的牵引下，迅速发展起来。尼泊尔在南亚与西藏及中国内地的传统贸易领域占据有利优势，聂拉木（樟木）和吉隆均对尼开放。尼泊尔商人将英国和印度的商品从南亚地区转运到拉萨和中国内地，又将从藏区采购的羊毛、黄金、麝香、熊胆、皮货等经尼泊尔转销到印度等南亚国家和地区[③]。综上所述，中尼两国在历史上的来往最早是以宗教为目的，而且以经济、文化交流为主，同时还伴有一些具有旅游意义的交往活动。

1.2.1.2 民主改革后的中尼边境旅游

民主改革以后，中尼才有了真正意义上的旅游往来。1959年是西藏

---

① 雷鹏：《尼泊尔旅游推介会在拉萨举行》，《西藏日报》2009年7月1日，第2版。

② 图登克珠、刘雅静：《中尼边境负责任旅游合作开发与展望——以西藏日喀则市樟木镇为例》，《西藏大学学报》（社会科学版）2010年第1期，第12~17页。

③ 董莉英：《西藏地方与尼泊尔贸易试述》，《中国藏学》2008年第1期，第218~222页。

历史上一个伟大的转折，西藏正式走上了社会主义道路，进行了社会主义生产方式改造①；西藏正式从政教合一的残酷苦力中走出来，建立了社会主义民主政权；这一年百万农奴得以解放，成了建设新西藏的主人；这一年也是旧西藏向新西藏过渡的一年，是西藏边贸及旅游发展的一个实时性的转折点。自此以后，中尼双方边贸旅游互动开始频繁。从 1962 年樟木口岸开发以来，新时期的中尼边境贸易才真正开始发展。1988 年，开通拉萨至加德满都航线。1994 年 5 月，中尼签署加德满都至拉萨汽车运输协议。1999 年，中尼签署边界过牧协议换文。2001 年，中尼签署中国公民赴尼旅游的谅解备忘录，自此，尼泊尔成为中国公民旅游目的地。2002 年，中国公民赴尼旅游正式启动。2002 年 7 月，中尼签署藏尼通商协定。2003 年 12 月，中尼就增设两对边境贸易点进行换文。自 2004 年起，中国西藏与尼泊尔每年举行一次“旅游联合协调委员会议”，签署了系列“中国西藏与尼泊尔双边旅游合作备忘录”。2005 年 5 月，拉萨至加德满都开通客运直通车；8 月，中尼就延长边民过界放牧协议签署换文，并签署关于尼借道中国西藏公路进行货物运输的议定书。2011 年，尼泊尔旅游年在拉萨举行推介会，在上海举行推广会。2012 年 1 月 14 日，中尼两国签署《中华人民共和国和尼泊尔联合声明》，指出改善中尼间陆路交通基础设施，中国西藏和尼泊尔应充分发掘潜力、发挥各自优势，加强边民往来，促进贸易和旅游，拓展互利合作。2013 年，在拉萨举行了第十四届中国西藏-尼泊尔经贸洽谈会②。

综上所述，在中尼发展的历史长河中，主要存在佛教交流、建筑艺术、文化、通婚等交流形式。古代以佛教为联系纽带，法显、玄奘等到尼泊尔拜佛访问，求取普度大众的佛理教义，“正因为僧人来往和翻译

---

① 孙镇平：《民国时期西藏法制综评》，《北京建筑工程学院学报》（社会科学版）2002 年第 18 卷增刊，第 60~73 页。

② 中国西藏经贸洽谈会始于 1985 年中国西藏与尼泊尔备忘录，两年举办一届，在加德满都、拉萨和日喀则轮回举行，迄今为止，已经举办了 14 届。藏尼经贸洽谈会是中国西藏和尼泊尔重要的经济活动之一，目前已经成为中国西藏与尼泊尔之间开展经济、贸易、技术、服务和信息合作的重要平台。

佛经的频繁进行，故促进了吐蕃与唐朝、尼婆罗（尼泊尔）、天竺（印度）的交通，并发展起贸易”①；中国吐蕃赞普松赞干布迎娶尼泊尔尺尊公主，中尼建筑大师合力修建大昭寺及拉萨城；“茶马古道”“麝香之路”“丝绸之路”等都有中尼经济文化交往的印记。所以，中尼边境旅游的发展有着深厚的历史文化基础，也反映了中尼人民之间悠久的传统友谊，因此，发展中尼边境旅游不仅仅是历史发展的需要，也是中尼边境地区边民和谐发展的要求。

1.2.2 中尼边境地区旅游发展现状分析

2014 年 12 月，内地几位朋友组成小型非正式边境旅游团，从西藏自治区拉萨市出发，经日喀则市，从樟木镇出境，抵达尼泊尔首都加德满都市进行观光游览，游览结束后，由加德满都直飞中国云南省昆明市，整个团队在尼泊尔旅游观光 10 天左右，人均消费人民币 10000 余元，其中在中国西藏境内人均消费人民币达 3000 余元。此次中尼边境旅游是在拉萨办理的签证，是一次非正式、自我组织管理的跨国旅游。除了在拉萨可以办理去尼泊尔的签证外，中国公民也可以在北京、上海等地办理签证赴尼泊尔旅游。据了解，在拉萨尼泊尔办事处，办理签证比较容易，当天申请，次日就可取证，有 15 天、30 天、70 天不等的签证。多数情况下，国内游客选择在拉萨办理签证，从拉萨出发，途经日喀则、聂拉木，经樟木口岸，进入尼泊尔。樟木镇距离尼泊尔首府加德满都市 90 多千米，早上出关，当天中午就可以到达。最后，在加德满都乘飞机直飞中国昆明机场回国。这条旅游路线是较受国内游客青睐的路线之一。除此之外，还有游客选择从樟木口岸出关，最后又从樟木口岸进关返回拉萨，结束旅游。

1.2.2.1 边境互市贸易发展迅速，出入境旅游人数不断增多

据表 2-1-3 显示，中尼即藏尼互市贸易发展势头良好，2014 年 1～

① 赤烈曲扎：《西藏风土人情志》，西藏人民出版社，2005，第 28 页。

11月的互市贸易额为7000.71万元，是2008年的近7倍。2008~2011年，藏尼互市贸易处于中国对尼泊尔顺差状态，2011年是双方贸易的转折点，从2012年起，中国对尼泊尔互市贸易处于逆差状态，藏尼贸易趋于正常化状态，说明两国互市贸易发生了结构性的变化。2009年受到2008年“3·14”事件影响，进口额为0，但之后5年逐年增加，发展迅速。

从表2-1-3也可以看出，途经樟木镇出入境的旅客随着中尼互市贸易的发展人数逐年上升，二者呈现出正太相关性。边境贸易的发展，带动了樟木口岸基础设施的发展，同时也推动了樟木镇的城镇化进程，使得赴樟木镇旅游的人数也逐年增加，2014年出入境达12.5万人次，是2008年的6倍多，尤其是2014年的出境人次是2008年的近7倍。但是出境旅客总体大于入境旅客，许多旅客经樟木镇出境之后，选择在尼泊尔加德满都或者别的地方直飞内地城市。

表2-1-3 2008~2014年樟木镇互市贸易和出入境旅客统计

年份	互市贸易（万元人民币）			出入境旅客统计（人次）		
	总额	出口额	进口额	总数	出境	入境
2008	1309.81	1250.00	59.81	20676	10526	10150
2009	1604.40	1604.40	0	59856	33979	25877
2010	1109.43	958.23	151.20	78239	44801	33438
2011	4261.00	2131.88	2129.12	90761	51291	39470
2012	6100.00	1710.00	4388.00	98621	54743	43878
2013	8283.64	2044.45	6375.91	120743	70288	50455
2014	7000.71	-	-	124912	72391	52521

资料来源：2008~2013年边贸互市进出口额来源于日喀则市统计局，2014年互市贸易额为1~11月数据，来源聂拉木海关；出入境旅客人数来源于聂拉木边境检疫局，由于受2015年地震影响，数据截至2014年底。

1.2.2.2 樟木镇经济与社会事业发展良好，城镇建设相对成熟

改革开放以来，樟木镇经济发展迅速，不断走在西藏发展的前列，

成为喜马拉雅山丛林中的“小香港”和“经济特区”。樟木镇依托拉日铁路，积极推进边境地区城镇建设和社会经济发展。2013 年，樟木镇在自治区党委政府、日喀则市党委政府和聂拉木县县委政府的正确领导下，在山东省烟台市的无私援助下，社会经济各项事业发展取得了良好的效果。2013 年，全镇农村经济总收入 3560 万元，农牧民人均纯收入 16980 元，农牧现金收入为 16307 元，象征企业产值为 1378 万元，多种经营产值为 853 万元。[①] 樟木镇建设已基本成熟，口岸基建设施基本完善，联检设施及附属设施已经完善，并且基本上实现了信息化管理体系，基本上实现了精品口岸、生态口岸、效率口岸、和谐口岸的目标。

城镇建设也逐步完善，在樟木镇党委、政府及全镇居民的努力下，城镇基础设施、污水和垃圾处理系统、街道交通建设、通信工程和能源工程都已基本建立起来。除了基础设施之外，镇党委政府还在“软件”上下功夫，加强对外宣传力度，提升樟木镇对外形象；狠抓城市管理工作，加强流动人口管理，建立健全各项规章制度和台账制度，建立维稳工作的长效机制；建立健全军警民联防机制，完善应急机制，形成严密的社会治安防控体系。此外，还大力加强与尼泊尔的会晤和沟通，进一步确保全镇社会经济的和谐稳定与持续健康发展。

1.2.2.3 中尼政府合作不断加强，协商合作机制不断形成

中尼之间的合作主要存在双方民间经贸合作、对尼援助、劳务承包合作等合作形式。中尼建交 50 多年来，在“和平共处五项原则”的引领下，在两国政府的大力支持下，双方合作不断加强。中尼民间合作论坛创立于 1996 年，双方企业家围绕这一论坛进行交流与合作，双方联系日益密切，民间经贸有序发展。

藏尼关系发展良好，中国西藏自治区政府与尼泊尔政府之间的交流也比较频繁，基本形成了协商合作机制。中国西藏自治区积极承办对尼

---

① 数据来源：2014 年樟木镇政府工作报告。

泊尔北部地区的援助项目，第一轮五年（2009~2013年）物资援助计划“1500万元人民币”已圆满完成；第二轮五年（2014~2018年）援助计划，将进一步加大对尼援助力度，实施新一轮的对尼泊尔北部地区共计1亿元人民币的物资和项目的援助，其中商务部将每年划拨1000万元无偿援助资金，中国西藏自治区财政将每年划出1000万元援助资金①。同时，藏尼已经连续举办了14届“中国西藏-尼泊尔经贸洽谈会”，并于2009年9月成立了藏尼经贸协调会，每年在中国西藏和尼泊尔轮流举行会议，这就形成了沟通和解决藏尼经贸问题的磋商、协调机制，为促进和扩大藏尼经贸合作发挥了重要作用。樟木镇地区还与尼泊尔建立了定期会晤交流机制，积极致力于中尼友好往来。

第2章 中尼边境旅游发展的必要性和拟解决的问题分析

2.1 中尼边境旅游发展的必要性

中尼边境地区旅游资源丰富、独特，但由于该地区旅游资源受到地缘政治因素的影响，中尼边境地区的旅游开发具有十分复杂的特点。在“一带一路”和孟中印缅经济走廊的带动下，推动环喜马拉雅经济合作带建设，在中尼边境地区发展边境旅游，可兼顾中尼两国旅游发展的共同利益，实现旅游资源最大化配置，促进中尼协同发展，合作共赢。

2.1.1 有利于促进中尼边境地区经济发展

发展边境旅游，一方面促进了边境贸易的繁荣，另一方面体现了边境地区社会经济文化交融的最佳“载体”。发展边境旅游，可以带动边

---

① 赵书彬：《洛桑江村率团访问尼泊尔获圆满成功》，《西藏日报》2014年11月1日，第1版。

境地区交通、餐饮、食宿、文化娱乐等系列产业的发展，促进边境地区产业结构的优化升级，拓宽边境地区边民收入渠道，实现旅游业的增值效益，形成“乘数效应”。[①] 边境旅游业的发展，将直接或间接地带动该地区交通网络、市政建设、文化文物、商业经贸、金融体系、农牧业、科技教育、信息技术等相关行业，甚至可以衍生出一些新的行业，产生一些新的产业融合。[②] 所以，积极推动边境旅游，可以充分发挥边境地区的优势，充分发挥边境少数民族地区的优势，带动边境地区产业结构的转换，实现边境地区经济的快速发展。

2.1.2 有利于保护中尼边境地区旅游资源

中尼边境绵延狭长，景色独特秀丽，环境自然优美，蕴藏着巨大的开发价值。边境旅游的发展，就边境旅游资源自身而言，其自然资源和生态环境是一个完整的系统，同样在这个完整的系统中存在着独特性。以珠穆朗玛峰自然生态区为核心，中尼边境地区本身是一个完整的生态系统，“基于特殊的地理区位和人为界线，自然旅游资源的生态特性往往会缺少自身的完整性，而且资源的整体潜能基本上得不到最佳的发挥”[③]，而人文资源的独特性却是该地区独特的资源。西藏地区藏民族文化独一无二，是中华民族五千年文化不可或缺的一部分，具有原真性及独特性。夏尔巴人是西藏民族的一个组成部分，也是我国民族大家庭的成员，夏尔巴独特而优秀的民俗文化成为当地旅游的亮点，边境旅游资源的合作开发基于本地区旅游资源的完整性和独特性，实现了旅游资源的有效开发。

---

① 谢莉：《边境旅游在西部开发中的意义及策略研究》，《石家庄经济学院学报》2004 年第 6 期，第 663~667 页。

② 王颖：《中、俄旅游业的合作与前景分析》，《特区经济》2008 年第 1 期，第 186~187 页。

③ 图登克珠、刘雅静：《中尼边境负责任旅游合作开发与展望——以西藏日喀则市樟木镇为例》，《西藏大学学报》（社会科学版）2010 年第 1 期，第 12~17 页。

2.1.3 有利于提升中尼边境旅游竞争层次

中尼边境地区旅游资源的跨境合作是时代发展趋势，也是中尼社会经济发展的需求。跨境旅游合作开发对边境整体旅游资源的利用，既考虑了资源配置的合理性、兼顾各国经济利益，又从多角度、多层次综合考虑了规划设计的跨境旅游资源建构模式。[①] 对边境旅游开发设计，不是单纯的区域之间的旅游项目合作，而是利用边境地区的后发优势资源，在社会经济、环境规划、文化、科技、教育等方面在中尼不同政治经济体制上达到耦合，以旅游资源跨境合作开发的形式，带动区域内经济合作的新内涵。

2.1.4 有利于实现中尼旅游资源合理配置

中国特色、西藏特点的发展路子需要充分发挥市场对资源配置的基础性作用，努力提高西藏地区资源利用效率、资金使用效率和经济增长质量。因此，在边境旅游发展的过程中，市场在旅游业及其相关产业结构的优化调整中扮演着重要角色。它可以促进中尼边境地区及西藏社会经济增长，吸引旅游消费资金从内地发达地区流向西藏。中尼边境地区经济发展存在资金等瓶颈，西藏边境地区发展投入受到财政收入制约，基本上来自中央财政支援和其他兄弟省区市地方政府财政援藏。西藏是西部大开发的一部分，中国特色、西藏特点的发展路子也是中国特色社会主义建设的重要组成部分。因此，以市场为导向开展边境旅游，应是西部边境地区优化资源配置的上佳选择。[②] 西藏边境旅游的发展可以根据市场需求将边境地区的资源有效地整合起来，开发更多的高附加值的旅游产品及具有民俗特色的工艺品，实现吸引区外及国外资金回流。因此，西藏中尼边境地区开展旅游业，利用旅游业这种高投资、高回报、

① 图登克珠、刘雅静：《中尼边境负责任旅游合作开发与展望——以西藏日喀则市樟木镇为例》，《西藏大学学报》（社会科学版）2010 年第 1 期，第 12~17 页。

② 谢莉：《边境旅游在西部开发中的意义及策略研究》，《石家庄经济学院学报》2004 年第 6 期，第 663~667 页。

高收益的产业，实现边境区域内部的资源优化配置，将人流、物流、财流和信息流有效地结合起来，以最小的资源投入，实现较高的效益回报，保护生态环境，提高当地边民生活质量，实现帕累托最优，拉动西藏旅游业的快速发展。

2.2 中尼边境旅游拟解决的问题

2.2.1 旅游人才队伍建设问题还需着力解决

当今社会是人力资源转化为人力资本的社会，在市场经济中，人才是资源，也是宝贵的资本，将人力资源转化为现实生产力，即形成了人力资本，进而推动社会经济的发展。近年来，虽然西藏地区旅游行业人才队伍不断壮大，自 2003 年以来，西藏大学、四川大学和浙江大学等院校也培养了大量的旅游管理和酒店管理本专科人才，但是由于大学分配方案改革，各种旅游企业相关保障制度滞后，使得一部分旅游专业的学生在毕业时热衷的就业岗位不是基层公务员就是一般事业单位，出现了人才就业欲望与就业岗位需求的错位。同时，熟练掌握相关旅游知识理论和旅游讲解专业知识的人才相对匮乏，也缺乏英语导游，尼泊尔语导游更少。此外，各部门管理队伍跟不上旅游业的发展速度，人才队伍服务观念赶不上西藏社会经济发展的步伐，这些都与当前旅游业作为西藏的支柱产业的发展方向不相匹配。

2.2.2 跨境旅游资源整合问题还需着力解决

樟木镇边境地区资源丰富且分散，樟木沟绵延数十千米，风景优美，气候宜人，夏尔巴民族文化在喜马拉雅山山麓独放光芒。希夏邦马峰屹立于西藏聂拉木县境内，它是唯一一座完全在中国境内的 8000 米以上的世界级高峰。尼泊尔旅游资源丰富多彩，与中国境内资源及文化形成了互补优势，但是由于缺少跨国开发旅游资源的合作机制，缺少资源整合的有效方案，致使中尼在边境地区旅游资源开发过程中单打独斗，既没有形成区域性的资源发展力量，也没有形成强有力的区域及国际竞争力。

2.2.3 宏观产业政策法律环境还需着力完善

虽然西藏已经颁布了《西藏自治区旅游条例》，自治区“十二五”规划也明确提出了做大做强做精旅游业，但是由于没有强有力的宏观法律支持和产业政策保障，西藏旅游业的宏观环境有待于进一步优化，旅游综合执法联网机制和应急机制的措施保障还有待进一步完善，这主要表现在两个方面。

第一，边境旅游产业政策有待健全。政策是制定法律的依据，而法律保障着政策的贯彻和执行。西藏边境旅游的发展既没有关于边境旅游发展的专门草案，也没有结合西藏地区实际制定的符合西藏边境旅游发展的政策措施。

第二，宏观法律支撑环境有待完善。目前，西藏地方政府立法专家组成人员构成尚欠合理①，《西藏自治区旅游条例》缺少专门的边境旅游相关法律的支撑，也没有形成边境旅游有关法制体系，其中最突出的是没有制定符合西藏边境旅游情况的相关实施行政办法或者条例。

2.2.4 边境服务管理机制还需着力健全

近年来，西藏对外贸易和社会经济发展迅速，西藏边境旅游市场管理取得了一定的经验，相关边境服务管理机制也进一步得以规范，但是，服务意识还有待进一步提升，管理效率也还有待进一步提高。随着旅游业的发展，旅行社为谋求利益各自为政、单独与景区合作的情况未得到有效改善，致使与日益发展的西藏边境旅游相适应的配套产业布局和管理机制还有待进一步完善。

---

① 仓拉姆：《西藏边境贸易发展中的地方政府行为研究》，硕士学位论文，吉林大学，2013。

第3章　中尼边境旅游发展的SWOT分析

——以樟木镇为例

3.1　优势

3.1.1　旅游市场需求旺盛，客源市场广阔

中国和尼泊尔都是WTO成员国，也是亚投行的初始成员国，在经济区域化和市场一体化的进程中，中尼市场开发程度越来越高，我国对市场的驾驭能力也越来越强，这为西藏边境旅游的开发带来了无限商机，边境旅游市场发展空间越来越广阔。近年来，西藏社会经济发展取得举世瞩目的成就，具有明显的优势，尤其是旅游业的发展最为迅速，成为西藏社会经济发展的支柱。2014年，西藏自治区累计接待游客1553万人次，实现旅游收入204亿元①，国内入藏游人数逐年增加，西藏旅游生机勃发，需求旺盛，赴藏旅游已经成为人们生活的一种时尚，特别是边境旅游方兴未艾。从表2-1-3可以看出，2013年，樟木镇实现边境互市贸易8283.64万元，比2008年多出5倍多；2014年，樟木镇出入境国内外游客124912人次，比2008年多出5倍多。在西藏对外贸易发展过程中，中尼贸易占了全区对外贸易的95%以上②。边境贸易的发展，带动了旅游业的异军突起，使得樟木镇边境旅游成为西藏经济发展一个新的亮点。而且随着边民生活水平的提高，边境旅游逐渐成为西藏旅游业中一股十分重要的力量。

3.1.2　地理位置优越，交通设施完善

目前，西藏的现代化交通区域以航空、铁路、公路为主，拉萨的贡

---

① 洛桑江村：《2015年西藏自治区政府工作报告》。

② 罗淳、梁双陆：《边贸经济与口岸城镇：西南边疆民族地区小城镇建设的一个依托》，《经济问题探索》2008年第10期，第59~63页。

嘎机场，日喀则的和平机场，日前也开通了拉日铁路，为西藏旅游发展提供了新的动力。据了解，我国铁路将延伸到西藏亚东、聂拉木和吉隆等边境地区，并于2020年修建成中尼铁路，通过进一步完善中尼边境地区的交通设施，使樟木口岸成为真正意义上通往南亚地区的重要关口。中尼之间的人员、货物往来，大约有八成经由樟木镇通行，樟木口岸已发展成为中尼经贸、文化、旅游等交流的重要通道。作为西藏最重要、最大的国家一级陆路通商口岸，樟木的小额互市贸易最发达，吸引了内地和沿海地区的许多商人。[①] 樟木镇是我国通往南亚次大陆的交通枢纽，地理位置优越，距拉萨739千米，距尼泊尔首都加德满都110千米，每天出入境的人和货车都比较多，年均出入境人员150万人次[②]。据聂拉木海关统计，2012年监管进出境车辆2.77多万辆次，随车运输服务人员2.77多万人次；2013年监管进出境运输工具2.35多万辆次，略比2012年减少15%，但是监管运输工具服务人员4.47多万人次，增长61.37%。[③]

3.1.3 樟木口岸建设较成熟

樟木镇位于喜马拉雅山南麓的中尼边境交界处，是西藏目前最重要、最大的国家一类陆路通商口岸，已成为西藏最大的边境口岸，国家、西藏自治区、日喀则地区及部分省市在樟木镇设立了分支机构及贸易单位。樟木镇比其他口岸建设得相对成熟，已显示出现代化城镇的雏形，其基础设施相对完善，能源、通信等基础设施基本保障边民的日常需求，海关边检、银行、工商、公安边防等管理机构健全。此外，樟木镇还有着较为完善的金融系统、通信系统及市政服务系列产业。调研组通过调研发现，樟木镇正在运行的旅舍（含酒店、宾馆、招待所、旅店等）共有52家，装修和正建的10家；餐饮业也比较发达，有藏餐、中餐、尼餐和西餐等几种类型，分高低端不同档次；兑换尼泊尔货币也比较方便。

① 李晓林：《喜马拉雅南麓的樟木——西藏边境纪事之六》，《中国民族》2007年第2期，第63~66页。

② 苏琳：《西藏聂拉木樟木镇：友谊桥上边检忙》，《经济日报》2011年10月2日，第1版。

③ 数据来源：聂拉木海关。

樟木镇的边贸、外贸公司有 50 多家，汇集了世界各地的商品。2014 年，樟木镇旅游系列产业的发展迅速，得益于樟木镇市镇等基础设施的完善和相应服务配套的齐全，进一步满足了国内外游客在樟木口岸地区的旅游需求。

3.1.4 边境旅游资源独特、丰富

旅游资源是具备相当的价值和旅游功能，是旅游发展的最基本要素。西藏是旅游资源富集区（见表 2-1-2、2-3-1），拥有世界上最完备的生态保护区域，也是生态完整性、生物多样性和民族文化多元性相统一的高品位的旅游资源富集区[①]。日喀则市也是旅游资源富集区，尤其是中尼边境地区，有着特殊的地理环境，造就了独特的旅游资源（见表 2-1-2，以中国境内为主），加之西藏高原特有的民族风情为发展边境旅游业提供了得天独厚的条件，也赋予了中尼边境地区旅游资源鲜明的个性特质和较高的知名度，所以，日喀则市的旅游价值巨大。

樟木镇主要是以登山旅游为主，接待尼泊尔及世界各国游客入境旅游。镇内有世界第 14 高峰希夏邦马峰，有着丰富的观光旅游资源[②]，同时夏尔巴民俗文化优秀而独特，也是十分宝贵的旅游资源。夏尔巴，藏语意为“东方”，樟木地区的夏尔巴人与尼泊尔境内的夏尔巴人原本同属一族，由于地理界限的划分将其分作两半[③]。他们与藏民族的宗教信仰和民俗生活习惯相同，但也保存了自己独特的文化。中尼边境地区富有特色的夏尔巴民俗文化是宝贵而优秀的旅游资源，通过边境、跨境等旅游形式，可以让国内外更多的游客参观、考察和亲身体验在不同政治、经济体制下同族文化是如何和谐健康发展的。

---

① 罗莉：《试论“青藏高原旅游经济圈”的建立与协作》，《西北民族学院学报》（哲学社会科学版）2002 年第 6 期，第 18~22 页。

② 尹嘉珉：《西藏自治区地图册》，中国地图出版社，2012，第 134~135 页。

③ 图登克珠、刘雅静：《中尼边境负责任旅游合作开发与展望——以西藏日喀则市樟木镇为例》，《西藏大学学报》（社会科学版）2010 年第 1 期，第 12~17 页。

表 2-3-1　西藏自治区旅游资源分区情况及主要的旅游产品

亚区	主要的旅游产品
拉萨旅游区	拉萨大昭寺、小昭寺、布达拉宫、八廓街、罗布林卡和“三大寺”（甘丹寺、哲蚌寺、色拉寺）、羊八井、当雄、泽当、江孜、日喀则、羊卓雍措等景点。涵盖藏传佛教文化，雪域文化，历史文化
藏西旅游区（阿里地区）	世界屋脊的屋脊，古格王朝遗址，西藏高原风光。宗教旅游，主要以普兰为进出口岸，尼泊尔旅游者和印度旅游者到神山圣湖旅游朝拜
藏西南旅游区	登山旅游，主要接待经樟木口岸入境的尼泊尔旅游者
藏南旅游区	以林芝为中心，自然风光游览
新旅游线路和特种旅游	拉萨→林芝→山南→拉萨东环形线和拉萨→日喀则→阿里→日喀则西环形线；汽车探险、徒步旅游和科学考察旅游等特种旅游；拉萨雪顿节、羌塘赛马艺术节和山南雅砻文化艺术节等

资料来源：杨维军《和谐理念下的西藏旅游业发展研究》，中国藏学出版社，2010，第 82 页。

3.1.5　中尼旅游资源的互补性强

中尼边境线绵延长达 1414 千米，不同的地势条件，造就了不同的地貌景观和植被分布。在 14 座世界级高山中，就有 8 座坐落在尼泊尔。尼泊尔王国拥有丰富的亚热带原始丛林，四季葱绿，美不胜收，这使得尼泊尔成为不同种类野生动植物的理想家园。西藏则地处青藏高原主体，地势高寒，以冰川雪域高原自然景观为主。每年 11 月至次年 3 月是尼泊尔的旅游黄金季节，每年的 4~11 月则是西藏的旅游黄金季节。除此以外，宗教文化和历史遗迹是西藏和尼泊尔都具有的两大特色资源。尼泊尔全民信教，印度庙和佛塔数量众多，仅世界文化遗产就多达 7 处，首都加德满都被誉为“寺庙之城”。而西藏则在历史的积淀中形成了以藏传佛教为主的藏民俗文化，日光城拉萨被誉为佛教“圣城”，历史悠久的布达拉宫，成了藏传佛教信徒聚集的中心。因此，西藏和尼泊尔两地不仅拥有很多高品位的世界级旅游资源，而且在时间上和资源上形成了旅游资源优势互补的关系。

3.2 劣势

3.2.1 基础设施条件较弱

基础设施是旅游业发展的重要条件之一，它的完备与否决定着一个地区旅游硬环境的优劣。西藏属于经济欠发达地区，由于受到自然环境的限制，其基础设施条件一直十分薄弱，这就影响了旅游业的发展。以樟木镇为例，相对于内地其他省区的口岸建设，樟木镇旅游基础设施还比较薄弱，餐饮、宾馆、交通等条件不够好，这就严重影响了旅游品质。服务意识、服务水平都跟不上游客的多样化需求，旅游管理水平比较低，信息化发展也比较落后。中尼虽然建立了政府之间及相关部门之间的定期沟通交流机制，但是由于语言、文化等方面因素的制约，成效不太突出。另外，由于边境管理部门（边防、海关、出入境检疫等）存在重复执法、手续烦琐等现象，也可能在一定程度上影响了边境旅游的快速发展。

第一，交通基础条件。在 2006 年和 2014 年分别开通了青藏铁路和拉日铁路，西藏已经基本上形成了航空、铁路、公路三位一体的交通体系，但是区内旅游还是以公路交通为主。以樟木镇为例，进入樟木镇有两条可选之路，一条是乘坐拉日铁路到日喀则，次日乘坐大巴前往樟木镇，经樟木镇出关；一条是在拉萨直接乘坐大巴前往樟木，再经樟木镇出境。由此可见，拉萨→日喀则→樟木的交通主要以公路为主，然而由于受到自然条件的影响，拉萨到樟木聂拉木段经常会出现封路的现象，严重影响了游客的旅行日程和旅行体验。

第二，关于旅游的其他配套设施。旅游发展需要“六要素”（吃、住、行、游、购、娱）协同发展。经实地调查研究发现，目前樟木镇有 50 多家旅店（包括宾馆、酒店、招待所、客栈等），也有汉餐、藏餐、尼餐和西餐等不同类型的餐饮，基本上能满足游客的食宿需求。但当到了旅游旺季的时候，就会出现宾馆爆满、价格抬升等现象。樟木镇的市政设施还不太完善，较远一点的旅游景区，通信覆盖率低，有时不能正常收到移动等通信信号；用电较为紧张，在镇中心所在地晚上会出现片区停电的现象；还没有完善的排水设施；等等。以上均可证明，樟木镇的旅游配套设施不健全是限制樟木地区旅游发展的重要因素之一，不仅影响了樟木的旅游形象，也制约了樟木旅游业的进一步发展。

3.2.2 旅游产品开发缺乏国际市场竞争力

从旅游资源种类上来看，西藏的旅游资源主要以生态自然风光、藏族人文历史和藏传佛教文化等三种为主，所以，目前西藏旅游内容主要以自然风光观光、参观寺庙、体验藏家人文等观光体验类产品为主，以徒步、探险、朝圣、自驾游等专门项目为辅，缺乏综合性的浏览及旅游商业活动，这就导致旅游产品结构单一，开发品位及开发层次不高，缺乏市场吸引力和竞争力。同时，西藏很多地区尤其是边境地区地理位置偏远、交通相对落后，这也给边境地区旅游产品的开发披上了一层不可触摸的外衣。旅游景区的开发能力偏弱，再加上西藏生态脆弱，开发后难以恢复，就使得边境地区的旅游一直处于落后状态。受到各方因素的制约，市场调研难度较大，旅游市场开拓一直处于零的状态。近年来，西藏自治区党委、政府致力于旅游产品结构的调整和产品转型，逐步把传统的、以观光为主的单一结构，向生态旅游、商务旅游、节庆旅游等多种专项旅游产品相结合的多元化结构转变。旅游产品品位相对提高，但是由于各个地区都过分强调全方位的旅游产品开发，造成了区域旅游产品的雷同[①]，创新点的趋同使旅游产品之间无法形成有机的联合并产生不了互补效应，降低了国际市场竞争力。通过走访樟木镇及其周边口岸发现，该地区的旅游资源极其丰富，具有奇特的原始的完整性，民风淳朴，热情好客，与西藏其他地区和内地其他景区有着独特的差异性，旅游开发价值极高。

---

① 杨维军：《和谐理念下的西藏旅游业发展研究》，中国藏学出版社，2010，第65页。

3.2.3 从业人员旅游知识素养有待提高

西藏旅游业经过多年发展，虽然培养了一大批专业的旅游管理人才和从业人员，他们为西藏旅游业的繁荣做出了不少贡献，但是目前还存在一定的问题，比如有的高级、中级管理人才的年龄结构、知识结构分布不均衡，而且在现有的旅游规划和经营管理人员中，从正规旅游院校毕业的专业人员还不多，并且缺乏丰富的理论素养，不能准确把握市场及政策变化以迅速调整旅游发展对策，这些都大大影响了西藏旅游业的潜力和核心竞争优势的发挥。旅游从业人员专业素质跟不上形势发展是当前西藏旅游业存在的一个普遍现象，有的导游对西藏传统文化和地理渊源了解不透彻，一个人一种说法，容易让游客产生误解，使得藏民族文化在对外宣传上出现了偏差，使得游客对藏民族优秀文化的理解产生了歧义，增添了传奇色彩。同时，外语导游、旅游管理等方面的人才大量缺乏，旅游人才市场管理和服务也跟不上旅游业发展的需求。有的地区旅游市场秩序较差，个别旅行社和导游任意加价，诱导“霸王式消费”，随意降低服务质量，甚至在有的景区，导游及旅行社与商家勾结强迫游客消费，诱骗游客消费，这些都大大干扰了旅游市场的正常秩序。

3.3 机遇

3.3.1 政府高度重视口岸建设带来的机遇

第一，从国家层面来看。2013 年 9 月和 10 月，习近平总书记分别出访中亚和东南亚，他在出访时提出了“丝绸之路经济带”和“21 世纪海上丝绸之路”（“一带一路”）倡议。党的十八届三中全会上提出要推进“丝绸之路经济带”、“21 世纪海上丝绸之路”建设，形成全方位开放新格局。2015 年 3 月 28 日，国家发改委、外交部、商务部经国务院授权联合发布《推动共建丝绸之路经济带和 21 世纪海上丝绸之路的愿景与行动》，指出要推进西藏与尼泊尔等国家的边境贸易和旅游文化合作。2016

年中央第六次西藏工作座谈会上指出，使西藏建设成为面向南亚开放的重要通道。2017 年西藏自治区党委、政府积极开展融入“一带一路”合作倡议工作，推动边境地区口岸建设，加快面向南亚开放的重要通道建设，构建环喜马拉雅经济合作带。2017 年国务院办公厅发布《兴边富民行动“十三五”规划》指出：建议有条件的边境地区研究考虑跨境旅游合作区和边境旅游试验区。中国西藏与尼泊尔边境地区旅游资源具有独特性、垄断性和互补性，加上中尼政治、经济、文化往来不断加深，建设跨境旅游合作区和边境旅游试验区成为西藏自治区落实《兴边富民行动“十三五”规划》精神的重要研究内容和项目。

第二，从自治区层面看。西藏自治区陈全国书记、洛桑江村主席高度重视和支持口岸建设和发展，多次就口岸工作作出重要批示、指示。“十一五”期间，为加快口岸发展，自治区党委、政府确定了“重点建设吉隆口岸，稳步提升樟木镇”的口岸发展战略，樟木镇迎来了新的发展时期。《西藏自治区“十二五”时期国民经济和社会发展规划纲要》指出，加快边境地区发展，鼓励依托边境优势，重点发展边境旅游。2011 年，自治区政府首次制定了《西藏自治区樟木镇发展规划（2011—2020 年）》。2013 年 4 月，西藏自治区洛桑江村主席重点围绕如何提升改革开放水平及口岸规划、城镇建设等赴吉隆口岸进行督导调研。2013 年 5 月，自治区召开口岸建设管理和边境贸易发展领导小组会议，指出加快推进全区口岸建设和扩大开放。2015 年 1 月，西藏自治区十届人大三次会议指出，2015 年西藏将通过加快建设南亚大通道，对接“一带一路”和孟中印缅经济走廊，推动环喜马拉雅经济合作带建设，构建对内对外开放型经济新格局。

由此可见，党和国家及自治区党委、政府高度重视西藏边境口岸的建设和发展，积极支持边境地区社会经济发展，尤其是边境贸易发展，这些都为边境旅游发展成为自治区经济增长亮点奠定了基础。

3.3.2　经济区域化合作发展带来的机遇

经济区域化是当前世界经济全球化发展的必然趋势，从欧共体的成立到北美自由贸易区的建立，到东南亚联盟，再到南亚地区合作联盟①，区域经济合作已成为发展国际关系的趋势。南亚地区在中国区域化战略中具有独特地位，从地理条件看，南亚联盟中印度、尼泊尔、不丹、阿富汗与中国接壤，其中印度、尼泊尔、不丹与西藏毗邻，南亚是中国周边地区中路上邻国最多的地区；从政治和安全角度看，南亚国家是中国周边环境的一部分，对中国西南地区安全具有重要的意义；从经济条件看，南亚地区对中国西藏和西部发展及地区能源经济发展有着重要意义。② 尼泊尔是南亚联盟重要成员国，南亚联盟秘书处就设在尼泊尔首都加德满都。樟木镇主要对尼泊尔开放，东、西、南三面与尼接壤，因此，中尼双边关系的友好发展是中尼边境旅游发展的基础，也是我国走向南亚次大陆的机遇。近年来，尼泊尔积极参与区域性及全球性政治、经济、文化活动，积极努力地改变该国落后的面貌，将尼泊尔文化推向亚洲及世界。中国政府可以借此机会，进一步扩大与尼泊尔的合作，积极建立跨境合作区域，造福两国边境地区的人民。

3.3.3 “一带一路”和亚太自贸区平台契机

第一，“一带一路”和亚投行。“一带一路”是指“丝绸之路经济带”和“21 世纪海上丝绸之路”，它既涉及西欧、日韩等发达国家，也涉及中亚、东欧等原苏东国家，同时还涉及南亚、西亚、非洲等第三世界国家。③ “一带一路”覆盖人口约 46 亿人，超过世界 60%的人口，GDP 总量达 20 亿万美元，约占世界经济总量的 1/3。④ 亚投行，即亚洲

---

① 南亚地区合作联盟成立于 1985 年 12 月 7 日，南亚七国（印度、孟加拉国、巴基斯坦、尼泊尔、不丹、斯里兰卡、马尔代夫）在孟加拉国首都达卡举行第一届首脑会议。2005 年 11 月通过了《达卡宣言》，接纳中国和日本为观察员。

② 张贵洪：《中国与南亚地区主义：以南亚区域合作联盟为例》，《南亚研究》2008 年第 2 期，第 3~7 页。

③ 申现杰、肖金成：《国际区域经济合作新形势与我国“一带一路”合作战略》，《宏观经济研究》2014 年第 11 期，第 32~34 页。

④ 张茉楠：《全面提升“一带一路”战略发展水平》，《宏观经济管理》2015 年第 2 期，第 20~24 页。

基础设施投资银行（AIIB），法定资本1000亿美元，总部设在北京。截至2017年6月16日，有亚洲、欧洲、美洲、非洲、大洋洲共计80多个国家和地区已申请在创始阶段加入亚投行。“一带一路”和亚投行立足亚洲，面向世界，是时代发展的必然产物，将亚欧大陆碎片化经济体进一步连成一片，实现优势资源要素在区域范围内的优化配置。尼泊尔属于“一带一路”沿线覆盖国家，也是亚投行的初始国，“一带一路”建设和亚投行的成立为中尼双边经贸、旅游、文化等方面的合作提供了协同发展、合作共赢的平台。

第二，亚太自由贸易区。双边或多边自贸区，即是指两个或者两个以上的国家或地区签署自由贸易协议，实现自贸区内贸易、投资、人员、技术、服务等自由化。亚太自贸区于2010年APEC横滨会议提出成立，2014年，在APEC贸易部长青岛会议上，制定了《APEC推动实现亚太自由贸易路线图》。亚太自由贸易区以中国—东盟自由贸易为基础，实现亚太区域内自由贸易发展，建立亚太经济贸易—人才服务—信息技术等合作机制，加强自贸区谈判能力建设，提升成员国贸易商谈能力和自贸区内的服务能力。亚太自由贸易区将进一步扩大包括中国和尼泊尔在内的亚太国家的政治、社会、经济、旅游和文化的发展。

3.3.4 西藏旅游目的地建设的时代机遇

2010年中央第五次西藏工作座谈会上提出了把西藏打造成为“世界旅游目的地”的指导方针。2015年1月19日，西藏自治区召开十届人大三次会议，提出“2015年我们将全力打造‘五位一体’的世界文化旅游目的地，努力在全区旅游布局中实现高端发展、错位发展、特色发展”。旅游目的地建设与管理是旅游业发展的基础性和战略性任务[①]，西藏自治区政府继续加强对旅游业的支持力度，提高旅游业的国际竞争力，制定世界旅游目的地战略规划，以拉萨为依托，大力发展边境旅游，推

---

① 张玫：《第5届目的地管理国际会议在杭州召开》，《中国旅游报》2009年9月23日，第1版。

动旅游目的地体系建设。

3.3.5 建设环喜马拉雅经济合作带契机

环喜马拉雅经济合作带包括中国西藏、尼泊尔、不丹、印度、孟加拉国等环喜马拉雅山脉的地区和国家。环喜马拉雅经济合作带建设，是以樟木口岸、吉隆口岸等对外窗口，以中国拉萨、日喀则为腹地支撑，面向尼泊尔、不丹、印度、孟加拉国，发展边境旅游、边境贸易等，将西藏日喀则市打造对南亚开放的经贸桥头堡。2015 年 1 月 19 日，西藏自治区十届人大三次会议提出，2015 年西藏将通过加快建设南亚大通道，对接“一带一路”和孟中印缅经济走廊，推动环喜马拉雅经济合作带建设，构建对内对外开放型经济新格局。日喀则市将把握机遇，插上社会经济腾飞的翅膀，成为环喜马拉雅经济合作带的桥头堡城市。尼泊尔是喜马拉雅地区主要的经济体之一，中尼边境地区，特别是聂拉木县樟木镇，在环喜马拉雅经济合作带建设中拥有得天独厚的区位优势。通过深化与邻国尼泊尔的交流合作，能够促进聂拉木、吉隆等县同尼泊尔县级地方政府建立友好县级关系；同时在樟木镇和吉隆口岸建设的基础上，打造建设喜马拉雅经济合作带和中尼跨境经济合作区边境口岸经济示范基地，进一步带动边贸和边境旅游的发展。

3.4 威胁

3.4.1 国际环境变化和旧秩序存在

随着经济全球化和区域经济一体化进程的加快，国际环境也发生了新的变化，科技、信息、投资等在全球范围内迅速流动，加之局部地区环境不稳定，使得边境地区成为敏感地带，也使得边境地区的相关优惠政策淡化，对边境地区弱势产业造成强烈的冲击。旧的国际经济秩序仍未从根本上改变，以美国为首的发达国家仍然掌控着全球事务话语权，发展中国家在国际组织中仍缺少话语权。WTO 和主要国际贸易多边框架仍然由美国、欧盟、日本等发达国家主导，中国、尼泊尔等在内的 WTO 成员国有被边缘化的趋势。[①]

3.4.2 边境安全管理带来的挑战

边境管理是一个历史性问题，具有很强的政治性、民族性和地缘性。边境地区是一个国家国防的重点区域，敌对势力对我国的渗透、情报间谍活动时有发生，边境地区的反蚕食、反控制的斗争也还存在，威胁着国家安全和边境地区社会稳定[②]。樟木镇边境贸易发展、边民往来等呈不断增长的趋势。尼泊尔是 WHO 公布的鼠疫、霍乱、痢疾等传染病高发地，是 OIE 公布的动植物疫区，近年来又频发登革热和禽流感等传染病。樟木口岸地区边境线长达 157 千米，有通外山口 33 个，疫病疫情防御控制情况非常严峻。同时，樟木镇又是西藏反分裂斗争的前沿阵地，维稳工作任务也十分繁重。因此，边境口岸安全管理带来很大的挑战。

3.4.3 周边口岸竞争带来的挑战

近年来，自治区政府对周边口岸建设的政策倾斜度逐渐增加，周边口岸的建设日益成熟，基础设施也逐渐完善，尤其是吉隆口岸的开放对樟木镇的发展带来巨大的挑战。如今的吉隆镇，店铺林立、功能齐全，吉隆口岸建设不断成熟，已经从一个设施简陋的小镇逐步发展成为西藏的口岸重镇，基本上具有了城镇的雏形。吉隆口岸已于 2014 年 12 月正式扩大开放。2017 年 4 月，国务院批准吉隆口岸扩大开放为国际性口岸。吉隆口岸扩大开放后，将推动边境小额贸易、边民互市、旅客互通等发生转变，贸易商品种类会更加齐全，以电子产品出口为主的中高端产品的比重将会加大，贸易结构将进一步优化，贸易量将进一步提升，吉隆口岸将有望重现历史繁荣。吉隆口岸等周边口岸基地的建设和发展，

---

① 霍强、李霞、黄雅琪：《基于 SWOT 分析的中印缅孟次区域金融合作战略构想及实现路径》，《对外经贸》2014 年第 6 期，第 43~47 页。

② 尹彦：《广西边境管理面临的挑战及对策》，《广西警官高等专科学校学报》2012 年第 1 期，第 39~44 页。

对樟木口岸的发展提出了更高的要求。

3.5　樟木镇地区中尼边境旅游发展总体战略选择

通过组织内外部环境的SWOT分析，可以发现中尼边境旅游发展的优势和劣势同在，机遇与挑战共存。但是随着内外部环境及相关要素的变化，优势与劣势、机遇和挑战并非一成不变，也可以相互转化。因此，樟木镇党委政府应该在党和国家、自治区党委政府、日喀则市党委政府和聂拉木县党委政府的正确领导和关心下，积极地化不利为有利，变挑战为机遇，变劣势为优势。樟木镇地区中尼边境旅游发展总体战略选择应该变政策优势为效益优势，变外界扶持优势为自我发展优势，变资源优势为经济优势，借助边境旅游提升樟木镇旅游业的竞争优势，壮大樟木镇综合竞争实力，具体可见表2-3-2。

表2-3-2　樟木镇地区边境旅游发展SWOT分析战略选择

	优势（Strength）	劣势（Weakness）
内部因素分析 外部因素分析	1. 经济发展的需求优势 2. 地理位置优越和交通设施进一步完善 3. 口岸建设进一步成熟 4. 旅游资源丰富且独特 5. 旅游资源的互补性强	1. 旅游基础设施较弱，服务意识较低 2. 旅游产品开发缺乏国际市场竞争力 3. 从业人员旅游专业知识素养不高
机会（Opportunity）	SO	WO
1. 各级政府高度重视口岸建设 2. 经济区域化发展带来的机遇 3. “一带一路”和亚太自贸区 4. 西藏旅游目的地建设带来的机遇 5. 建设喜马拉雅经济合作带	1. 有效利用国家优惠政策，进一步加大对外开放的力度，促进中尼经贸发展，带动中国—南亚区域发展，打造喜马拉雅“自贸区” 2. 建立边境地区旅游资源跨境合作开发区，以珠峰旅游开发区为核心，辐射带动樟木镇发展	1. 扩大中尼旅游协会之间的交流与合作，培养旅游发展所需专业性人才，促进旅游人员的区域流动 2. 进一步促进两国旅游产品开发，以珠峰旅游合作区为契机，打造边境负责任旅游 3. 构建高原铁路网，打造中国—南亚铁路大通道，实现人力流、物力流、资金流、信息流在区域内自由流通

续表

威胁（Threat）	ST	WT
1. 国际环境变化和国际旧秩序的存在 2. 边境管理安全带来的挑战 3. 周边口岸竞争带来的挑战	1. 加强两国边防管理合作，明确管理任务，建立档案管理机制，有效且有秩序地管理来往人员 2. 进一步深化口岸管理机制	1. 积极参与国际事务，提高国际竞争力 2. 努力构建国际新常态下政治经济新秩序 3. 有效利用国内外、自治区三种资源、三个市场，变资源优势为经济效益优势

3.5.1 樟木镇发展边境旅游的战略组合

3.5.1.1 SO 战略组合

SO 战略是一种强势战略，应该最大限度地开发此战略，因此樟木镇发展边境旅游应该有效利用自身优势，结合外部环境带来的发展机遇，实现边境旅游的大发展。第一，有效利用国家、自治区优惠政策，提升西藏对内、对外开放能力，促进中尼及中国—南亚经贸发展，带动中国—南亚区域发展，把樟木口岸和吉隆口岸打造成为环喜马拉雅“自贸区示范区”；第二，以珠峰旅游开发区为核心，扩大中尼跨境旅游合作开发，探索建立“中尼国际旅游合作试验区”，建立“珠穆朗玛峰国际公园”，进一步拓宽边境地区旅游资源跨境合作开发区，辐射带动樟木镇发展。

3.5.1.2 WO 战略组合

WO 战略组合是一种利用发展机会、回避内在劣势的战略组合。樟木镇发展边境旅游应该积极主动利用国家相关政策，尤其是“一带一路”和亚太自由贸易区等外部环境带来的发展机遇，绕开基础设施薄弱等方面的劣势。因此，樟木镇边境旅游的发展，就必须扩大中尼之间的交流与合作，以中尼旅游协会为平台，有效结合每年的藏尼经贸洽谈会和相关中国（西藏）对尼泊尔支援机制，继续拓宽中尼旅游交流合作渠道，培养旅游发展所需的多语言专业性人才，实现旅游人才的跨区域流动；进一步促进两国旅游产品开发，以珠峰旅游合作区为契机，打造边境负责任旅游；构建高原铁路网，打造真正意义上的中国-南亚铁路线等。

3.5.1.3 ST 战略组合

ST 战略组合是一种利用内在优势减少发展威胁的战略组合。樟木镇若要实现经济发展方式的转变，首先要调节自身发展优势，不能单纯地依赖边境贸易的发展，应该选择一条与樟木镇优势资源要素相适应的发展道路。樟木镇要实现产业结构的调整，利用自身丰富的旅游资源优势和口岸区位优势，实现经济内生结构的良性发展。樟木镇发展边境旅游，需要加强中尼两国边防管理合作，明确管理任务，建立档案管理机制，有效且有序地管理来往人员；进一步深化口岸管理机制，实施管理负责制度，将案例落实到每一个人的身上，对案例负责。

3.5.1.4 WT 战略组合

WT 战略组合是一种实行战略收缩和战略合并的战略组合。基于内在发展劣势和外部环境带来的挑战，樟木镇边境旅游的发展需要加强与尼泊尔及南亚国家在国际事务中的合作，努力构建国际新常态下政治经济新秩序，有效利用区内、区外、国际的三个市场、三种资源，结合自治区资源禀赋优势，实现资源优势向经济优势的顺利转化。

3.5.2 樟木镇发展边境旅游的战略选择

3.5.2.1 坚持政府主导和市场导向相结合

坚持以政府为主导，即优选 SO 战略，以 WO 战略、ST 战略和 WT 战略为辅助，应该最大限度地开发 SO 战略，从战略全局出发，侧重发展其他战略组合。因此，樟木镇发展边境旅游应该有效利用自身优势，结合并把握外部环境带来的发展机遇，尤其是“一带一路”和亚太自由贸易区等外部环境带来的发展机遇，绕开自身发展的劣势，形成政府主导优势战略，实现中尼边境旅游的大发展。市场在资源配置中起着重要作用，边境旅游的发展也需要坚持市场导向作用。中尼边境地区是旅游资源富集区，旅游资源具有较高的知名度，因此，我们可以有效利用国内外优势资源和发展机遇，努力建设环喜马拉雅经济合作带和中尼跨境合作区，实现区内、区外、国际三种资源的有效合理配置，根据区内、区外、国际三个市场的需求导向，开发满足不同市场需求的旅游产品，从真正意义上促使资源优势转变为经济效益优势，进一步提升我区的旅游国际竞争力。

3.5.2.2　坚持边境旅游可持续发展理念

“中国特色、西藏特点的发展路子”是中国特色社会主义道路的有机组成部分，是建设新时代中国特色社会主义在西藏的具体体现。因此，西藏边境旅游的发展必须坚持习近平新时代中国特色社会主义思想，实现区域内或者局部范围内社会、经济、生态等的可持续发展。坚持边境旅游可持续发展，就要加强边境地区基础设施建设，做好人才战略储备，实现景区跨境合作开发，实现旅游产品多样化、多元化，体现生态和谐的理念；要将珠穆朗玛峰国家公园打造成为中尼边境地上的“珠穆朗玛国际公园”，探索“中尼跨境国际旅游合作试验区”，拓宽中尼合作区域，实现区域内社会、经济、生态有机统一发展，形成科学的旅游消费模式，促进西藏经济发展方式的转变。

第4章　中尼边境旅游发展对策与建议

4.1　制定边境旅游发展战略，加大市场开放力度

4.1.1　制定系列发展战略规划，完善旅游服务体系

西藏自治区政府应该积极对接“一带一路”和孟中印缅经济走廊，

推动环喜马拉雅经济合作带建设，提升旅游服务水平，同时制定我区边境旅游发展战略、规划，加强对边境旅游的监管，制定一系列有利于边境旅游发展的优惠政策，完善我区旅游管理条例，建立旅游发展服务体系，服务于边境地区社会经济发展。

第一，国家应该积极落实“一带一路”和孟中印缅经济走廊的优惠政策，给予西藏适当的政策倾斜；西藏政府积极对接“一带一路”和孟中印缅经济走廊，建立环喜马拉雅经济合作带，着力提升西藏开放能力，加大经济开发力度和开放力度，扩大对外交流，尤其是对南亚地区的交流；规划“一带一路”和孟中印缅经济走廊的经济技术开发区域，在国家相关法律法规的指引下，积极引进国内外优秀资本，制定招商引资的优惠政策，打造区域经济旅游合作圈；着力将樟木镇打造成为西藏通往南亚的重要通道。

第二，自治区政府应该积极组建相关旅游专家团队和进行旅游管理立法，基于《中华人民共和国旅游法》，展开中尼边境旅游发展的全面市场调研，收集第一手数据，进一步完善《西藏自治区旅游条例》和《西藏自治区边境管理条例》，增加边境旅游管理章节，组织专门团队编制《西藏自治区中尼边境旅游发展战略规划》和《西藏自治区边境旅游管理条例》，积极制定边境旅游发展的相关优惠政策，加大边境旅游财政转移力度，增加政府资金投入力度，最大限度地简化旅游手续，加快边境旅游景区的基础设施建设，提高边境旅游对邻国及其他国家的吸引力。

第三，进一步强化政府对边境旅游活动的监管角色，从旅游资源开发设计到逐步实施，建立旅游发展服务体系，培育专门服务团队，提高政府的旅游监督管理能力和旅游服务水平，树立西藏良好的国际旅游新形象。

4.1.2 规范中尼边境市场管理，提升市场开拓能力

西藏处于特殊的地理环境区域，不但拥有自身的资源禀赋，而且同

时享誉内地和海内外，西藏边境旅游无论在国内旅游市场还是在国际旅游市场中都具有一定的知名度，因此，中尼边境旅游的发展要基于中尼边境地区良好的旅游资源禀赋，积极利用区内、区外、国际三种资源和三个市场，实现与南亚区域经济发展的有效对接。

第一，进一步规范边境旅游市场，实现边境旅游业可持续发展，旅游业的发展需要良性的市场为导向，它能为旅游业的可持续发展指引方向，同时也能带动其他相关旅游产业链的有机、合理、健康发展。

第二，加快对南亚市场的开放进程，增强对南亚市场的供给能力，加强对市场的驾驭能力，科学认识市场规律和分析把握当前市场形势，大力开拓出入境旅游市场，积极引导和扩大旅游消费，进一步提升边境旅游的国际竞争力。

4.1.3 以中尼边境合作为契机，实现跨境合作共赢

中尼双边友好发展，给中尼边境旅游发展带来了契机，尤其是建立政府间跨境旅游合作开发。继续有效落实中国西藏与尼泊尔签署的旅游合作备忘录等相关合作内容，将环喜马拉雅山经济合作区域建设打造成为西藏“一带一路”建设中的核心内容，把日喀则市建设成为“一带一路”西藏经济发展的桥头堡，把樟木镇建设成为“一带一路”通向南亚地区的重要通道。

第一，基于“一带一路”和孟中印缅经济走廊的发展，中尼双方政府应该积极主动开展相关合作，打造新时期的中国—南亚丝绸之路西藏路线，带动双边经贸及区域社会经济的发展，实现双赢及多赢。

第二，依托珠穆朗玛峰国家公园，探索建立“中尼国际旅游合作试验区”，将珠穆朗玛峰国家公园打造成为中尼边境上的“珠穆朗玛峰国际公园”，不断拓宽中尼国际旅游合作区域。西藏要抓住国内旅游市场结构调整的机遇，大力发展生态旅游，开发边境生态旅游线路（产品），将旅游发展与生态保护结合起来，在发展经济的同时保护宝贵的生态资源。

第三，利用喜马拉雅经济合作带地理优势，把樟木镇打造成为中尼及中国—南亚贸易“自由贸易示范区”，设立“中尼跨境经济合作区”，加大对樟木、吉隆、亚东等口岸建设，恢复西藏通向南亚重要通道的昔日辉煌，以樟木镇和吉隆口岸为发展平台，以旅游服务业贸易为发展重点，进一步扩大中尼经贸等合作领域，带动边境地区旅游业的发展，带动中国—南亚区域合作联盟腾飞式发展。

4.2 优化边境旅游市场管理，强化市场驾驭能力

4.2.1 健全边境旅游设施，规范边境旅游管理机制

强化边境口岸的管理，一方面改善边境口岸的基础设施，另一方面规范边境旅游管理机制。

第一，完善基础设施，提升服务质量。以青藏铁路和拉日铁路为基础，积极规划滇藏铁路、川藏铁路、新藏铁路的建设，实现以拉萨为核心的高原铁路网建设，辐射全高原；延伸铁路基础建设至樟木口岸、吉隆口岸、亚东口岸等，打造中国—南亚铁路大通道，实现人力流、物力流、资金流、信息流在“自贸区示范区”内自由流动；根据中尼边境地区客源的不同情况，加大政府对市政、旅游景点等的投入力度，坚持引进资本、吸纳内资和自筹资金相结合，增加口岸边境地区旅游服务接待设施，完善旅游服务的软硬件，提高旅游服务设施设备的档次，以满足目标游客的消费需求。

第二，加强边境管理机制，规范边境旅游管理。有效的管理可以创造出更多的经济效益，而管理机构设置得妥当与否、管理体制是否顺畅则是影响管理效果好坏的重要因素。因此，政府应当制定《西藏自治区边境旅游管理办法细则》，完善管理机制，明确各管理部门的管理权限，本着管理权限与管理范围相一致的原则，调整各管理机构之间的关系，形成层次分明、职责明确的行业管理体系。

4.2.2 设立边境旅游协会，实现旅游产品多样化

旅游行业协会充当着政府与旅游企业之间沟通的桥梁，也是旅游行业内部相互合作的纽带，在旅游产业发展中的作用越来越突出。西藏目前已初步建立了各类旅游行业协会，但是这些组织机构的职能、管理等还不够完善。通过进一步健全旅游行业协会，新建中尼边境旅游协会，制定边境旅游发展管理办法，规范边境地区旅游管理，加强对地区边境旅游的监管，提升旅游服务意识，维护西藏旅游的良好形象。与此同时，积极开展与尼方的旅游合作，开发多样化的旅游产品和精品旅游路线，进一步提升边境地区旅游服务能力和水平。

第一，在边境旅游资源基础上，开发多样化旅游产品。西藏位于青藏高原主体，平均海拔4500米以上，雪域风光得天独厚，使得西藏成为中国发展高原雪域风光旅游最好的省份。除了雪域自然风光之外，西藏还可以大力发展户外登山探险项目。另外，还可以举办“夏尔巴民俗文化旅游艺术节”，并将其归入珠穆朗玛峰旅游艺术节，进一步丰富环喜马拉雅山旅游圈；建立“夏尔巴旅游度假村”，让游客亲身参与夏尔巴人的生活，增强顾客的体验性与参与度。通过将藏家文化和夏尔巴人文化进行有机结合，使少数民族的传统节日、节庆活动与高原旅游充分融合，增强西藏旅游活动的人文气息，尤其是中尼边境地区的旅游人文气息。

第二，在边境旅游市场需求上，开发特色精品旅游。西藏日喀则市，尤其是樟木镇是环喜马拉雅山经济合作带的桥头堡，应利用其有利地理位置，发挥优势，大力开发特色精品旅游，增强旅游市场的竞争力。大力宣传中尼边境旅游，深入了解尼泊尔及南亚国家游客的旅游需求，剖析其游览的旅游偏好，建立边境旅游发展数据库。发挥西藏地缘文化优势，整合旅游资源，调整旅游产品结构，融合现代产业特点，将现有单薄的产品进行深度挖掘，增加旅游过程的参与度，提高品质，增强观赏性和文化吸引力。通过实现游览路线在排列组合等方面的创新，进一步

丰富中尼边境地区旅游市场，推出符合满足南亚及世界其他国家游客需求的旅游产品，为游客提供多样化的精品旅游选择。

4.2.3 做好人才战略储备，培养国际化旅游人才

边境旅游的发展，旅游从业人才的培养是关键。西藏地处我国西南边境地区，经济发展水平低于内地经济发达省份，人力资源及资本无论从数量还是质量上都无法与内地经济发达省份相比。然而边境旅游作为国内旅游的延伸，在其业务开展过程中需要与国外政府、企业、游客等交流沟通，因此，这就对边境旅游从业人员的外语水平、国际视野、政治能力等都提出了较高的要求。

第一，政府制定“旅游人才战略”，培养旅游专门人才。从业人员的整体素质对行业的发展水平具有至关重要的影响。我国对尼边境旅游的发展主要受限于尼泊尔语专业人才的缺乏。政府应该出台关于加强尼泊尔语专业设置和人才培养的相关政策措施，西藏自治区要依托优越的地缘优势，制定西藏旅游发展“人才战略”，完善相关人才培养的政策，将旅游人事管理流程规范化、制度化，建立有利于人才引进的机制。借助中央和内地其他兄弟省市援藏的机会，有目的地引进高中层次旅游行政、企业管理人员，旅游教育工作者及其他专业旅游人才（如外语、规划、设计、计算机等），带动和培养西藏区内旅游从业人员，促进区内外不同区域间旅游专业人才的合理流通，用健全、良好的制度吸引人才，留住人才。

第二，依托区内外不同层次高校培养专门从业人员。高等院校是培养高素质专业人才的主要阵地，因此，西藏自治区政府应该在区内不同层次的高校开展尼泊尔语及相关南亚小语种旅游专业人才的培养。2013年，西藏大学成功成为中国少数民族经济（西藏经济）等方向的博士授予单位。截至目前，西藏已经形成了博士研究生、硕士研究生、本科生、专科生高层次与多层次相结合发展的人才梯队，但是西藏还没有专门针对对尼旅游人才培养的院校。因此，西藏区内高校可以聘请区外旅游行

业的管理者和行业专家作为客座教授，结合西藏优质的、独特的旅游优势，从实践与理论的角度为同学们讲解边境旅游的相关知识；还可以在西藏大学旅游与外语学院开设尼泊尔语等南亚小语种专业，设置相关课程，培养多语言旅游专业人才，完善相应教育培训体系。此外，西藏自治区党委、政府应该积极建立西藏大学与尼泊尔相关高校的合作机制，共同培养适应市场需求、满足当前旅游企业市场经营需要的专业人才。

第三，旅游行业协会定期举行旅游从业人员培训。西藏旅游人才的培养不能仅仅依靠相关高等院校漫长的人才培养模式，旅游行业协会应该根据在藏旅游企业发展的实际需要，定期举行相关从业人员的教育培训，定期分批组织员工学习藏、尼历史文化，提高旅行社从业人员的文化素养，使其掌握足够多的藏、尼旅游文化知识，满足边境旅游者的旅游需求。还要适时加强与西藏大学等高校的合作，有针对性地培养旅游行业亟须的对尼旅游人才，为边境地区旅游业的可持续发展提供人才动力。

第四，加强中尼青少年之间的学习交流。中尼之间的旅游教育合作应该加强中尼青少年学子之间的交流，这样能够扩大中国文化和西藏文化的传播。另外，从中尼旅游长期发展战略的角度出发，还可以挖掘青少年游客市场，使其通过边境旅游，成为中尼边境旅游未来的市场主体。

结　语

改革开放以来，中尼之间交往从政府到民间不断加强，取得了丰硕的成果，有力地推动了中尼边境地区旅游业的发展。西藏樟木镇东、西、南三面与尼泊尔接壤，是我国通往南亚地区的前沿口岸，也是西藏地区最大的、最重要的全年开放的国家级一类口岸。中尼边境地区拥有绵延1414千米的边境线，边境地区（樟木镇）社会经济事业发展良好，城镇建设相对成熟，中尼协商机制也不断加强，中尼边境旅游发展呈现出多元化和规模化的良性发展趋势。因此，中尼边境旅游发展十分必要，既有利于促进中尼边境地区社会经济发展，也有利于保护边境地区旅游资源，还能提升旅游竞争层次和实现旅游资源的有效配置。然而，中尼边境旅游发展也面临着一些诸如对外开放力度不足，缺乏法律政策和专业性人才等方面的问题，亟须得以妥善解决。

通过对西藏樟木镇实地调研，运用SWOT分析工具，对樟木镇发展旅游业的内部优势和劣势、外部机遇和威胁等进行了分析，得出了樟木镇中尼边境旅游发展的总体战略选择。从宏观角度看，首先加强政府在边境旅游中的主导作用，积极对接“一带一路”和孟中印缅经济走廊，推动环喜马拉雅经济合作带建设，制定边境旅游发展的战略和优惠政策，开发区内、区外、国际三个市场，有效利用三种资源，实现与南亚地区孟印尼等经济体对接；开展中尼跨境旅游合作，建立“中尼边境国际旅游合作试验区”、“中尼跨境经济合作区”和“中尼贸易示范区”，将西藏尤其是樟木镇打造成为“一带一路”和孟中印缅经济走廊，环喜马拉雅经济合作带的桥头堡。从微观层面看，进一步完善边境地区旅游基础设施，开展中尼多元化合作，开发多样化边境旅游产品，做好人才战略储备，实现旅游行政人员和专业从业人员的联合培养，尤其是中尼青少年旅游人才的培养，使这一群体成为中尼边境旅游发展的主力军。

总之，中尼边境旅游的发展，要结合中尼边境地区及中尼当前实际情况，根据党中央、政府和西藏自治区党委、政府，以及市（地区）党委、政府制定的边境管理政策，采取有效的对策和措施，实现中尼边境地区及西藏社会经济的发展。

第三部分

"一带一路"倡议下西藏吉隆边境经济合作区建设路径研究*

格桑央珍**

第1章 "一带一路"倡议下吉隆边境经济合作区建设环境分析

1.1 资源环境分析

1.1.1 土地资源充裕

在平均海拔较高的西藏自治区，环境条件是影响边境口岸发展的重要因素。吉隆边境经济合作区建设所在地位于吉隆县以南吉隆镇境内。尽管通往吉隆口岸的山路崎岖，地势复杂，但与普兰口岸、樟木口岸、日屋口岸、亚东口岸等口岸相比较，吉隆口岸所在地地势开阔平坦，出境通道较为顺畅，发生地质灾害的可能性较小，可开发利用的土地资源较多，周边地理条件比较稳定，具备更大的发展空间。吉隆口岸土地资源条件丰厚，自然禀赋基础良好，拥有充足的餐饮、住宿、休闲度假、旅游、购物等开发用地，能够适应大量的人员及货物的流通、仓储和中

---

* 本文系2017年西藏自治区哲学社会科学专项资金项目青年项目"西藏建设面向南亚开放重要通道的战略研究"（项目编号：17CGL005）的阶段性成果。

** 格桑央珍，藏族，日喀则市人，西藏大学经济与管理学院硕士研究生，研究方向：民族地区经济发展。

转，具备建设边境经济合作区的基础条件。同时，吉隆与其对应的尼泊尔热索瓦地区拥有较大规模的建设开发用地且尚未大面积建设，建设吉隆跨境经济合作区的可开发利用土地充足。

作为中尼贸易的主要通道和重要载体，经过“4·25”地震之后，吉隆口岸的相关基础设施相应受到破坏，但经过专业机构评估，吉隆口岸地质条件较为稳定，整体环境没有受到根本性损害，适合建设边境经济合作区。

1.1.2 林下资源雄厚

吉隆口岸所在地海拔较低并且气候条件温和，42 万亩的原始森林蕴藏着各种林下资源，包括竹笋、野生菌等山地野菜，还包括天麻、灵芝、红景天、贝母等野生药材（详见表 3-1-1）。丰富的林下资源为下一步自主产品加工、制造和销售提供了坚实的资源基础。

表 3-1-1 吉隆县主要旅游资源及地方特产

历史文化资源	自然资源	林下资源
大唐天竺使出铭	佩估湖的奇观与传说	虫草、天麻、贝母、苦黄连、三七、灵芝菌、针芽、羊茅、蒿属棘、豆属、黄花属、粉刺头、狼牙刺、锦鸡儿、炮战花、鬼见愁、香柏、郭藤、金丝、毛茛、龙胆、马先蒿、乳浆、银莲花、狼毒、黄芪、刺头花、藏蒿草、垫状点、地梅、高山早熟禾、石竺、唐松草、木香青、刺参、盐爪爪、沙生针芽、藏白蒿、沙蒿、野葱、野蒜、野韭菜
擦木卡战场遗址	贡塘拉姆景区	
贡唐王城遗址	开热瀑布	
吐尼古道	吉布峡谷	
米拉日巴旧居遗址	拉朵风光	
吉隆清军墓遗址	杜鹃林	
吉普古如普	琼加温泉	
冲堆石塔	果温泉	
日松贡布摩崖造像	江温泉	
热索桥遗址	闷恰温泉	
吉隆遗址	吉隆三趾马化石	
卓玛拉康	吉隆江村自然保护区	
曲德寺		
“赤麦曲丹”塔		
差嘎尔达索寺		
拉姆曲丹塔群		
千年古道		
强准祖布拉康		
明申卡囚洞与经塔		
帕巴寺		

资料来源：根据日喀则市旅游局相关资料整理所得。

1.1.3 旅游资源丰富

1. 丰富的自然景观资源

吉隆县城地势北高南低，吉隆镇位于吉隆县南部，地处珠峰生态保护区，平均海拔 2700 米，属于亚热带山地季风气候。从吉隆县城到吉隆镇，沿途风景层次鲜明，从山顶的雪峰到山间的河谷，一山有四季，自然景观多样，是环喜马拉雅山精品旅游路线的重要旅游目的地。

2. 吉隆自古就是西藏与尼泊尔等南亚国家往来的重要通道

古往今来，这几个国家和地区在人员、商品、文化等方面的交流十分密切，如南方丝绸之路经四川、云南入藏后是通过吉隆进入南亚的，吐蕃时期松赞干布迎娶尼泊尔尺尊公主、莲花生大师入藏传法等也都曾途经吉隆，现在吉隆当地众多历史悠久、文化底蕴深厚的名胜古迹就是最好的证据。

3. 具有发展边境或跨境旅游的巨大潜力

由于尼泊尔海拔较低、气候宜人、风光秀美，具备发展旅游业的资源优势且发展迅速，因此，旅游业已经成为尼泊尔国民经济中的重要产业。而吉隆口岸与尼泊尔最负盛名的风景地博卡拉接壤，热索村邻近尼泊尔琅塘国家森林公园，这有利于开展跨境贸易。此外，由于印度平原海拔较低，而阿里地区的海拔在 4000 多米，很多去往阿里地区朝拜的印度香客都要在吉隆口岸修整、适应一段时间后，再前往神山圣湖朝拜，吉隆就成为尼泊尔、印度等东南亚、南亚香客去往阿里神山圣湖朝拜的重要中转地，这对于当地旅游的发展具有一定的促进作用，为中尼两国共同发展边境旅游提供了有利条件。

吉隆是连通西藏与南亚国家的重要枢纽，随着交通状况的改善、经济发展水平的不断提高，以及吉隆口岸的扩大开放，未来吉隆必将成为国内乃至国际山地度假旅游、休闲观光旅游、宗教朝圣旅游的知名边境旅游目的地。

1.2　经济环境分析

1.2.1　县域经济发展情况

1.2.1.1　整体经济发展水平

从表 3-1-2 的纵向来看，“十一五”期间至“十二五”期间，吉隆县的经济发展水平得到明显提高，各项指标均呈现出成倍增长的趋势。这表明，在国家和自治区先后提出来的一系列方针政策，尤其是 2008 年以来提出的重点发展吉隆口岸的方针指导下，吉隆的各项软、硬环境都得到了明显的改善，经济发展迅速，人民生活水平显著提高，总而言之，对于改善吉隆的整体社会经济环境产生了积极的影响。

表 3-1-2　吉隆县整体经济发展水平

指标	“十二五”期间	“十一五”期间	年均增长率
国内生产总值（万元）	45965	21085	15.1%
公共财政预算收入（万元）	1788	319	43.7%
社会消费品零售总额（万元）	7819	3554	17.04%
农牧民人均纯收入（元）	8129.8	3011	21.8%
固定资产投资累计（亿元）	21.97	6.28	19.5%

资料来源：吉隆县政府提供。

通过比对我们可以发现，吉隆县的经济发展水平相比日喀则地区的其他县域还处于较为落后的位置，如图 3-1 所示。从县域发展条件分析，吉隆县无论是区域条件还是资源条件都拥有比较大的优势，而国内生产总值相对靠后说明吉隆县未能充分利用自身的比较优势，并将其转换成经济优势。因此，借助吉隆边境经济合作区建设来推动吉隆转变经济发展模式，将有效拓展吉隆县经济发展的空间。

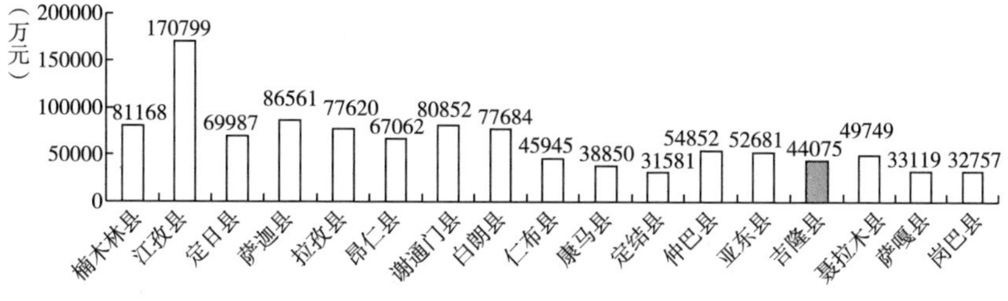

图 3-1-1 2015 年日喀则各县生产总值

资料来源：《日喀则市统计年鉴（2015）》。

1.2.1.2 产业结构发展情况

吉隆县利用其资源、区位、民族优势，在重点特色产业开发方面，主要发展特色种植业、特色养殖业、林下资源开采产业、民族特色手工业、旅游业和边境贸易等产业。当前，吉隆县三次产业结构表现为第一产业比重较轻，第二、第三产业所占比重较重且发展水平差不多。其中第二产业主要以建筑业为主，工业发展水平十分落后，第三产业主要以边境贸易及旅游业为主，发展态势良好。

吉隆县经济增长较快，第二和第三产业比重较大（如图 3-1-2 所示）。2015 年，吉隆县第一产业完成增加值 6578 万元，同比增长 3.0%；第二产业由于受到“4·25”强震的影响，完成增加值 18839 万元，同比下降 2.5%；第三产业完成增加值 18658 万元，同比增长 14.5%。2015 年，全县农作物播种面积共 1200.19 公顷，粮油总产量 4239.53 吨，牲畜存栏数控制在 11.8346 万头（只、匹）。

在特色产业开发方面，吉隆县由于特殊的地理优势及区位条件，第一产业主要发展特色种植业、特色养殖业、林下资源产业；第二产业主要包括民族特色手工业、开采业；第三产业主要以旅游业为主。根据吉隆县政府提供的资料，当前吉隆县特色产业主要包括以下几种（见表 3-1-3）。

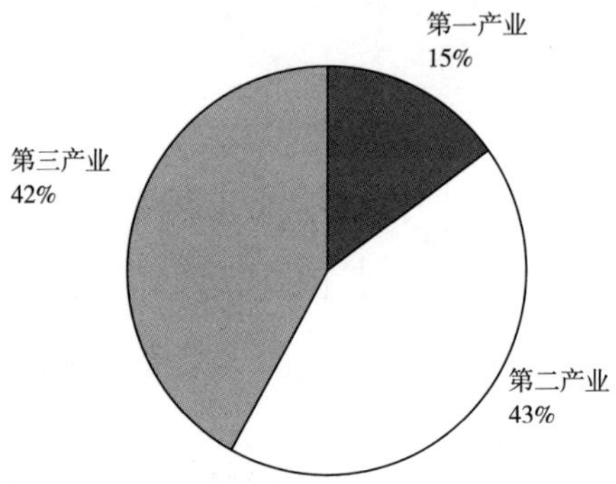

图 3-1-2　吉隆县 2015 年三次产业比重

资料来源：吉隆县提供数据。

表 3-1-3　吉隆县特色产业发展情况

产业名称		产业内容
第一产业	特色种植业	蔬菜、瓜果生产
	特色养殖业	藏猪、藏鸡、白绒山羊养殖
	林下资源产业	42 万亩原始森林蕴藏着红景天、天麻、贝母、虫草等中药材和野生菌等特色山野菜的开发
第二产业	民族特色手工业	竹编、木器等民族手工生产
	开采业	石材、砂材的开采
第三产业	旅游业	自然、历史旅游资源的开发
	边境贸易	边境小额贸易、边民互市贸易

资料来源：吉隆县提供资料。

1. 特色种植业

种植业由原先零散、粗放的方式逐步转向集约化、高效益方向发展。2015 年，吉隆县农作物播种面积 1200.19 公顷，总产量达 4239.53 吨。政府共投资 500 万元新建蔬菜大棚 193 座、总面积 200 余亩；新增苹果、桃子等经济林种植面积 300 亩；扩大饲草料种植面积 400 亩，培育了新的种植业经济实体。[①]

① 2015 年吉隆县政府工作报告。

2. 特色养殖业

依托资源优势，积极引导农牧民发展养殖业，大力开展奶牛、藏猪、藏鸡、鸭等特色养殖和加工，缩短饲养周期，加大出栏率，提高商品效益。2015 年，牲畜存栏总数 118346 头（只、匹），畜产品产量达 2503.62 吨，特色养殖业发展成效显著。①

3. 林下资源产业

培育集虫草、天麻、贝母等名贵中草药材采集、加工、销售为一体的龙头企业，树立吉隆品牌，进一步拓宽农牧民增收渠道，但是，目前吉隆这方面的龙头企业数量较少，无法达到打造吉隆品牌的目的。

4. 边境旅游业

随着吉隆口岸的扩大开放，吉隆边贸旅游发展迅速，“十二五”期间，全县旅游业实现累计接待游客 8 万人次，旅游收入达 4000 余万元，分别是“十一五”期间的 1.6 倍和 2.7 倍。按照西藏自治区关于“繁荣发展第三产业，加快发展旅游业，着力打响‘世界屋脊、神奇西藏’”和“全力打造西藏旅游升级版”的部署要求，抓住重点建设吉隆边境经济合作区的机遇，充分结合自身区位优势和优秀的旅游资源，着力突出吉隆在口岸、贸易、文化等方面的历史作用，重点打造多样化、特色鲜明的旅游产品，优化旅游产业空间布局，打造精品旅游线路，实现吉隆旅游经济的跨越式发展。2015 年底，吉隆共接待游客量达到 2.6 万人次，实现旅游综合收入 927 万元。

1.2.2 边境贸易发展情况

如图 3-1-3 所示，2006~2013 年，吉隆口岸主要以边民互市贸易为主。由于吉隆县实施边贸强县战略，大力发展以活羊为主的边境贸易，边贸发展取得巨大发展。2006 年，吉隆县边贸额为 957 万元，2007 年，边贸额达到 1116 万元，较上年增长 17%。2008 年，由于受拉萨“3·14”事

① 《日喀则市统计年鉴（2015）》。

件负面影响，吉隆县边贸一度受挫，全年边民互市贸易额为 660. 38 万元；2009 年，双边贸易回升至 1815 万元。从此，边贸额再也没有下降过。2010 年，边民互市贸易额 3769 万元；2011 年，边民互市贸易额 8206 万元；2012 年，边民互市贸易额 8600 万元；2013 年，吉隆县边贸总额达到 1. 53 亿元，是 2006 年的近 16 倍，边民互市贸易一直呈现出稳步上升的局面。

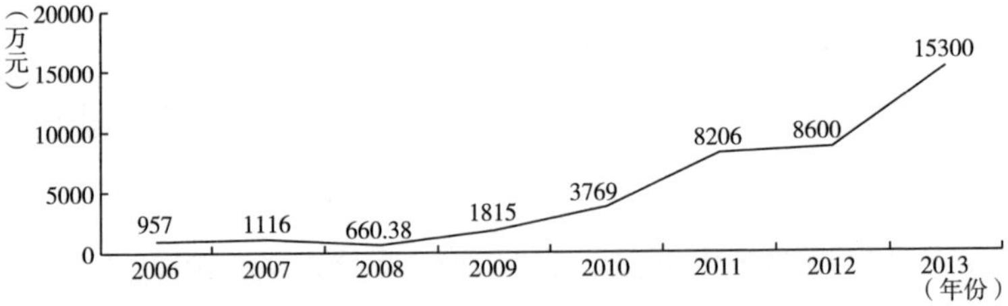

图 3-1-3　2006~2013 年吉隆口岸边民互市贸易额

资料来源：据日喀则吉隆县政府网站整理所得。

如图 3-1-4 所示，2014 年 12 月，吉隆口岸正式扩大对外开放，当年进出口贸易总值为 6. 52 亿元，边境贸易形式主要为以边境小额贸易为主、边民互市贸易稳步提升的贸易发展类型。2015 年，吉隆口岸进出口贸易总值为 6. 16 亿元，由于受“4・25”地震的影响，同比下降 6%。[①] 2016 年，吉隆口岸进出口货物总值 33. 54 亿元，同比增长 4. 45 倍。虽然 2015 年吉隆口岸受到“4・25”强震的影响，但是由于南亚陆路大通道的建设及环喜马拉雅经济合作带的推进，吉隆口岸边境贸易并未受到太大影响。同时，由于樟木口岸受灾较严重，口岸被迫关闭，因此，吉隆口岸成为面向尼泊尔的主要贸易通道，2016 年才出现对尼的经贸总额成倍增加的现象。

① 中华人民共和国拉萨海关网页，http：//lasa. customs. gov. cn/publish/portal182/tab63445/info789599. htm，2016 年 3 月 19 日。

在商品结构方面，进口主要以铜质雕塑像、装饰摆件、纺织品、手工纸、涤纶布等商品为主，出口主要分别是农副产品、服装、鞋类、电子产品及配件、工程物资等商品。① 随着吉隆口岸作为西藏面向南亚开放的重要通道地位的日渐凸显，吉隆建设边境经济合作区，有利于加大自身优势产品的开发力度，进一步优化口岸商品结构。

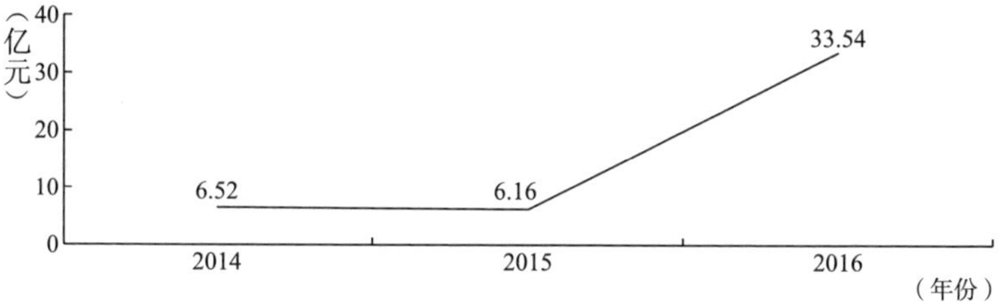

图 3-1-4 2014~2016 年吉隆口岸进出口贸易总额

1.3 政策环境分析

国家和自治区的各项方针政策都为建设吉隆边境经济合作区提供了叠加的政策优势。作为西藏自治区的国家一类口岸，吉隆口岸同时享有西部大开发政策、民族地区政策、边境地区政策和国家援藏政策等多重优惠政策，而且还在财政、税收、金融、人才、教育、电信等方面享有国家给予的特殊政策。特别是历次中央西藏工作会议的召开，党中央都会根据西藏面临的实际，对西藏的发展有新的定位，都会给予西藏多项优惠政策。其中在援藏、财税等方面的优惠政策是吸引内地来藏投资的重要因素。

2015 年第六次西藏工作座谈会提出，"要把西藏打造成为我国面向南亚开放的重要通道"，"加快构建综合交通运输体系，尽早实现所有县城通油路、具备条件的乡镇和行政村通硬化路，支持重大水利工程建设"，这些意见对完善吉隆的综合交通运输条件、加强能源建设及水资

① 吉隆县实地调研资料。

源的利用和保护、加快提升信息化水平、提升吉隆边境经济合作区的整体发展水平，具有明显的推动作用。特别是青藏铁路、拉日铁路及即将开通的日喀则—吉隆的铁路，都大大推动了对外开放区位优势的进一步显现，吉隆将成为中国与南亚国家之间的通商要道。

同时，从边境地区政策看，国家鼓励和引导国内外资金投向民族自治地方，扶持民族自治地方发展对外经济贸易，例如，加大对边境贸易发展的财政支出力度，提高边境地区边民互市进口免税额度等。除此以外，还有众多加快沿边开放、推进经贸发展、改善贸易条件的政策，这些都将为吉隆边境经济合作区的建设提供充沛的政策环境。西藏将加快建设面向南亚开放的重要通道，融入“一带一路”倡议，推动环喜马拉雅经济合作带建设，构建对内对外开放型经济新格局。

1.4 社会环境分析

“十二五”期间，吉隆县的社会保障体系基本完善，保障水平有大幅度提高，例如，生活补助从2010年每人每年2200元提高到2015年每人每年4400元，吉隆县农牧民人均免费医疗经费为420元，城乡居民养老金月人均为140元，农村医保补助标准为2350元。教育事业稳步发展，教育结构更加合理，全县共有各级各类学校11所，其中初级中学1所（包括职业教育实训基地），县完小1所，乡（镇）完小5所，村教学点1个，幼儿园3所，中小学入学率和巩固率分别为99.59%和100%，城镇和农牧区学前两年毛入园率分别为77.04%、58.82%。医疗卫生条件相比过去改善明显，医疗卫生事业快速发展，硬件、软件建设全面提升，基本上能够满足当地居民的需求。就业环境逐步改善，在“十二五”期间，吉隆县加大对藏式木碗加工、竹艺品编织、藏毛毯编织、木工技术、石材加工等十三大类就业技能的培训，共投入120万元，培训农牧民群众856人次，实现农牧区劳动力转移就业8650人次，收入2378.2万元；共开展技能培训1374人次，新增就业715人，城镇登记失业率控制在2.1%~3.6%，劳务输出37181人次，实现劳务收入7212.45

万元，劳动就业各项业务数据录入及时准确，录入率达100%。①

总之，吉隆边境经济合作区的建设发展，将对吉隆口岸所在县、市乃至西藏自治区的社会经济发展起到强有力的促进作用，其中对增加就业、维护社会稳定、改善居民生活质量等方面起到较大的推动作用。

第2章 “一带一路”对建设吉隆边境经济合作区的机遇与挑战分析

西藏自治区位于祖国的西南边陲，是一个地域辽阔、资源丰富的区域。北面与新疆、青海相邻，东面与云南、四川相邻，西南部与不丹、印度、缅甸、尼泊尔等国家接壤，边境线长4000多千米。西藏拥有五个边境陆路口岸和一个航空口岸。吉隆口岸位于我国西藏自治区西南边境，日喀则地区吉隆县南部，与尼泊尔接壤，是连接中尼两国主要城市的重要通道，边境线长162千米。从地理位置上看，吉隆口岸距离尼泊尔首都加德满都仅132千米，与博卡拉、东郎等尼泊尔经济较发达县市距离都比较近。从对内交往看，吉隆县城距离吉隆口岸23千米，距离日喀则市560千米，距离拉萨市830千米。日喀则至吉隆铁路纳入规划和设计将是西藏有效地建设“一带一路”的重要内容和重点项目，将极大地改善西藏“一带一路”建设的交通环境，使吉隆县同国内外的经贸联系更加密切，进一步地推动吉隆口岸具备成为中尼乃至南亚陆路大通道和建设中尼边境经济合作区的天然优势和有利条件。“一带一路”构想的提出，从交通、经贸、旅游、物流等方面都将给吉隆口岸带来跨越式发展，也为吉隆边境经济合作区的建设提供前所未有的发展机遇。同时，吉隆也将面临一定的挑战。

① 西藏吉隆县网站，http：//www.xzcmmat.cn/P020151120391830927448/jilong_ zj/renshe.html。

2.1 发展机遇分析

2.1.1 要素禀赋升级机遇

一是资源条件。吉隆边境经济合作区自然环境优越，资源丰富，但是由于离全区的经济核心区较远，同时沿途自然环境比较恶劣，交通条件相对滞后，导致吉隆口岸丰富的自然资源、人文资源、土地资源都未得到充分发挥，效应不够显著。“一带一路”的建设是以实现互联互通为基础的。加强“一带一路”建设，能够加快沿线区域的基础设施建设，为加强同国内外的联系奠定良好基础，进而可以大大改变吉隆口岸的区位条件，优化吉隆的资源禀赋结构，提升其经济效应，有效地将资源优势转化为经济优势。

二是人力资本。吉隆边境经济合作区的建设需要大量的专业技术人才，加强教育合作是其建设中的重要内容之一。吉隆县乃至整个西藏自治区都存在劳动力受教育程度普遍偏低、技能型人力资本严重短缺等发展短板，严重制约吉隆的经济社会发展。“一带一路”倡议的实施，将进一步加强对吉隆人力资本的投资力度、加强吉隆基础教育的广度及深度、加强吉隆对专业技能的培训力度，从而提升吉隆劳动力资本的含金量，达到符合吉隆边境经济合作区人才需求的水平。

三是社会先行资本。互联互通是“一带一路”建设的重点内容，而目前吉隆边境经济合作区的基础设施建设仍然滞后。因此，借助“一带一路”将有利于改进吉隆边境经济合作区联系对内对外的“大通道”严重不足的问题，从而实现畅通。同时，也能够有效提升吉隆边境经济合作区的社会发展环境，如医疗卫生、城镇化建设等方面。

2.1.2 产业结构升级机遇

“一带一路”中的互联互通建设，一方面，在为吉隆加强同国内外贸易往来提供便捷的基础上，更加突出吉隆的要素禀赋，有力提高吉隆各类优势资源的价值，并且吸引更多的国内外企业迁入吉隆边境经济合作区，大大提高合作区的聚集效应，提高对吉隆优势资源的利用率，加强对吉隆特产自主产品的加工制造能力。另一方面，有利于加快第三产业的发展水平，特别是有利于加快边境贸易、边境或跨境旅游、物流等现代服务业的提升。同时，绿色丝绸之路的推进，将生态和经济联系得更加密切，将极大地改变过度依赖能源、资源的发展现状，实现产业结构的优化升级。

2.1.3 加快双边经贸往来

加快沿边地区对外开放脚步，是“一带一路”建设的重要内容之一。“一带一路”倡议有利于创新对外合作模式、强化国内政策扶持、促进西部沿边地区对外开放，把整个西藏从对外开放的大后方、末梢，推向了最前沿、重要节点和关键枢纽。吉隆作为中国同南亚国家发展经贸关系的重要桥梁、重要通道，通过建设吉隆边境经济合作区，可以极大地提升中国同尼泊尔等南亚国家的经贸往来。目前，吉隆口岸边境贸易发展态势良好，双边经贸合作机制也在不断地健全，尼方对于加深同中国经贸合作的意向也越来越明显。在这样的大背景下，“一带一路”中的“五通”将进一步改善吉隆边境经济合作区的对外投资环境，充分运用国内外“两个市场”和“两种资源”，为加快双边经贸发展提供了千载难逢的机会。

2.2 面临挑战分析

2.2.1 自身发展水平滞后

从20世纪80年代中期到2006年，由于受樟木口岸迅速发展的影响，吉隆口岸贸易量萎缩，口岸功能急剧下降，吉隆海关人员暂时撤出吉隆口岸，一直到2007年才开始恢复常驻。吉隆口岸重新开放后，国家和自治区先后出台了许多重点建设吉隆口岸的规划，近几年来吉隆口岸的发展十分迅速。2009 年，自治区正式提出建立吉隆跨境经济合作区，拓宽吉隆口岸的发展方式。2013 年，“一带一路”倡议的实施更是极大地改善了吉隆的发展环境，但是由于受到发展起步晚、发展水平低及“4·25”强震的影响，截至目前，吉隆口岸的发展仍比较落后，各种软件、硬件设施建设不到位，尚不能满足吉隆边境经济合作区的需求。

2.2.2 同邻省竞争压力大

“一带一路”倡议为整个西部民族地区发展带来了重要的发展机遇及挑战。通过“一带一路”倡议加快实现南亚国家陆路大通的建设是西藏首要的发展目标，但是面向南亚国家不止西藏一个通道，云南、新疆等地都与南亚国家存在经贸往来，并且这两地的边境贸易发展历程更长，取得的成绩更好。因此，如果西藏不能充分把握住“一带一路”的机遇，加快同南亚国家实现“五通”的步伐，加快两地经贸领域的合作，提高经济效益，那么，就将失去面向南亚国家的主要通道的地位。

2.2.3 国际环境复杂

“一带一路”倡议对西藏的定位是加快实现南亚陆路大通道的建设，尼泊尔作为我国的重要邻国，具有重要的安全屏障和战略依托的地位。而印度是尼泊尔最重要的经贸合作对象，它对尼泊尔的经贸合作和经济发展具有很强的渗透力和影响力。从尼泊尔现有的经贸模式看，尼泊尔的货物和服务贸易，主要是通过印度等国家来获得的。因此，尼泊尔对印度在政治、经济、文化等各个领域表现出较强的依赖性。而中印之间特殊的政治关系，使得印度在中尼发展经贸关系上影响力大，这对开发建设吉隆边境经济合作区提出了严峻挑战。

第3章　“一带一路”倡议下吉隆边境经济合作区建设现状

3.1　吉隆边境经济合作区建设现状分析

3.1.1　设施联通现状

自2011年“十二五”规划开启以来，吉隆口岸的建设与发展正式提升到倡议层面，吉隆口岸的建设力度不断加大（见图3-3-1）。2011年，吉隆固定资产投资累计达52416万元，同比增长162.1%。① 2013年“一带一路”倡议构想的提出，进一步加强了吉隆口岸的战略地位，到2016年，固定资产投资累计22亿多元，是2013年的近4倍，这些都充分说明，吉隆的基础设施互联互通情况在“一带一路”倡议实施前后发展变化巨大。

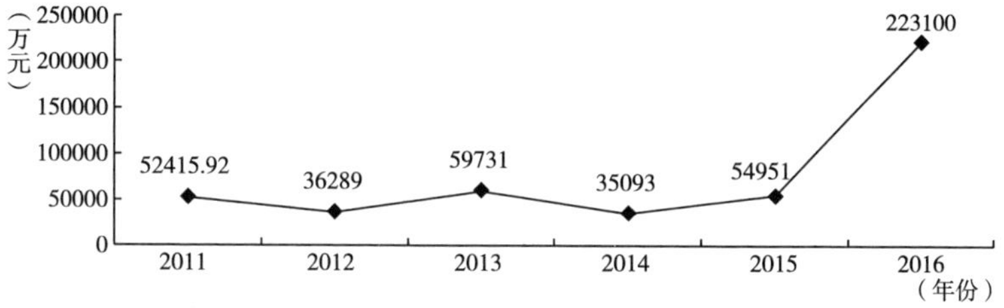

图3-3-1　2011~2016年固定资产投资累计

资料来源：据吉隆县历年政府工作报告整理所得。

3.1.1.1　道路交通建设现状

从内部条件看，吉隆镇道路基础条件较完善，建设质量较高，基本

---

① 2012年吉隆县人民政府工作报告。

上配置了路灯，进行了道路绿化，交通空间整体性较好。但是由于受到“4·25”地震的影响，口岸功能在逐步的恢复中。

从外部条件看，自治区提出的“一干线”即青藏铁路、拉日铁路已经运营通车，“三出口”中的日喀则至吉隆的铁路正在筹建当中，同时，日喀则至吉隆的高级公路也在投入建设当中。此外，为了促进与尼泊尔的经贸往来，我国援建尼泊尔的口岸公路正在稳步进行当中。在尼泊尔境内，由我国援建的从热索桥至尼方顿钦县夏布如镇15.72千米的沙拉公路已竣工。由于援尼沙拉公路的建设，热索桥至夏如公路实现简易通车，货运量大幅提升，年均货运量达到1800吨，极大地改善了吉隆口岸的出入境交通和物流运输条件。2016年4月12日，西藏和尼泊尔合作成立的喜马拉雅航空公司完成组建并投入运营，开启了西藏航空业进入国际市场的新航程。2016年12月5日，首列粤藏中南亚班列开通运营，开辟了广东西藏尼泊尔公铁联运新通道。

3.1.1.2 口岸配套设施建设现状

2007年以来，国家共投入10亿余元建设吉隆口岸相关基础设施，投入5245万元完成了口岸医院等20个公共服务和市政设施建设项目，投资3.99亿元修建了县城至热索桥全长94千米的四级油柏路①，热索村友谊桥边的联建楼于2014年10月竣工，口岸配套设施基本齐全，但后来受到2015年“4·25”强震的影响，口岸设施受到不同程度的损害。随后在“一带一路”倡议及“4·25”灾后重建工作的部署下，国家和自治区层面加大对吉隆口岸基础建设的投入力度，目前，吉隆边境口岸的配套设施如口岸一线查验区、国门、停车场等已完成建设并投入使用。

3.1.1.3 能源建设现状

吉隆镇能源结构简单，以薪炭、电力为主，缺乏必要的加气站、加

---

① 西藏吉隆县网站。

油站等设施，现有的唯一一个加气站，设施设备简陋且规模不大，供应能力有限。风能、太阳能、生物能（沼气）的开发力度也十分不充分。镇区供水是通过1处高位蓄水池由输水管向镇区供水，排水系统、污水处理系统尚未建设。吉隆镇现有的6座水电站全部能发电运行，主要向吉隆镇驻地有关单位及附近11个行政村725户、3684人提供生活用电（其中11个村庄轮流供电）。吉隆镇部分居民使用木材和畜粪做燃料，大部分居民、企事业单位及餐饮服务业等采用液化石油气作为燃料能源。吉隆县城有两家加气站，分别位于吉隆县和吉隆镇。

3.1.1.4　通信建设现状

吉隆镇现有电信局一个，其电话容量为2000户。目前全镇固定电话用户有500部，宽带用户410户，移动3G电话用户1100部，机关内网专线15部。场镇现有线路建设主要依附道路，并结合电力线铺设。帮兴区现在无任何电信设施。吉隆镇内现有1个邮政网点。总体来看，通信、网络覆盖率低，全县信息较为闭塞。

3.1.2　政策沟通现状

尼泊尔是我国的重要邻国，具有重要的安全屏障和战略依托地位。通过巩固和深化与尼的友好关系，全面推进西藏与尼泊尔的交流与合作，对配合国家外交大局、维护西藏经济社会发展和长治久安具有十分重要的意义。近些年来，西藏与尼泊尔在政治、经济、文化等方面的交流十分密切。“2014年11月20日，中尼两国政府在尼泊尔首都加德满都签署备忘录，西藏自治区人民政府将在2014~2018年之间每年捐赠资金1000万元人民币，用于教育、卫生、道路等方面的建设，扶持同西藏相邻的尼泊尔北部地区的发展。”[①] 此外，西藏文化论坛交流、中尼边境海关会晤、西藏旅游文化国际博览会等活动也加深了中国同尼政府之间的

① 中华人民共和国商务部：《中国援助尼泊尔发展临西藏边境地区》，http://www.mofcom.gov.cn/，2014年11月25日。

各种交流，促进了对尼经贸的发展。

除了传统的贸易往来之外，中尼还十分注重发展双边合作机制，从而更好地服务于两国经贸关系。尼泊尔政府曾在不同场合多次提出要求增开中尼贸易通道，尤其是通过吉隆口岸开展双边贸易和设立经济合作区。中尼民间要求开通口岸、开展贸易的呼声也越来越高。目前，两国主要的双边经贸合作机制包括中尼经贸联委会、藏尼经贸洽谈会、藏尼经贸协调会及中尼非政府合作论坛等。此外，中尼经贸展会已成为当前中尼双边贸易重要的沟通和促进的平台。包括中国南亚博览会、广交会、尼泊尔国际商贸展等在内的各类展会，不仅吸引了大批尼泊尔企业赴华参展，同时也吸引了越来越多的中国企业奔赴尼泊尔寻找商机。

3.1.3 贸易畅通现状

中尼两国政府高度重视发展双边经贸关系。近年来，中尼两国高层互访频繁，并在贸易、投资、旅游等领域达成广泛共识，双边经贸持续快速发展。如图 3-3-2 所示，中尼进出口总额从 1994 年的 4228 万美元增加到 2012 年的 20 亿美元，增长了近 50 倍。[①] 2013 年，中尼贸易额为 22.54 亿美元。2014 年，中尼双边贸易额为 23.3 亿美元，同比增长 3.38%。其中中方出口额为 22.83 亿美元，同比增长 3.28%；进口额为 0.47 亿美元，同比增长 8.5%。[②] 中国作为尼泊尔第二大贸易伙伴的地位进一步巩固，并已成为尼泊尔重要的投资来源国。

目前中尼经贸往来增长迅速，为西藏发挥地理毗邻优势，发展与尼泊尔的经贸合作提供了广阔的空间。西藏与尼泊尔的贸易具有三个主要特点。

其一，西藏与尼泊尔之间的平衡性较差。尼泊尔为多山的农业国家，旅游业是支柱产业，工业不发达。尼方市场上，中国商品占有很大份额，

---

① 中华人民共和国国家统计局编《中国统计年鉴（2012）》。

② 商务部国际贸易经济合作研究院等：《对外投资合作国别（地区）指南——尼泊尔》（2015）。

大部分为各种纺织品、电器、农产品等。因物美价廉，很适合尼泊尔人的消费水平。2016年，中方对尼泊尔出口占中尼进出口总额的96.9%，而中方从尼泊尔进口额仅占中尼贸易额的3.1%。由此也可以看出，中尼两国的经贸合作尚有较大的潜力。

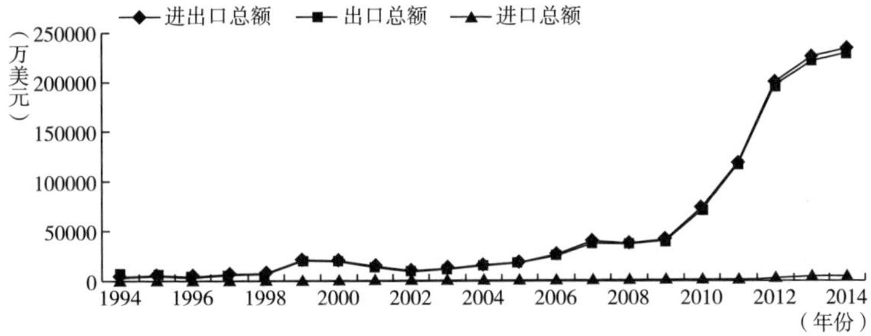

图3-3-2 1994~2014年中尼双边经贸情况统计

资料来源：据相关资料整理所得。

其二，尼泊尔是西藏与印度发展贸易的重要转口地。尼泊尔是内陆国家，与印度经济往来密切，其大部分进出口货物都要经过印度的加尔各答港中转。根据尼印贸易协定，除了某些特殊产品和特殊情况外，尼泊尔或印度的产品可以在两国间无障碍地流动，不受任何数量和许可证的限制，而相比而言，中印边境贸易受商品种类的限制较多，因此，西藏可以通过尼泊尔将商品转口至印度。

其三，中尼两国在资金、技术、管理经验等方面均具有较强的互补性。尼泊尔技术水平落后，发展经验匮乏，所以，其经济社会发展需要大量的外来资金，而中国经过改革开放近40年的发展，积累了充足的资金、较高的技术水平和丰富的发展经验。

2013年“一带一路”倡议正式提出后，吉隆口岸的战略地位得到进一步的巩固，2014年12月，吉隆口岸正式实行双边开放，边境贸易发展迅速，当年边贸总额达到6.52亿元，同比增长3.26倍。2015年，由于受到“4·25”强震的影响，边贸总额略有下降，但下降比重不大。强震造成樟木口岸被迫关闭，边贸交易转向吉隆口岸，2016年，吉隆口岸边境贸易量迅速增长，边贸额达到33.54亿元，比上年增长4.45倍左右，是2013年的将近21倍（见图3-3-3）。

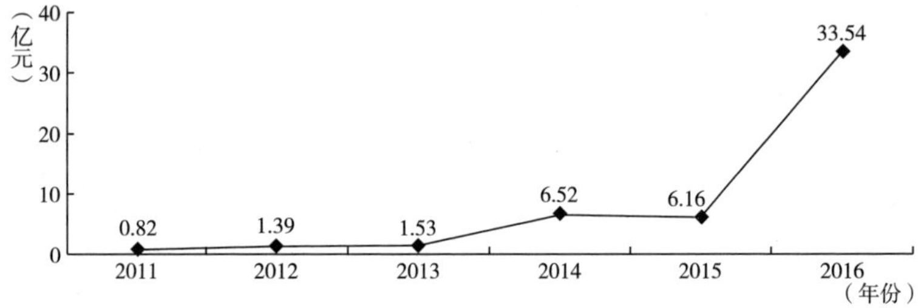

图3-3-3　2011~2016年吉隆口岸边境贸易总额

资料来源：据吉隆县历年政府工作报告整理所得。

中尼经贸洽谈会已经成为中国西藏与尼泊尔开展贸易、投资和经济技术合作的重要平台。在2013年举办的第十四届中尼经贸洽谈会上，中外参展企业共有184家，参展商品达到310种，包括牦牛肉、藏香猪、糌粑、藏白酒、虫草、5100西藏冰川矿泉水等食物和饮品，以及唐卡、藏刀、金银制品、藏香等手工艺品和卡垫、羊毛、氆氇、藏装等轻纺类产品。其间双方签订进出口贸易合同12份，合同金额达1000多万美元，签署合资合作意向3个，总金额达634万美元。2015年，第十五届中尼经贸洽谈会共签订外贸进出口合同438万美元、投资合作合同1900万美元，达成合资合作意向资金2526万美元。[①]

3.1.4　资金融通现状

目前，吉隆边境经济合作区的边境贸易结算方式主要包括三种：通过人民币结算、通过尼币结算、通过双方都认可的第三方货币结算。吉隆边境经济合作区内的金融机构主要以中国农业银行为主，在贸易融资、跨境结算和汇率避险等方面的金融服务较为缺乏。吉隆边境经济合作区的整体资金融通现状发展水平严重滞后，尚不能满足建设的需求。

① 新华网西藏频道，http://tibet.news.cn/ywjj/2015-12/07/c_134892264.htm。

3.1.5　民心相通现状

“一带一路”倡议积极推进中国与尼泊尔之间的旅游文化合作，大力发展边境和跨境旅游、文化产业，开发具有边境地域特色、民族特色的旅游项目。

如图 3-3-4 所示，2011 年，吉隆口岸旅游收入为 237 万元人民币。随着吉隆口岸的扩大开放，吉隆边贸旅游发展迅速，2014 年，边境旅游收入达到 2520 万元人民币，是 2011 年的 10.6 倍。2015 年，由于受到“4·25”强震的影响，吉隆的旅游业严重受挫，旅游收入仅为 927 万元。按照西藏自治区关于“繁荣发展第三产业，加快发展旅游业，着力打响‘世界屋脊、神奇西藏’”和“全力打造西藏旅游升级版”的部署要求，吉隆县充分结合自身区位优势、优秀的旅游资源，以及重点建设吉隆边境经济合作区的有利机遇，突出吉隆在口岸、贸易、文化等方面的历史作用，重点创新多样化、特色鲜明的旅游产品，优化旅游产业空间布局，打造精品旅游线路，实现吉隆旅游经济的跨越式发展。2016 年底，共接待游客量达到 12.73 万人次，同比增长 296.7%；实现旅游收入 5063.7 万元，同比增长 409.35%。

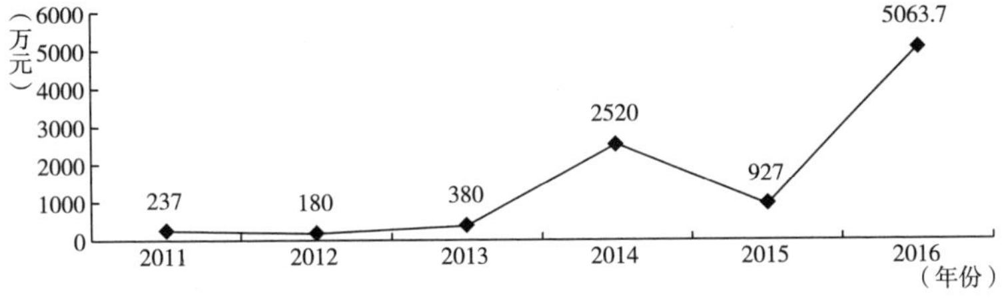

图 3-3-4　2011~2016 年吉隆口岸旅游收入总额

资料来源：据吉隆县历年政府工作报告整理所得。

3.2　边境经济合作区建设面临的问题

3.2.1　基础设施滞后

第一，吉隆城镇公用设施条件差。道路整体交通条件较差，车道较窄，无法满足大量车流量运行；能源、通信、供排水等基础设施严重缺乏；卫生服务体系和基础办学条件差。

第二，吉隆口岸配套基础设施建设滞后，口岸功能弱，仅有热索联检大楼、中尼友谊桥等口岸设施，检疫检验部门、海关机构、口岸管委会配备工作尚未完成，金融、工商、税务等基础性服务业发展严重滞后，加工贸易区、仓储物流区等关乎口岸发展的基础设施建设尚未起步，给两国交换物资、装卸货物带来极大的不便。此外，边民互市贸易点基础设施简陋，导致当前的基础设施无法满足未来边境经济合作区产业发展的需要。

第三，吉隆口岸旅游服务贸易相关的基础设施建设不足，包括对名胜古迹的维护，旅游路线的改造，旅馆、餐饮及娱乐场所建设等方面，道路交通受自然条件限制大，不利于双方经贸发展。

3.2.2 缺乏产业支撑

吉隆边境经济合作区腹地的三次产业对口岸发展的支撑作用较弱。吉隆边境经济合作区所在地的吉隆县的三次产业结构中，整体呈现出以下特点：第一、第二产业的占比不高，且发展水平较低；第三产业占比较高，但是总规模较小，发展水平滞后。

第一产业发展过程中主要存在的问题如下。第一，农牧业产业化水平低。由于农牧民受教育程度普遍偏低，知识水平不高，农牧业生产方式还比较落后。政府层面也缺少必要的规划及协调，导致农牧业产业化水平低。第二，农牧业的生产科技含量低。农畜产品的加工制造水平落后，大多数产品都只是简单加工的初级产品，产品附加值低，导致农畜产品的产品利润空间普遍偏低。

第二产业发展过程中主要存在的问题如下。第一，产业结构层次低。吉隆县第二产业中工业所占比重较轻，同时存在过度依赖自然资源的情况，对资源的加工停留在初级阶段，技术含量低，附加值低，在国内国际市场上没有竞争优势。第二，自主产品加工出口能力不足。吉隆边境经济合作区主要是以边境贸易和加工出口发展为主的区域，目前吉隆边境贸易的发展水平位居西藏自治区五个边境陆路口岸之首，但是在加工出口方面的发展仍然较为落后，出口产品一般为初级产品或从内地其他省份进口的产品，对民族手工业、藏药业等自产产品加工出口的能力十分薄弱。因此，下一步，吉隆边境经济合作区应重点扶持和发展加工出口的能力。

第三产业发展过程中主要存在的问题包括现代服务业尚未起步，尤其是金融业、物流业等生产性服务业发展水平较为落后，旅游资源开发程度低，交通基础设施落后，严重制约了旅游业的发展，此外，与口岸相关的服务业均也没有较大的发展。

3.2.3 金融发展滞后

金融机构单一，发展滞后，贸易融资、跨境结算和汇率避险等方面的金融服务较为缺乏；对边境经济合作区建设的资金扶持力度不够；同尼泊尔金融行业之间的合作力度不够。

3.2.4 人才队伍薄弱

随着边境贸易的不断发展，对高素质专业型人才的需求也越来越大。但目前吉隆县在边贸方面的人才欠缺，精通边贸管理和经营的人才极度缺乏。从事边境贸易活动的普通民众文化水平较低、技术水平落后且观念陈旧，对市场信息反应迟钝，缺乏必要的市场开拓意识和竞争意识。吉隆边境经济合作区的建设将会吸引大量的人流、物流，边境贸易的快速发展，使得相关复合型人才需求增大，当前的人力资源需求根本无法得到满足。此外，由于吉隆口岸所在地地处偏远边境，经济发展较落后，自然条件较差，人才流失的情况也比较严重。

第4章 “一带一路”倡议下吉隆边境经济合作区建设主要路径

4.1 指导思想及建设原则

4.1.1 指导思想

高举中国特色伟大旗帜，以邓小平理论与“三个代表”重要思想为指导，深入贯彻落实习近平主席“治国先治边、治边先稳藏”战略，认真领会《兴边富民行动计划（2016—2020年）》精神，以国务院出台的《国务院关于支持沿边重点地区开发开放若干政策措施的意见》和国家发展改革委、外交部、商务部发布的《推动共建丝绸之路经济带和21世纪海上丝绸之路的愿景与行动》为抓手，以创新、协调、绿色、开放、共享的发展理念统领全局，充分利用吉隆口岸与尼泊尔相邻的地缘优势，以面向南亚、向西开放为重点，以建设大口岸、发展大边贸、实施大通关、构筑大平台、提供大服务为手段，发展中尼两国的经贸合作，助推西藏顺利融入南亚经济圈、对接“一带一路”和孟中印缅经济走廊，从而构建全方位、多层次的区域开放型经济新格局。

4.1.2 建设原则

吉隆边境经济合作区的建设在恪守联合国宪章的宗旨和原则，遵守和平共处五项原则，即尊重各国主权和领土完整、互不侵犯、互不干涉内政、和平共处、平等互利，坚持开放合作、坚持和谐包容、坚持市场运作、坚持互利共赢的基础上进行。

1. 同民生改善相结合的原则

建设边境经济合作区的作用之一就是有利于实现兴边富民，改善沿边人民的生活水平。因此，在建设吉隆边境经济合作区时，应本着扩大农牧民的增收渠道的目标，在建设和发展边境经济合作区时尽可能地使用当地的人力物力，并加强对当地人民的教育培训，提高市场竞争意识，使人民能够充分利用合作区的平台，脱贫致富。

2. 同加快经济发展相协调的原则

吉隆口岸是中国与南亚之间的主要口岸之一，随着倡议开发重点的西移，发挥吉隆口岸的优势，建设吉隆边境经济合作区，不仅有利于促进吉隆县域经济的发展，同时也有利于促进西藏乃至全国的经济发展。因此，要从战略全局的高度充分认识吉隆边境经济合作区的重要性，在合作区建设过程中应处理好国家发展战略与经济发展之间的关系。

3. 同生态保护相协调的原则

没有经济发展，环境保护就无法实施；只顾经济发展，不注意环境保护，经济发展就不具有可持续性。因此，吉隆跨境经济合作区的建设要最大限度兼顾经济发展和环境保护的关系，推行有利于资源节约和环境保护的经济发展模式，促进经济增长与环境保护相协调。

4. 同产业结构升级相协调的原则

产业结构是边境经济合作区发展的重点内容，良好的产业发展态势是边境经济合作区发展的重要动力。因此，在建设吉隆边境经济合作区的过程中，应充分认识自身的优势条件，将资源优势转化成经济优势，重点发展特色主导产业，完善优化产业结构。

4.2 发展目标及功能定位

4.2.1 发展目标

吉隆边境经济合作区要在中国边境内吉隆口岸所在地规划出一定的面积，赋予其区内特殊的财政、税收、投资、贸易及其他产业配套政策，吸引国内外企业驻留，吸引人才、物流、信息流、资金流和技术流在这一区域聚集，把吉隆边境经济合作区建设成为西藏自治区规模最大，辐射全自治区乃至周边国家、开放程度最高、功能齐全的国际经济合作区，使之成为中国西部地区面向南亚、向西开放的重要通道，成为南亚陆路大通道的最重要出口之一。

4.2.2 功能定位

充分利用西部大开发战略、“一带一路”倡议，以及自治区提出的重点建设吉隆口岸、将其建设成为面向南亚国家的重要通道等一系列发展战略，充分利用吉隆的资源优势和区位优势，把吉隆边境经济合作区建设成为中尼经贸合作的窗口，以及突破印度经贸限制的跳板、西藏构建南亚经贸大通道的首要桥头堡；提升边境贸易发展水平，加强自主产品加工、出口等能力，把吉隆边境经济合作区打造成为辐射带动日喀则乃至全区扩大对外开放新的增长极；改善边境地区经济发展落后的状况，改善边民生活水平，提高边民收入，把吉隆边境经济合作区打造成为国内乃至国际知名的边境旅游目的地。

4.3 具体发展路径

“一带一路”倡议的提出为吉隆边境经济合作区的建设提供了重要机遇。吉隆边境经济合作区在建设过程中，应充分结合“一带一路”倡议中的“五通”，主要以设施联通、贸易畅通、政策沟通、资金融通与民心相通这五大领域为着手点，具体实施路径为以下几方面内容。

4.3.1 设施联通：强化基础设施，改善发展环境

基础设施互联互通建设是吉隆边境经济合作区建设的首要且中心任务之一，加快改善交通、能源、水利等基础设施的建设速度，加强薄弱环节，克服瓶颈制约，增强基础设施对吉隆边境经济合作区的支撑保障能力至关重要。

在交通设施方面，以建设口岸贸易通道为重点，构建完善的县、乡、村道路网络，提高道路等级，实现对内、对外交通便捷通畅；建设通达

各旅游景区的旅游专线，改善旅游交通条件；有计划地建设口岸停车场、客运中心等，提高口岸运行效率和秩序，方便边民活动。

在口岸配套设施建设方面，提高口岸的综合服务功能，加强检疫检验部门、海关机构、口岸管委会配备工作，加快推进金融、工商、税务等基础性服务部门的建设。同时结合口岸发展情况，有计划地建设加工、仓储、物流中心。

在能源建设方面，充分利用好吉隆丰富的水力资源及太阳能资源，加快吉隆中尼水电投资和工程承包产业基地建设。

在通信建设方面，有计划地实现电话“村村通”“移动网络全覆盖”“互联网全覆盖”等工程，普及电话、互联网，增加邮政网点，建设安全、方便、迅速的信息通道。

总之，结合“一带一路”倡议中基础设施互联互通的目标要求，做好道路交通设施建设、口岸基础设施建设、旅游配套设施建设，将吉隆边境经济合作区建设成为西藏自治区乃至周边国家、开放程度最高、功能齐全的国际经济合作区，建设成现代化、立体化、全天候的国际通道，以提高口岸的通关效率，提供优质服务，增强吉隆边境经济合作区对国内外人流、物流的吸引作用。

4.3.2　贸易畅通：提升边贸水平，完善贸易结构

建设“一带一路”的核心内容就是投资和贸易合作。吉隆边境经济合作区要充分利用“一带一路”倡议平台，充分发挥吉隆的特色优势产业及优势的能源资源等，提升自主产品加工、出口的能力，建立完善的边贸物流体系，从而提高边境贸易的发展水平。

4.3.2.1　加快提升自主产品加工制造能力

利用吉隆镇得天独厚的自然生态条件优势，充分利用农林畜产品及民族特色手工业，将其进一步加工和制造，从而提高经济效益。主要通过加快培育本地企业，同时引进著名国内外企业进驻边境合作区，建设

集种植、采集、加工、研发、包装、运输、销售于一体的加工物流区，增强自主产品销售在内外贸易中的比重。

首先，在农林畜产品加工制造方面。应重点打造面向南亚的三大产业链条：一是蔬菜产业链，充分利用好吉隆镇和宗嘎镇蔬菜、瓜果生产基地，不断提升特色种植业的产业化水平；二是畜产品产业链，大力扶持藏猪、藏鸡、绒山羊等养殖项目建设，做大、做强特色养殖业；三是林下资源产业链，吉隆县拥有丰富的林下资源，积极推进对红景天、虫草、贝母、天麻等特色林下资源的开发及深加工。总之，要加快构建农林畜产品生产、加工、销售、对外贸易一体化管理体制，统一对农林畜产品加工业进行规划、指导、监督、协调、管理和服务，重点发展外向型农林畜产品加工工业。

其次，在民族特色手工业产品制造方面。应加强对民族特色手工业的扶持力度，吉隆的藏式木碗、竹艺品编制、石材加工等民族手工艺在自治区内十分有名，可以通过加强对当地民众进行技能培训，起到传承和发扬民族文化的作用。同时，还应加强同内地企业的合作，将先进的制造工艺及现代的经营理念引进来，实现民族手工业制造的跨越式发展，打造吉隆特色品牌，增强市场竞争力。

4.3.2.2 加快发展现代物流体系

吉隆边境经济合作区的建设将吸引众多的人流、物流，当前的物流体系远远无法承载。一方面，通过借鉴发达地区的发展模式，构筑现代物流体系，将物流与供应链的其他环节进行集成，包括物流渠道与商流渠道的集成、物流渠道之间的集成、物流功能的集成、物流环节与制造环节的集成等，以吉隆镇边贸市场为核心进行集中建设，服务出口加工区和日喀则、拉萨等后方加工基地，连接西部多个省市的物流节点，构成多层次的大物流体系。通过发展大物流，扩大吉隆口岸对内的辐射范围，吸引核心层和外围层地区面向南亚出口的商品经由吉隆口岸通关。另一方面，应重点扶持第三方物流的发展。放宽市场准入，引进和培育大中小型物流企业，培育一批服务水平高、国际竞争力强的跨国、跨地区、跨所有制的第三方物流企业，推动边境合作区整体物流业的发展。

4.3.2.3 加快发展边境贸易

第一，优化边境贸易商品结构。大力发展边境贸易，不断满足边民生活需要，同时，积极依托国内经济，努力优化货物贸易结构，增加贸易产品种类，提高贸易产品附加值。深化与本地特色产业发展的关联，着力扩大自主产品贸易。鼓励国内外企业在吉隆边境经济合作区内从事生活必需品、日用品及服装等轻工产品的批发、零售和经营活动，积极调整和增加边贸商品种类，提高进出口商品质量，营造互惠互利、生机勃勃的中尼两地边贸环境。

第二，拓宽边境贸易发展方式。近些年来，国家不断加强对沿边地区改革开放的重视，坚持兴边富民，对边境贸易采取灵活、宽松的政策环境，在鼓励边境小额贸易的同时进一步支持和促进边民互市贸易的发展。全力做好吉隆镇边贸市场、宗嘎边贸市场、贡当乡边贸市场等边民互市贸易点的建设，不断引导、规范有交易习惯且市场氛围浓厚的热索、夏村达当、贡当边贸点。积极改善边民互市贸易市场条件，促进各贸易市场扩大规模，更好地服务边民生产、生活的需要，形成以吉隆镇边贸市场、宗嘎边贸市场、贡当乡边贸市场三大边贸市场为骨干，以超市、专卖店、便民店等为特色的多元化、多层次的贸易销售网络。

第三，加快实现贸易平衡。在同尼泊尔的经贸发展过程中，我国长期处在经贸顺差的地位，长此以往，必将不利于中尼经贸的发展。因此，深化同邻国互惠互利的贸易关系，进一步落实对尼泊尔等最不发达国家的进口免税政策，以及部分商品98%税目零关税特惠税率等政策，扩大对粮食、水果、手工艺品等在尼泊尔具有比较优势的产品的进口，创新同尼泊尔的旅游贸易方式，改善同尼泊尔经贸顺差严重的现象。

4.3.3 政策沟通：加大政策扶持，强化政策指导

加强政策沟通是“一带一路”倡议实施的重要保障。中尼两国主要

的双边经贸合作机制包括中尼经贸联委会、藏尼经贸洽谈会、藏尼经贸协调会及中尼非政府合作论坛等，并且这些合作机制已经成为中尼双边贸易的重要沟通和促进平台，应该鼓励对现有双边合作机制的不断推行，并在此基础上进一步扩大、创新，加强两国经贸合作联系，满足发展沿边开放型经济目标的需求。

根据吉隆边境经济合作区的发展目标及功能定位，合作区当前的发展水平仍达不到标准，因此，在建设吉隆边境经济合作区时，应在财政、税收、金融、人才，以及某些具体政策如对外援助、签证政策等各个方面给予最为优惠的待遇，为吉隆边境经济合作区吸引国内外的资金、技术、人才、项目和企业创造有利的政策条件。此外，还要进一步强化政策指导，加强政策监督，确保落实到位。

4.3.4 资金融通：深入金融合作，加强金融监管

改革金融机制，畅通人民币流通渠道，具体措施包括：尽快出台《西藏边境个人跨境贸易人民币结算业务管理办法》，规定开立人民币银行结算账户及办理跨境人民币结算业务的流程及要求，制定鼓励用人民币结算的相关政策。依托中国农业银行，设立跨境贸易人民币结算服务点，促进边贸便利化。推行放宽人民币现钞出入境限额的试点工作，适度提高中国公民和外国人出入境每人每次随身携带人民币的限额，推动人民币现钞跨境流动，畅通人民币流通渠道。

4.3.5 民心相通：加强旅游合作，推进文化交流

首先，吉隆边境经济合作区应充分利用自身的区位优势和文化优势，借助“藏尼经贸洽谈会”“藏博会”“珠峰旅游文化艺术节”等平台，广泛开展文化、学术、人才、生态环境保护等方面的交流活动。

其次，发展同尼泊尔国家的边境或跨境旅游，加深两国之间的文化交流。依据吉隆自身的区位优势、旅游资源，通过结合“一带一路”建设吉隆边境经济合作区的发展机遇，突出吉隆在口岸、贸易、文化等方

面的历史作用，加快吉隆旅游基础设施建设，重点打造多样化、特色鲜明的旅游产品，打造精品旅游线路，完善旅游服务体系，将吉隆建设成为国内乃至国际独具魅力的山地度假旅游、休闲观光旅游、宗教朝圣旅游的知名边境旅游目的地。

最后，本着绿色丝路的发展原则，吉隆边境经济合作区的建设要强调绿色发展，保障生态安全。近年来，吉隆经济社会发展较快，边境经济合作区建设工业用地的明显增加，造成了一定水土面积的流失，一些植被遭到破坏。另外，合作区经济发展规模、人口规模、出口加工区发展规模的逐渐增长，也对生态环境造成了一定破坏，对区域环境质量产生不利影响。因此，在下一步吉隆边境经济合作区的建设过程中，必须提高认识，增强环保意识，争取做到合作区建设用地避开自然保护区、湿地、森林、草场，不随意侵占、破坏这些自然资源；在合作区内因地制宜地增加绿化面积；实施企业准入机制，对进入合作区内的企业进行严格把关，以低耗能、小污染、高效益的企业为重点引进对象，反之则严禁进入；调整能源结构，采用清洁能源，限制燃煤和植物燃料；加强宣传教育，提高当地居民的环境保护意识。总之，在建设吉隆边境经济合作区时，应遵循经济发展和生态保护协调的原则，尽量减少对环境的破坏。

结　语

通过建设吉隆边境经济合作区，实现区域经济一体化是吉隆口岸发展的必由之路。《西藏自治区“十三五”时期国民经济和社会发展规划纲要》《西藏自治区口岸发展总体规划》《西藏自治区“十三五”商务发展规划》《吉隆口岸中长期发展规划（2013~2030年）》等战略规划都指出，应完善吉隆口岸基础设施，推进吉隆口岸边境经济合作区建设，打造口岸经济新的增长点。尼泊尔政府在不同场合多次提出要求增开中尼贸易通道，尤其是通过吉隆口岸开展双边贸易和设立经济开发区。此外，中尼民间要求开通口岸、开展贸易的呼声也越来越高，第十五届中尼经贸洽谈会成功举办、“一带一路”倡议下环喜马拉雅经济合作带建设不断加快，等等，这些都为边境经济合作区的建设打下了坚实的基础。因此，为加快吉隆口岸经济发展步伐，不断提升口岸开发开放水平，为吉隆边境经济合作区的建设发展赢得了良好的发展环境。

当前，吉隆边境经济合作区的建设正在有序进行。随着国家和自治区不断重视加快沿边开放力度，加快推进南亚陆路大通道建设及环喜马拉雅经济合作带建设，边境合作区的建设步伐也会越来越快，这就能对加快沿边开放、促进沿边经济发展、改善沿边人民生活水平、加强沿边社会稳定起到有力的推动作用。

研究专题篇

(Research Special Papers)

“一带一路”背景下西藏建设面向南亚开放重要通道的战略选择*

图登克珠**

摘　要：文章论述了“一带一路”背景下西藏建设南亚重要通道的路径选择，同时阐明了南亚重要通道通向尼泊尔的战略重要性和战略思考。

关键词：“一带一路”　西藏　南亚　战略选择

自习近平总书记提出“一带一路”的伟大构想以来，已经在亚、非、欧、澳洲等全球范围内引起了相关国家的共鸣，一些国家纷纷表示将积极参与共建“一带一路”。西藏自治区党委、政府积极主动推进融入“一带一路”倡议工作，并提出了“融入‘一带一路’，加快建设面向南亚开放的重要通道”。本文认为印度对“一带一路”持有怀疑和反感的态度，我们需要将尼泊尔打造成为“一带一路”中国在南亚地区合作的典范，带动相关国家合作意愿，逐步建立中国与南亚倡议合作的格局。

一　西藏对接“一带一路”与建设南亚重要通道的路径选择

西藏自古以来就是丝绸之路的参与者，同时也是新时期我国面向南

---

*　本文系2015年西藏自治区教育厅高校人文社科项目“推动西藏融入‘一带一路’的战略研究”（项目编号：sk-2015-08）的阶段性成果。

**　图登克珠，四川德格人，西藏自治区人民政府参事、西藏大学科研处处长、西藏经济文化研究中心主任，教授，博士生导师，研究方向：西藏经济与区域战略研究。

亚开放的重要节点。西藏西北接丝绸之路经济带，南下经尼泊尔，过印度与“21世纪海上丝绸之路”对接。因此，对于西藏融入“一带一路”通向何方是一个重要的思考问题。本文认为，“一带一路”的核心在于实现资源在全球范围的配置，“一带一路”坚持“共商、共建、共享”的原则，是开放包容的，是沿线国家的合唱，在现有区域合作机制和倡议的基础上，推动沿线国家实现发展战略相互对接、优势互补，寻求合作最大公约数，扩大利益汇合点，打造命运共同体，实现各国共同参与、共同建设、共同分享。

（一）与印度合作的可能性分析

据世界银行最新的统计数据预测，2016年前两季度，印度经济增速明显超过中国，2016年印度经济增长速度是7.8%，2017年将达到8%。印度是最大发展中国家之一、人口大国、“一带一路”合作潜力最大的国家之一，市场巨大。自“一带一路”倡议以来，印度态度一直模糊不定，怀疑中国的共享、共赢、包容、发展的发展理念，同时提出了“季风计划”和“香料之路”的东进政策。再者，印度与中国边境问题和“西藏问题”一直是困扰两国双边发展的因素。因此，面对印度与中国同为世界上最大的发展经济体，就目前国际格局和地缘政治经济等因素来看，合作范围较为狭窄。

（二）与不丹合作的可能性分析

不丹国土面积狭小，人口基数少，市场潜力小；中不之间未建立外交关系，中国西藏与不丹之间尚未建立口岸，仅在山南洛扎、日喀则亚东等边贸点存在少量以货易货传统往来；受印度政治、经济、外交影响大，因此，在当今时代，尤其是“一带一路”倡议框架下，中国与不丹之间合作交往层次水平有限，不丹不是合理的通向方向。

（三）与缅甸合作的可能性分析

中缅边界西藏段共3个界桩，西藏察隅县与缅甸相邻，通往缅甸的主要通道有5条，从构建孟中印缅经济走廊（BCIM）来看，缅甸的态度存在不确定性，欲寻求西方关照，中缅关系未来发展存在不确定性，缅甸北部边境地区动荡，民族问题较为突出。由以上问题得出，缅甸在短期内不可能成为西藏融入“一带一路”建设南亚重要通道的首选。

（四）与尼泊尔合作的可能性分析

中国西藏与尼泊尔历史渊源深厚，宗教文化一脉相承，中尼（中国西藏—尼泊尔）经济、人力资源等互补，两国边界线长达1414千米，主要有中国西藏日喀则吉隆、樟木、日屋和普兰等口岸与尼泊尔有着密切的经贸、人文、旅游等方面的往来。尼泊尔政府对“一带一路”表态积极，愿搭中国发展的快车，努力共建“一带一路”。

从以上分析可以看出，西藏对接“一带一路”首先将路通向尼泊尔，同时尼泊尔政府愿借“一带一路”进一步加强与中国的合作，因此，我们需要将尼泊尔打造成为“一带一路”中国在南亚地区合作的典范，带动相关国家合作意愿，逐步建立中国与南亚倡议合作的格局。

二　“一带一路”与建设南亚重要通道通向尼泊尔的战略必要性

（一）中尼有着悠久的历史文化积淀

中国西藏与尼泊尔自古以来就有着悠久的历史关系。公元635年，吐蕃赞普松赞干布迎娶尺尊公主，尺尊公主通过吉隆进藏。尺尊公主进藏的道路，即吐蕃逻些（拉萨）—泥婆罗坎提普尔（尼泊尔加德满都）被学界称为“蕃尼古道”。通过这条“蕃尼古道”，吐蕃与尼泊尔之间的贸易、宗教、文化、生产技术等领域往来频繁，促进了吐蕃与尼泊尔的经济、社会发展。吐蕃时期，经过“蕃尼古道”与波斯、泥婆罗、印度等国之间有着“取制食品、珍宝等”贸易往来，可见，逻些已然成为内外贸易的中心之一。元朝时期，对外交流比较频繁，最为著名的是尼泊尔工匠阿尼哥（1244～1306）在元大都、山西等地修建佛教建筑。北京的妙应白塔寺也是由阿尼哥修建的。阿尼哥就是通过“蕃尼古道”进藏，再由“唐蕃古道”进入中原的，他是中尼友好关系的代表人物。

宗教文化一脉相承。尺尊公主进藏将尼泊尔、印度方面佛教传入，与文成公主进藏带来的汉传佛教相结合，经过几代人的发展形成了藏传佛教。“莲花生大师”经西藏吉隆入藏，以身传教，度化藏区百姓。目前，尼泊尔依然被称为佛教的发源地国家，在尼泊尔北部山区，人们说藏语，信奉藏传佛教，生活与藏族人无异。宗教文化和历史遗迹是中国西藏和尼泊尔的一大特色。尼泊尔全民信教，拥有数量众多的印度庙和佛塔，仅世界文化遗产就多达7处，首都加德满都被誉为“寺庙之城”。西藏在历史的积淀中形成了以藏传佛教为主的藏民俗文化，日光城拉萨被誉为佛教“圣城”，历史悠久的布达拉宫，成了藏传佛教信徒聚集的中心。因此，西藏在对接“一带一路”的过程中要注重宗教文化一脉相承的尼泊尔。

旅游文化相辅相成发展。中尼边境线绵延长达1414千米，地势条件的变化，造就了不同的地貌景观和植被分布。在14座世界级高山中，就有8座在尼泊尔。尼泊尔王国拥有丰富的亚热带原始丛林，四季葱绿，美不胜收，这使尼泊尔成为不同种类野生动植物的理想家园。西藏则地处青藏高原主体，地势高寒，以冰川雪域高原自然景观为主。因此，两地拥有很多高品位的世界级旅游资源。每年的11月至次年的3月是尼泊尔的旅游黄金季节，每年的4~11月则是西藏的旅游黄金季节。因此，两地也恰好在时间上和资源上形成相辅相成、互补发展的特点。

（二）口岸基础设施建设逐步完善

吉隆口岸位于日喀则地区吉隆县南部78千米处，距拉萨市830千米，离尼泊尔首都加德满都131.5千米。[①] 吉隆口岸自古以来素有中尼“商道”“官道”之称，有着悠久的边境互市贸易历史。1961年，国务院

---

① 《中尼吉隆口岸扩大开放》，http://finance.ifeng.com/a/20141202/13321176_0.shtml。

决定在吉隆设立海关，批准口岸开放，1978 年确定为国家一类陆路通商口岸。

2014 年 12 月 1 日，吉隆口岸全面开放，中国吉隆-尼泊尔热索瓦双边性口岸开通运行，这意味着吉隆口岸可以开展一般贸易、边境小额贸易及边民互市贸易，双方旅客也可经此通过。近年来，吉隆口岸基础设施逐步完善，具备了口岸城镇发展的雏形。2014 年 7 月，拉日铁路通车以来，进一步带动了日喀则及吉隆口岸的发展，据相关人士指出，中尼正在规划跨境铁路建设，于 2020 年将青藏铁路线沿拉日铁路经吉隆口岸进入尼泊尔境内，与南亚地区实现铁路互通，这意味着西藏旅游业和服务业将迎来发展良机。据西藏自治区商务厅相关人员介绍，吉隆口岸基础工作基本到位，现已完成《吉隆口岸规划》《吉隆镇总体规划》《吉隆镇土地利用总体规划》《吉隆镇地质灾害评估报告》《热索区域地质灾害评估报告》等编制和申报工作，为加快口岸建设和建设跨境经济合作区打下坚实基础。

（三）中尼政治互信，民间往来加强

中国西藏与尼泊尔关系发展良好，政府之间的交流频繁，基本形成了协商合作机制。中国西藏与尼泊尔之间已经连续举办了 14 届“中国西藏—尼泊尔经贸洽谈会”，并于 2009 年 9 月成立了藏尼经贸协调会，每年在西藏和尼泊尔轮流举行会议，该协调机构是沟通和解决藏尼经贸问题的重要磋商机制。2015 年 3 月，尼泊尔总统拉姆·巴兰·亚达夫在藏参观访问期间表示，尼方坚定支持并愿意参与“一带一路”建设，也愿意通过中国西藏旅游文化国际博览会这个平台进一步深化尼中及尼泊尔与西藏自治区的亲密合作，增进互信。尼方坚定奉行一个中国政策，决不允许任何势力在尼领土从事任何反华活动。近年来，尼泊尔与西藏自治区友好交流不断深化，高层互访频繁；同时，相信通过尼中建交 60 周年系列活动的开展，也必将为尼中友好注入强劲动力，使尼中关系焕发出新的生机活力。2015 年 11 月，印度对尼泊尔实行制裁，尼泊尔境内出现了能源危机，中国借此机会，积极主动提供 1500 吨原油援助尼泊尔，使尼泊尔顺利度过危机，双方政治互信进一步增强。

民间交往频繁。在两国政府的大力支持下，双方合作不断加强，中尼民间合作论坛自1996年开展以来，双方企业家以此为互相了解与合作的平台，民间经贸合作有序发展，日益密切。樟木镇也与尼泊尔制定了定期会晤交流机制，致力于中尼友好往来。

三 “一带一路”背景下南亚重要通道面向尼泊尔的战略思考

前文已经提到西藏融入“一带一路”倡议，首先应通向尼泊尔。笔者认为，围绕“一带一路”倡议构想的具体实施措施，西藏应该抓住历史机遇，发挥面向南亚开放的地缘优势，在“一带一路”倡议构想的推进中拓宽与尼泊尔的双边合作领域。

（一）构建高原立体交通网络，助推西藏南亚重要通道建设

“十三五”期间西藏将逐步实现“国道高等级化、农村公路网络化、边防公路通畅化”。加快高速公路、普通国省公路、农村公路、边防公路等基础设施建设，推进国道高等级化，形成互联互通的区内和进出藏高速大通道。构建高原铁路交通网，形成以拉萨为辐射核心的青藏、滇藏、川藏、新藏铁路网，延伸日喀则至吉隆（或樟木）口岸铁路建设，科学合理规划中国与尼泊尔铁路交通建设，最终打通“泛南亚铁路线”。逐步扩建拉萨贡嘎机场、林芝米林机场、日喀则机场、阿里昆莎机场，加快城镇中心区域至机场的高等高速公路建设，提升西藏区域范围内的航运能力，助推西藏面向尼泊尔等南亚国家开放的重要通道建设。

（二）加强中尼双边口岸建设，推动边境服务融合发展

2015年4月25日尼泊尔发生大地震，波及中国边境地区，樟木口岸、吉隆口岸等有不同程度的损毁，经中尼双方不断努力，吉隆口岸已于2015年11月再次开通。因此，加快樟木口岸恢复口岸功能建设，继续加强吉隆口岸通关能力建设和基础设施建设，加强“中尼跨境经济

区”建设，推动吉隆口岸建设成为“中尼自由贸易示范区”，使吉隆逐渐成为西藏面向尼泊尔等南亚国家开放的桥头堡。逐步培育外贸企业，大力扶持发展对外贸易，逐步完善“自贸区”管理体制，鼓励边民互市自由贸易，鼓励自主产品出口，积极落实西藏产品“走出去”战略，促进西藏本土产品生产与国际市场接轨，加快西藏融入“一带一路”。

（三）大力发展边境旅游，建设中尼边境旅游合作区

中国西藏和尼泊尔旅游资源丰富，发展边境旅游潜力是最大的。① 西藏自古以来，作为丝绸之路的通商要道，西藏沿线还分布着大量的丝路遗址及传说和珍贵的文化遗迹，深化了旅游内涵，增添了边境地区旅游魅力。② 重视和发展边境旅游，应是当前西藏发展旅游业的重点，也是为西藏融入“一带一路”寻找新的增长点。依托珠穆朗玛峰国家公园，探索建立“中尼国际旅游合作试验区”，将珠穆朗玛峰国家公园打造成为中尼边境上的“珠穆朗玛国际公园”，不断拓宽中尼边境旅游合作区域，划定责任旅游区。基于中尼边境地区旅游资源和文化的特殊性与互补性，积极建设中尼边境旅游合作区，协调政府间机构决策，使中尼边境区域内旅游资源和生产要素得到合理的配置，强化与尼泊尔之间旅游产品的开发，联手打造中尼边境旅游合作区。

（四）加强现代物流基地建设，提升西藏区域合作能力

现代物流业的发展对推动经济发展、促进就业有着十分显著的作用。南亚、中亚、西亚等国对于西藏和中国内地的茶叶、丝绸、陶瓷、羊毛、羊皮、酥油、香料、藏药材等产品需求量大。历史上有唐蕃古道与尼蕃古道连接，茶马古道与南亚陆路连接，西藏在历史上就是内地与印度、尼泊尔等南亚国家的商务贸易中转地。2006 年青藏铁路通车，2013 年那曲地区物流基地建成，2014 年拉日铁路通车，2014 年拉萨、日喀则成为我国首批公共物流示范基地，支持和引导国内外大型物流企业到西藏投

① 葛全胜、钟林生等主编《中国边境旅游发展报告》，科学出版社，2014，第 125 页。
② 杨苗、蒋毅：《融入“一带一路”战略构想，推动西藏跨越式发展》，《当代世界》2015 年第 1 期。

资兴业，促进西藏现代物流体系的建设。西藏必须加快区内交通网络建设，必须建设一批具有示范性和竞争力的物流工业园区，并依托日益完善的交通网络，逐步辐射青藏高原，提升西藏区域合作能力。

原载于《西藏民族大学学报》（哲学社会科学版）2017年第1期

“一带一路”背景下西藏边境旅游发展的战略选择*

徐　宁　图登克珠**

摘　要：2013年习近平总书记提出了“丝绸之路经济带”和“21世纪海上丝绸之路”，即“一带一路”。西藏自治区十届人大三次会议上提出，加快建设南亚大通道，积极对接“一带一路”和孟中印缅经济走廊，推动环喜马拉雅经济合作带建设。西藏是我国重要的西南门户，也是我国通往南亚的重要通道。因此，边境地区发展旅游业，将有效地促进西藏对接“一带一路”和孟中印缅经济走廊，推动环喜马拉雅经济合作带建设，这符合中国特色、西藏特点的发展路子，也有助于推动西藏社会经济的发展。文章通过对日喀则市和阿里地区的相关边境口岸实地调研，分析了西藏边境地区发展旅游业的机遇和优势，同时也分析了发展边境旅游拟解决的关键性问题，从宏观和微观两个层面，提出了西藏发展边境旅游的战略选择。

关键词：“一带一路”　南亚通道　边境旅游　发展战略

---

* 本文系2015年西藏自治区高等学校人文社会科学研究项目“推动西藏融入‘一带一路’战略研究”（项目号：sk2015-08）、西藏大学研究生高水平人才培养项目“一带一路背景下西藏边境旅游发展对策研究”、西藏大学西藏经济文化研究中心委托项目“一带一路背景下西藏边境旅游发展对策研究”的阶段性成果。

** 徐宁，陕西子长人，西藏大学经济与管理学院在读博士研究生，研究方向：民族地区经济政策与区域发展战略；图登克珠，四川德格人，西藏自治区人民政府参事、西藏大学科研处处长、西藏经济文化研究中心主任，教授，博士生导师，研究方向：西藏经济与区域战略研究。

一 问题的提出

随着西藏经济的迅速发展，旅游业已经成为西藏实现“中国特色、西藏特点的发展路子”的战略支柱产业之一。中央、自治区政府积极扶持西藏边境口岸发展。在国家层面，2013年9月和10月习总书记在出访中亚和东南亚时分别提出了丝绸之路经济带和21世纪海上丝绸之路，即“一带一路”[①]；2015年3月28日，国家发改委、外交部、商务部经国务院授权联合发布的《推动共建丝绸之路经济带和21世纪海上丝绸之路的愿景与行动》中指出，推进西藏与尼泊尔等国家边境贸易和旅游文化合作[②]；2015年8月24~25日，中央第六次西藏工作座谈会上李克强总理提出“建设好重要世界旅游目的地，搞活商贸流通业，加强对南亚地区的开放力度”[③]；在西藏自治区层面，2015年西藏自治区党委、政府提出加快建设南亚大通道，积极对接“一带一路”和孟中印缅经济走廊，推动环喜马拉雅经济合作带建设[④]；“十三五”期间，西藏将紧紧抓住国家建设“一带一路”和构建沿边地区开发开放“三圈三带”新格局的战略机遇，发挥西藏区位优势，全方位对内对外开放，建设面向南亚开放的重要通道，加快形成开放型经济体制。党中央、国务院和自治区党委、政府积极支持西藏旅游业的发展，高度重视西藏边境口岸的建设，积极支持边境地区社会经济发展，为西藏边境地区社会经济发展指明了方向，也为西藏边境旅游发展奠定了坚实的基础，尤其是在边贸的带动下，边境旅游成为边境地区社会经济发展的亮点。因此，边境旅游的发展已成为西藏自治区旅游业的重大课题之一。

---

① 陆静、李发鑫：《东西方交融的物流传奇》，《运输经理世界》2014年第9期，第44~45页。

② 《推动共建丝绸之路经济带和21世纪海上丝绸之路的愿景与行动》，《人民日报》2015年3月29日，第4版。

③ 《习近平在中央第六次西藏工作座谈会上强调依法治藏富民兴藏长期建藏 加快西藏全面建成小康社会步伐》，《西藏日报》2015年8月26日，第1版。

④ 洛桑江村：《西藏自治区2015年政府工作报告》。

二　西藏边境口岸基本概况及边境旅游发展的意义

（一）西藏边境地区口岸发展基本概况

西藏绵延4000多千米的边境线，目前，已有樟木口岸、吉隆口岸为国家一类陆路口岸，亚东、日屋、普兰等为季节性开放口岸，边境口岸所在地区也是我国世界顶级旅游资源的富集区。

1. 樟木口岸

樟木古称"塔觉嘎布"，藏语为"邻近的口岸"。樟木镇行政归属于西藏自治区日喀则市聂拉木县。1962年，樟木口岸经国务院批准正式对外开放，是国家一类陆路通商口岸，也是目前中国通向南亚次大陆最大的开放口岸，是国道318公路的终点，也是中国和尼泊尔经济、文化交流的主要通道。樟木镇东、南、西三面与尼泊尔接壤，距拉萨739千米，离尼泊尔首都加德满都110千米。樟木镇依托特殊口岸优势，形成了口岸边贸、藏药生产、旅游三大特色支柱产业。2014年通过樟木镇出入境的人数有124912人次，2014年1月至12月实现边民互市贸易总额达7000.71万元。旅游资源有著名的世界级高峰希夏邦马峰国家公园、樟木沟自然风景区、夏尔巴民族风情度假村、中尼公路烈士园和中尼友谊大桥等。

2. 吉隆口岸

地处西藏日喀则市西南部，与樟木口岸隔山为邻，位于喜马拉雅山中段南麓吉隆藏布下游河谷，是中尼边境贸易、旅游的主要通道之一。1972年，吉隆口岸被国务院批准为国家二类陆路口岸，曾经设有海关、商检等部门，后因樟木口岸的繁荣，吉隆口岸进出口贸易基本停止，海关、商检等部门随之撤销。1987年国务院批准吉隆为国家一类陆路口岸。2014年吉隆口岸正式全面对外开放。吉隆县境内拥有秀丽的风光和众多名胜古迹，主要寺庙有帕巴寺、查嘎寺、强真寺等。

3. 日屋口岸

日屋口岸位于定结县西南部，边境线长76千米，有6个大的通外山口，距拉萨585千米、日喀则市308千米，距中尼主要通道不达山口38

千米，尼泊尔边民到日屋口岸交易年人次达7500~8000人，交易商品达300余种。1979年日屋口岸被国务院批准为国家二类陆路通商口岸，1986年正式对外开放，同时也是中尼签订备忘录对等开放的口岸。根据2003年12月3日中尼两国政府间协议，新增日屋口岸与尼泊尔基玛塘相对应的一对边贸点。日屋口岸边境贸易一般在每年5月至10月进行交易。2014年日屋边贸市场进出口总额为1314万元，其中进口525.6万元，出口788.4万元。

4. 亚东口岸

亚东口岸位于日喀则市东南部，与印度和不丹接壤，边境线长达290千米。1984年英军侵藏强迫开通亚东为通商口岸。乃堆拉山口距亚东县城43千米，该山口至印度加尔各答550千米，仁青岗边贸市场开通以来，亚东边贸发展迅速，交易商品种类不断增多，交易额连年上升。2014年亚东口岸实现边贸总额达10025万元，同比上升15.5%。亚东旅游业发展迅速，是我国边境旅游资源的富集区，有喜马拉雅卓木景区、康布温泉、美丽多庆湖和中不边境湖泊群、孔雀狮子舞等系列自然人文景区。2014年亚东县共接待游客总量为4万人次，旅游直接收入达1000万元。2015年经中印双方领导人协商，印度香客首次经亚东口岸入关，前往阿里神山圣湖朝拜。这为亚东及西藏自治区边境旅游的发展营造了一个良好的政治环境。

5. 普兰口岸

普兰口岸位于阿里地区普兰县，1954年正式对外开放，1962年被关闭。1991年7月恢复通关，1992年被国务院批准为一类沿边开放口岸，2002年建设成了普兰国际边贸市场，2005年扩建为国际边贸市场。2014年国际边贸市场商户达350多家，从业人员达1500人，其中印度商户50多家，从业人员达100多人，尼泊尔商户300多家，从业人员达1000人。普兰口岸仅2014年实现边民互市贸易总额达9000万元，总量比2010年增长987%，贸易总量每年以两位数增长。普兰口岸边境旅游发展迅速，是我国世界级旅游资源的富集区，有神山“冈仁波齐山”和圣湖“玛旁雍错”、俗称鬼湖的“拉昂错”、纳木那尼峰、科加寺等自然人文景观。

（二）西藏边境地区发展旅游业的意义

西藏是南丝绸之路的主要通道，是我国南丝绸之路通往南亚等地的主要关口。随着亚太自贸区贸易路线的成熟发展，西藏自治区党委、政委积极对接“一带一路”和孟中印缅经济走廊，推动环喜马拉雅经济合作带建设①，西藏边境地区旅游业迎来了良好的发展势头。对于边境地区来说，开展边境跨境旅游合作还可以推动当地产业结构转型升级。因此西藏边境地区发展旅游业具有积极的现实意义。

（1）近年来，中尼、中印等边贸互市的不断发展壮大，边境贸易的突飞猛进，促进了西藏边境城镇村落经济的发展，有利于边境城镇化建设。边境地区发展旅游业，可以促进中印、中尼和中不等边境地区发展，带动边境地区社会和谐稳定，促进边境地区社会经济发展升级，加强双边和多边的睦邻友好关系。

（2）边境地区发展旅游业，有利于促进西藏对接“一带一路”和孟中印缅经济走廊，推动环喜马拉雅经济合作带建设，建设南亚大通道，有利于西藏调整对外开放战略，促进边境地区常态化管理；边境地区发展边境旅游，促进跨国旅游合作，不仅可以推动两国边境地区的经济与文化交往，进一步扩大双边商贸及人文技术服务等流通，同时可以推动当地基础设施建设，拉动边境地区经济发展。

（3）边境地区发展旅游业，可以进一步丰富西藏旅游活动内容，进一步加强西藏旅游目的地的建设，提升西藏旅游整体实力，推动西藏旅游服务体系建设，提升旅游服务水平，打造新时期西藏在国内外旅游业中新的旅游形象。

三　西藏边境旅游发展的机遇及优势

（一）基于世界旅游目的地和环喜马拉雅经济合作带建设，边境旅游具备了快速发展的动力

2010 年党中央第五次西藏工作座谈会上指出，要把西藏打造成为世

① 洛桑江村：《西藏自治区 2015 年政府工作报告》。

界旅游目的地。2015 年 1 月 19 日，西藏自治区召开十届人大三次会议提出，“2015 年我们将全力打造‘五位一体’的世界文化旅游目的地”，打造环喜马拉雅经济合作带。2015 年 8 月 24 日至 25 日，中央第六次西藏工作座谈会上李克强总理提出，“建设好重要世界旅游目的地，搞活商贸流通业，加强对南亚地区的开放力度”[①]。世界旅游目的地的建设，需要强劲的旅游业支撑，也需要政府提供战略性管理的指导。旅游目的地建设与管理是旅游业发展的基础性和战略性任务，西藏以拉萨为依托，大力推动旅游目的地体系建设，这必将对边境地区的发展带来辐射效应。同时，我国也在着力加快建设中国-南亚大通道，自治区政府也在十届人大三次会议上提出对接“一带一路”和孟中印缅经济走廊，推动环喜马拉雅经济合作带建设，促进边境贸易发展，构建对内对外开放型经济新格局。2014 年日喀则完成撤地设市工作，日喀则市将把握机遇，插上社会经济腾飞的翅膀，成为环喜马拉雅经济合作带的桥头堡城市。世界旅游目的地和环喜马拉雅经济合作带建设，为边境旅游带来了发展动力。

（二）基于边境旅游资源，边境旅游具备快速发展的潜力

西藏边境地区是我国世界顶级旅游资源的富集区，人文价值和旅游观光价值巨大，因此独特的地理区位造就了独特的旅游资源。目前拥有珠穆朗玛峰、希夏邦马峰、洛子峰等世界级高峰，冈仁波齐峰和玛旁雍错“神山圣湖”，跨国际湖泊班公湖、喜马拉雅六条沟（樟木沟、吉隆沟、嘎玛沟等）等自然景区，扎达土林-古格王朝遗址、扎什伦布寺、德庆格桑颇章、宗山抗英遗址、帕拉庄园、夏鲁寺、萨迦寺等名胜古迹，日喀则市、江孜县两个国家历史文化名城，加之西藏高原特有的民族风情，发展旅游业的条件得天独厚。边境贸易的发展与边境旅游有着千丝万缕的关系，旅游的发展必然会带动该地区的经济发展，边境旅游也会推动边境贸易。因此，西藏边境地区应该依托丰富的自然和人文旅游资

① 《习近平在中央第六次西藏工作座谈会上强调依法治藏富民兴藏长期建藏 加快西藏全面建成小康社会步伐》，《西藏日报》2015 年 8 月 26 日，第 1 版。

源优势，变旅游资源为经济效益。

（三）基于边境特殊的地理区位，边境旅游具备快速发展的独特优势

我国内地边境旅游的发展相对西藏而言，比较成熟，尤其是东北三省对俄罗斯、朝鲜边境旅游发展和西南地区对越南等国的边境旅游发展形成了体系，新疆对中亚地区的边境旅游也在近年发展起来。然而，西藏有独特的地理优势，与印度、尼泊尔、不丹等南亚国家和地区接壤，是中国通往南亚的重要门户。2014 年拉日铁路的通车进一步促进中尼及中国-南亚人流、物流、信息流、资金流等的流动，滇藏铁路、新藏铁路、川藏铁路（拉林铁路段）目前正处于规划建设中，中巴铁路线也处于规划建设中。根据规划高原铁路网正在形成，铁路线将延伸至樟木口岸、吉隆口岸、亚东口岸，进一步对接南亚，届时西藏樟木口岸、吉隆口岸等将成为名副其实的中国—南亚大通道，实现中国—南亚区域内人流、物流、信息流、资金流的自由来往。边境地区旅游业的发展，为对接中国“一带一路”和孟中印缅经济走廊奠定了基础，将为推动环喜马拉雅经济合作带注入新血液，成为中国通往南亚次大陆的核心区域。同时中国与南亚国家边境旅游发展有着深厚的历史渊源，因此，边境旅游发展具备了快速发展的独特优势。

四　西藏边境旅游拟解决的关键问题

经调研组对日喀则市和阿里地区相关边境口岸实地调研，边境地区若要发展边境旅游需要解决以下问题。

（一）着力解决口岸基础设施问题

基础设施是旅游目的地建设的主要支撑，基础设施也是一个城镇发展的基础。边境地区发展旅游业需要从以下几个方面解决基础设施问题。

1. 旅游交通运输设施

旅游交通运输是一个地区旅游发展的最重要内容，包括景区内交

通和景区所在城镇交通。目前，边境地区依托拉日铁路和日喀则机场、阿里昆莎机场，基本上实现航空、铁路和公路一体化现代交通体系。但是进入边境地区有两条可选之路，一条是乘坐拉日铁路到日喀则，次日乘坐大巴前往各口岸，经口岸（樟木）出关；一条是由拉萨直接乘坐大巴前往各口岸，再经口岸（樟木）出境。由此来看，拉萨→日喀则→口岸的交通主要以公路为主，但是由于受到自然条件的影响，某些路段（如拉萨到樟木聂拉木段）经常会出现封路的现象，严重影响了游客的旅行日程和给游客带来了身体及心理的不适。普兰县神山圣湖到札达县一路土林景观，甚是奇特，但由于噶尔县门士乡到札达县的道路相对老化，且没有合理的规划建设，使得普兰至札达一带景区更加分散。

2. 旅游接待宾馆设施

一个地区旅游接待宾馆及床位数量，是旅游目的地接待容量的关键门槛，星级旅游宾馆的数量也代表着该地区旅游业发展的程度。以樟木镇为例，樟木镇目前有 50 多家旅店（包括宾馆、酒店、招待所、客栈等），也有汉、藏、尼和西餐等餐饮，基本上能满足游客的住宿需求。但是如果到了旺季，就会出现宾馆爆满、价格抬升等问题，影响了当地旅游形象，也制约当地旅游业的发展。

3. 旅游路途中的休憩节点

拉萨或日喀则（阿里地区）到达各口岸目的地或景点之间的旅游路途较长，缺少休憩节点，包括旅游集散点。

4. 旅游夜间娱乐环境设施

夜间娱乐休闲，是游线组合中非常重要的要素，也是旅游目的地吸引力的重要方面。① 以樟木镇为例，一般到樟木口岸地区旅游主要是经樟木口岸出境到尼泊尔地区旅游，但是无论是选择拉萨→樟木，还是拉

① 彭平波：《洞庭湖湿地生态旅游现状及发展战略》，《岳阳职业技术学院学报》2011 年第 6 期，第 34~37 页。

萨→日喀则→樟木路线均需要在樟木镇过夜。因此，在樟木镇逗留期间，可以领略夏尔巴人的民俗风情等。但目前对于远离大型城市的边境口岸城镇而言，夜间游客活动的区域是非常有限的，其娱乐方式与内地或者拉萨无异，没有体现出边境地区特有的民俗风情。

5. 旅游餐饮购物环境设施

各口岸基本上具有城镇的雏形，旅游餐饮购物环境设施相对也已建立起来，但是不健全。调研组在调研过程中发现，边境口岸地区旅游餐饮与旅游购物，大多是在参与口岸城镇建设的外地人推动下形成和发展的汉式餐饮，也有一部分当地居民（如樟木和陈塘夏尔巴人）自发推动下形成和发展的民俗特色餐饮及尼泊尔和印度餐饮。政府部门有必要通过规划，引导餐饮与购物走向集约化、特色化、休憩化。[①] 在口岸地区实现商业购物街区化，进一步打造口岸景点之间集散节点休憩环境，深度挖掘口岸地区特色民俗文化，是旅游目的地从观光型走向休闲度假型最重要的步骤。[②]

6. 市政环境设施

以樟木镇为例，樟木镇已具备了城镇雏形，基本上已经形成了金融系统、通信系统、市政环境等，但还需进一步升级。樟木镇金融系统不完善，尼泊尔货币的兑换均集中在城镇居民手中，汇率相对较稳定，1 元人民币≈17 元尼币；通信系统虽有相关网店，但比较零散，规模较小，发展与人口成反比，跟不上需求；市政环境发展缓慢，基础较弱，街道较为狭窄，道路排水系统能力有限，没有统一的垃圾回收箱，垃圾处理主要是单纯地排到狭沟，灰尘蒙蒙，严重影响当地环境。在亚东口岸的仁青岗边贸市场，商户手中囤积大量的印度纸币（约有 2000 多万），由于没有合理的外汇结算机构，严重打击了当地商人的投资热情

---

① 秦合岗：《民族性旅游文化开发问题分析》，《中外企业文化》（下旬刊）2014 年第 4 期，第 122 页、124 页。

② 鲁小波、陈晓颖、马斌斌：《锦州旅游业深入发展的条件与对策分析》，《决策咨询》2015 年第 1 期，第 71~74 页、80 页。

和阻碍了边贸互市的发展。

（二）着力解决跨境旅游资源整合问题

边境地区资源丰富且分散，希夏邦马峰屹立于西藏聂拉木境内，也是唯一一座坐落在中国境内8000米以上的世界级高峰。喜马拉雅六沟，风景优美，气候宜人，边境地区民族文化（尤以夏尔巴民族为代表）在喜马拉雅山山麓独放光芒。印度、尼泊尔、不丹等国旅游资源丰富多彩，与我国境内资源及文化形成了优势互补，但是缺少跨国开发旅游资源的合作机制，缺少资源整合的有效方案，致使单打独斗，没有形成区域性资源发展力量，也不能形成强有力的区域及国际竞争力。

五 西藏边境旅游发展的战略选择

在“一带一路”背景下，西藏自治区应对南亚开放、构建南亚开放大通道，以边境旅游发展为突破口，着手确定边境旅游发展目标，制定发展策略，形成精准、高效、有限的开放战略格局，壮大西藏整体综合竞争实力。

（一）以政府为主导，扩大对外开放，制定西藏自治区边境旅游发展战略、规划

政府在边境旅游发展过程中起着主导作用，对接“一带一路”和孟中印缅经济走廊，推动环喜马拉雅经济合作带建设，以提升旅游服务水平，制定西藏自治区边境旅游发展战略、规划与监管，制定一系列有利于边境旅游发展的优惠政策，建立旅游发展服务体系，服务于边境地区社会经济发展。

第一，应该积极落实“一带一路”和孟中印缅经济走廊的优惠政策，给予西藏适当的政策倾斜，着力提升西藏自治区的开放能力，加大经济开发和开放力度，扩大对外交流，尤其是对南亚地区的交流，着力将吉隆口岸等打造成为西藏通往南亚的重要通道。

第二，自治区政府积极对接“一带一路”和孟中印缅经济走廊，建

立环喜马拉雅经济合作带，优化招商引资的环境，积极引进国内外优秀资本，规划“一带一路”和孟中印缅经济走廊在西藏的经济技术开发区域，在国家相关法律法规的指引下，制定招商引资的优惠政策，打造区域经济旅游合作圈。

第三，自治区政府应该积极组建相关专家团队，展开边境旅游发展的全面市场调研，收集第一手数据，在《西藏自治区边境管理条例》的基础上，编制《西藏自治区边境旅游发展战略规划》，积极制定边境旅游发展的相关优惠政策，加大边境旅游财政转移力度，增加政府资金投入力度，最大限度地简化旅游手续，加快边境旅游景区的基础设施建设，提高边境地区旅游对内地、邻国及其他周边国家的吸引力。

（二）以中印、中尼发展为契机，实现政府间跨境旅游合作共赢

中印、中尼双边友好发展，给西藏边境旅游发展带来了契机，尤其是建立政府间跨境旅游合作开发，积极协调国家有关部门，加大对尼泊尔震后援助的范围和力度。继续有效落实中国西藏与尼泊尔签署的旅游合作备忘录相关合作内容，将环喜马拉雅经济合作区域建设打造成为“一带一路”建设中的核心内容。

第一，基于“一带一路”和孟中印缅经济走廊的发展，积极主动争取中尼双方政府之间开展相关合作，打造新时期的中国-南亚丝绸之路西藏路线，带动双边经贸及区域社会经济的发展，实现双赢及多赢。

第二，依托珠穆朗玛峰国家公园，探索建立“中尼国际旅游合作试验区”，将珠穆朗玛峰国家公园打造成为中尼边境上的“珠穆朗玛峰国际公园”，不断拓宽中尼国际旅游合作区域。借助印度香客朝圣的契机，谋划建设冈仁波齐国际旅游合作区，通过香客朝圣给印度民众让利，以香客带动边境旅游和贸易。

第三，利用环喜马拉雅经济合作带地理优势，把吉隆镇打造成为中尼及中国-南亚贸易“自由贸易示范区”，设立“中尼跨境经济合作区”，加大对吉隆、樟木、亚东等口岸建设，加紧樟木口岸震后恢复建设工作，进一步完善吉隆口岸震后恢复功能，积极申请赋予吉隆口岸为允许第三

方人员出入的国际性口岸，恢复西藏通向南亚重要通道的昔日辉煌，以吉隆口岸为发展重点，进一步扩大中尼经贸等合作领域，带动中国-南亚区域合作联盟腾飞式发展。

原载于《西藏大学学报》（社会科学版）2016年第2期

对中国西藏与尼泊尔互联互通的思考*

徐　宁　图登克珠**

摘　要：中国西藏与尼泊尔等南亚国家接壤，是“一带一路”建设的重要区域。本文基于“政策沟通、设施联通、贸易畅通、资金融通、民心相通、文化汇通”实现中国西藏与尼泊尔互联互通，推动西藏自治区融入“一带一路”倡议，推动加快面向南亚开放重要通道建设，形成对外开放新格局，发展中国与南亚关系的关键主体、关键环节，更是关键节点。

关键词：“一带一路”　中国西藏　尼泊尔　互联互通

2013年9月7日，习近平总书记在哈萨克斯坦纳扎尔巴耶夫大学作《弘扬人民友谊，共创美好未来》的演讲中提出：“用创新的合作模式，共同建设‘丝绸之路经济带’”，首次提出“丝绸之路经济带”；2013年10月3日习近平总书记又在印度尼西亚国会上作《携手共建中国—东盟命运共同体》的演讲中提出：“中国愿同东盟国家加强海上合作，使用好中国政府设立的中国—东盟海上合作基金，发展好海洋合作伙伴关系，共同建设‘21世纪海上丝绸之路’”，首次提出了建设“21世纪海上丝绸之路”的倡议，至此形成了“一带一路”。自“一带一路”提出以来，在全球范围内取得了积极的响应，沿线沿路国家均表示积极参与

---

* 本文系2015年度西藏自治区教育厅高校人文社科项目“推动西藏融入‘一带一路’的战略研究”（项目编号：sk-2015-08）的研究报告。

** 徐宁，陕西子长人，西藏大学经济与管理学院在读博士研究生，研究方向：民族地区经济政策与区域发展战略；图登克珠，四川德格人，西藏自治区人民政府参事、西藏大学科研处处长、西藏经济文化研究中心主任，教授，博士生导师，研究方向：西藏经济与区域战略研究。

共建“一带一路”。西藏自治区党委、政府积极响应国家“一带一路”倡议，2015 年 1 月 18 日在西藏自治区第十届人民代表大会第三次会议上，西藏自治区主席洛桑江村提出：“加快建设南亚大通道，积极对接‘一带一路’和孟中印缅经济走廊，推动环喜马拉雅经济合作带建设”；2016 年 1 月 27 日在西藏自治区第十届人民代表大会第四次会议上，西藏自治区主席洛桑江村提出：紧紧围绕“一带一路”建设，“以构建包容开放合作的政策体系为突破口，以对内开放为重点，加快建设面向南亚开放的重要通道，大力发展开放型经济”；同时，在《西藏自治区“十三五”时期国民经济和社会发展规划纲要》中指出：“西藏是重要的国家安全屏障、重要的生态安全屏障、重要的战略资源储备基地、重要的高原特色农产品基地、重要的中华民族特色文化保护地、重要的世界旅游目的地、重要的‘西电东送’接续基地、面向南亚开放的重要通道。”通过政府会议和“十三五”发展规划，西藏自治区明确了发展战略定位。2014 年至今，西藏自治区政府联合国家文化部和旅游局成功举办了三届“中国西藏旅游文化国际博览会”，为建设“一带一路”，为推动西藏文化旅游“走出去”，提供了一个良好的交流平台。2014 年，中国西藏—尼泊尔经贸洽谈会升格为国家级，中国西藏与尼泊尔合作成立喜马拉雅航空公司，2016 年 9 月喜马拉雅航空公司正式运营。中国西藏深化与尼泊尔的战略合作，除经贸领域外，旅游、文化、航空等多元领域也陆续展开合作，这为中国西藏对接“一带一路”倡议奠定了良好的国际外围环境。

西藏地处中国西南边陲，自古以来通过“麝香之路”“唐蕃—蕃尼古道”“茶马古道”等参与丝绸之路的经济活动，并通过这三条道路，与南亚地区、中亚地区等域外国家进行商贸、人文、宗教等方面的交流。中国西藏与尼泊尔有着深厚的历史渊源，从“唐蕃—蕃尼古道”到青藏铁路的延伸，尼泊尔一直是我国忠实友好的合作伙伴，尼政府积极赞许并希望搭上“一带一路”的便车，实现尼泊尔经济的发展。2016 年在西藏自治区第九次党代会上吴英杰书记提出：“西藏正处于历史上最好的发展时期，全区进入了持续和稳定的新阶段，这需要我们加快改革开放的步伐，抓关键主体、关键环节、关键节点。”因此，本文将基于“政策沟通、设施联通、贸易畅通、资金融通、民心相通、文化汇通”实现中国西藏与尼泊尔互联互通，这也是西藏自治区融入“一带一路”倡议，推动加快面向南亚开放重要通道建设，形成对外开放新格局，发展中国与南亚关系的关键主体、关键环节，更是关键节点。

一　注重政策沟通，强化政府间互信

政策沟通是“一带一路”建设的重要保障。近年来，中国与尼泊尔政府间沟通不断加强，尼泊尔政府积极参与中国“一带一路”建设，寻求中国投资尼泊尔，制定了一系列互惠互利的政策。在“一个中国”和“西藏问题”上坚持中国的国家核心利益的主张，坚决反对任何形式的分裂中国的活动。中国西藏需要加强与尼泊尔经贸、旅游文化等方面的战略合作，形成比较优势互补，科学谋划中尼发展前景，共同推进“一带一路”建设。

二　加强设施联通，促进一体化建设

设施联通是“一带一路”的优先领域。2014 年中国西藏—尼泊尔经贸洽谈会升格为国家级，西藏与尼泊尔合作成立喜马拉雅航空公司，2016 年 9 月喜马拉雅航空公司正式运营。2015 年 12 月外交部部长王毅出访尼泊尔时指出，中国把 2015~2016 年对尼泊尔的官方援助提升 4 倍，达到 1.28 亿美元，2016 年将为尼提供 500 个培训名额，以帮助尼泊尔发展基础设施建设。2016 年 3 月尼泊尔前总理奥利访华，签署了中尼就基础设施互联互通的一系列合作协议，提出加快建设中尼铁路。2016 年 10 月，西藏自治区组织部区合作援助尼泊尔项目推进会在拉萨召开，研究部署部区合作框架下对尼泊尔北部地区成套、物资、技术合作等援助项目实施工作事宜，拓宽了西藏与尼泊尔经贸交流与合作，推进了我区与尼泊尔基础设施互联互通，为积极融入国家“一带一路”倡议布局创造了有利条件。在西藏自治区加快建设面向南亚开放的重要通道背景下，交通基础设施是突破口，加快规划和建设以拉萨为中心的“青藏、新藏、川藏、滇藏、中尼”高原铁路网，形成泛中国西藏—南亚铁路线的中尼段，积极推进“中尼经济走廊”建设，推动环喜马拉雅经济合作带的建设。

三 促进贸易畅通，打造经贸新高地

贸易畅通是“一带一路”建设的重点内容。中国西藏通过樟木、吉隆、日屋、普兰等口岸与尼泊尔对接，边境贸易和互市贸易繁荣发展。2013 年 7 月 1 日，中国对尼泊尔正式实施 95%产品零关税优惠政策，涵盖 7831 个税目商品。2014 年 12 月 5 日，两国签署中国对尼泊尔 97%税目产品输华零关税待遇的换文，涵盖 8030 个税目商品。根据中华人民共和国商务部统计，2014 年，中尼双边贸易额 23. 3 亿美元，同比增长 3. 38%。其中中方出口 22. 83 亿美元，同比增长 3. 28%；中方进口 0. 47 亿美元，同比增长 8. 5%。据拉萨海关统计数据显示，2014 年中国西藏对尼贸易总值超 100 亿元，占中国西藏外贸总值的 90%以上，尼泊尔自 2006 年以来连续 9 年保持中国西藏第一大贸易伙伴地位。因此，为了促进中尼在建设“一带一路”过程中实现贸易畅通，就需要加快完善中尼边境地区口岸建设，积极推动“中尼跨境经济合作区”和“中尼经济走廊”建设，发展特色的优势产业链，拓宽中尼与第三国的市场，打造中国—南亚经贸合作的新高地。

四 推动资金融通，改善中尼资金链

资金融通是“一带一路”建设的重要支撑。尼泊尔是发展中国家之一，在国家发展和参与“一带一路”建设中缺乏建设资金，在亚投行和丝路基金的建设中，尼泊尔积极支持，并成为亚投行的初始成员国。据尼方统计，2013/2014 财年（2013 年 7 月 16 日至 2014 年 7 月 15 日），中国对尼泊尔援助在尼双边援助国家中排名第四，向尼援助 4138 万美元。2013/2014 财年，中国对尼实际援助占尼接受外援总额的 4%。目前，在尼泊尔投资规模较大的中资企业有 30 余家，主要集中在水电站、航空、餐饮、宾馆、矿产、中医诊所、食品加工等行业。近年来，中资企业在尼投资增长迅速。2015年，中国成为对尼项目投资最多的国家，中国西藏对尼北部投资1500万元第一期结束，第二期将陆续启动。在抓住“一带一路”建设的机遇下，西藏应该出台符合自身的融资政策，用政府投资带动民间资本的合理撬动，依法强化西藏与尼泊尔战略合作中的金融服务环境。

五 注重民心相通，加强人文交流

民心相通是“一带一路”建设的社会根基。中国西藏与尼泊尔有着悠久的历史文化渊源，自古以来，宗教、人文等交流频繁，西藏由于独特的自然地理环境和特色的历史文化，宗教信仰一直决定着普通百姓的生活方式和生产行为。尼泊尔又是佛教的发源地，藏尼之间宗教交流历来是主要活动内容，形成了“唐蕃—蕃尼古道”的古丝绸之路的友好合作精神。中国西藏在对尼关系中，应该注重民间宗教文化交流，增强民间相互往来。推动冈底斯国际旅游合作区的建设，利用“神山圣湖”的宗教影响力，促进中尼在“一带一路”建设中的民心相通。

六 加强文化汇通，推动中尼往来

文化汇通是“一带一路”建设的软实力。在“一带一路”背景下，中国西藏融入“一带一路”，推动与尼泊尔的融会贯通需要注入文化的元素，文化汇通正以一种无形的软力量，助推“一带一路”建设。中国西藏与尼泊尔需要继续合力发扬历史友谊，挖掘、抢救、保护蕃尼古道的历史文化遗存，推动中尼思想交流、文化汇通，形成中尼共同建设“一带一路”的文化共同体共识。

总之，中国西藏自古以来就是“一带一路”的参与者，在加快建设面向南亚开放的重要通道战略背景下，应深化与尼泊尔的“互联互通”，形成中尼共建、共享“一带一路”互利共赢的局面。

原载于《新西藏》2017年第4期

"一带一路"背景下中国西藏与尼泊尔金融合作研究

——基于跨境人民币业务视角

达瓦萨珍　王发莉　才央卓玛*

摘　要： 本文基于跨境人民币业务视角，分析研究了"一带一路"背景下中国西藏与尼泊尔边境贸易发展情况，以及金融合作的现状及存在问题，并针对推进中国西藏与尼泊尔金融合作、加大人民币跨境使用等方面提出了对策建议。本文认为，由于特殊的地域环境和边贸条件制约，跨境人民币业务还有巨大的拓展空间，加强与尼泊尔金融合作，还需从金融机构设置以及完善基础设施等各方面推进。

关键词： "一带一路"　金融合作　跨境人民币业务　中国西藏

一　文献综述

国外关于国际金融合作理论探讨是以具体的国际货币合作为重点研究对象，主要基于以下三种理论研究。一是基于最优货币区的国际货币合作理论。最优货币区，是指在此区域内，"一般的支付手段或是一种单一的共同货币，或是几种货币，这几种货币之间具有无限的可兑换性。

---

* 达瓦萨珍，藏族，西藏拉萨人，西藏大学经济与管理学院博士研究生，主要研究方向：中国少数民族经济、西藏金融；王发莉，汉族，甘肃兰州人，西藏大学经济与管理学院硕士研究生，主要研究方向：民族地区政府经济与管理；才央卓玛，藏族，四川理塘人，西藏大学经济与管理学院硕士研究生，主要研究方向：行政管理。

其汇率在进行经常交易和资本交易时互相钉住保持不变，但是区域内国家与区域以外的国家之间的汇率保持浮动”①。该理论最早由蒙代尔在《最优货币区》一书中提出，被认为是最能解释国际货币合作的理论。对该理论观点进行过相关研究的有麦金农，他在《最佳货币区》中认为应以经济开放度作为最优货币区的标准。另外，凯南和英格拉姆、托尔和威利特、Gavazzi 和 Giovannini、Bayoumi 等提出，以国际金融高度一体化作为最适度货币区的标准。二是基于相互依赖论的国际金融合作理论。对相互依赖关系进行系统的理论研究始于 20 世纪 60 年代，由其代表人物美国经济学家理查德·库珀在《相互依存经济学——大西洋社会的经济政策》中提出，他指出所谓的相互依赖性是指为了实现一定的经济目标，各国必须采取相互一致的政策的程度。如果相互依赖性高，就需要国际上有高程度的政策协调，反之，可实施一般性的协调。在 20 世纪 70 年代相互依赖理论获得了较大发展，标志是美国学者罗伯特·基欧汉和约瑟夫·奈合著的《权力与相互依赖》。他们提出了复合相互依赖理论，因为他们认为，现实主义的“理想模式”理论已不能完全分析清楚日益相互依赖的国际政治，而“复合相互依赖”模式要比现实主义的解释更接近现实。三是基于外溢效应的国际货币合作理论。经济政策的外溢效应是经济相互依赖的必然结果。所谓外溢效应是指一国的货币、财政政策和资本市场的波动能对国际资本市场或其他国家的经济政策和资本市场产生某种影响，反之国际资本市场或其他国家的经济政策和资本市场的波动也能对一国的货币、财政政策和资本市场产生影响。

“一带一路”实质上是跨越边境的次区域合作，是基于跨境次区域合作理论，结合当前国内外环境变化提出的最新实践。跨境次区域合作的研究始于 20 世纪八九十年代，其理论直接来源是地缘区位理论。目前国内外部分学者对此理论介绍评述如下：Edgar Malone Hoover 认为跨境次区域合作以区位作为核心单位，以边境区域的区位特性重构区域空间

① 王海蕴：《“一带一路”打造对外开放新格局》，《财经界》2014 年第 12 期。

系统和经济结构，通过挖掘边境区位优势并以此带动跨境经济合作，达到共同发展的目标，跨境次区域合作中，金融合作是各国谋求经济发展合作的前提条件和重要组成部分；李娅通过分析后金融危机背景下金砖国家金融合作现状，指出稳定和健康的金融合作体系会对实体经济产生显著的促进作用；徐义国研究得出金融贡献机制的优化和协同是区域经济金融化和体系化的重要前提；厉无畏认为如何利用金融合作与创新为丝绸之路经济带的建设提供资金是我国深化国际金融合作面临的首要问题，并从建设区域金融中心、设立自贸区、发展互联网金融和推动金融产品合作创新四个方面指明未来发展路径；杨久源在分析了欧洲、拉美、东亚区域金融合作实践成果的基础上，指出构建国际金融合作体系在减少区域金融风险、防止金融问题累积以破坏宏观经济效率等方面具有不可替代的作用。上述研究成果为中国西藏与尼泊尔金融合作研究提供了有益借鉴，同时，由于中国西藏与尼泊尔特殊的地域环境和边贸条件制约，跨境人民币业务还有巨大的拓展空间。因此，本文试图通过分析“一带一路”背景下中国西藏与尼泊尔边境贸易发展，以及金融合作的现状、存在问题，指出推进中国西藏与尼泊尔金融合作，对加大人民币跨境使用具有重要的促进意义。

二　西藏的边境贸易状况

中国西藏与尼泊尔、印度等国及克什米尔地区接壤，有长达4000多千米的边境线，是中国通往南亚的重要通道。近年来，西藏自治区坚持以口岸为依托，大力推进口岸基础设施建设，改善口岸通关条件，积极扩大沿边开放。大力建设和活跃传统边贸市场，积极推进边境贸易发展，西藏边境贸易主要呈现以下特点。

（一）西藏边境贸易在整个西藏对外贸易中占有十分重要的份额

随着近几年口岸建设的不断推进，其增长势头日益强劲。近十几年来，边境贸易在西藏对外贸易中一直占据非常重要的位置，边境贸易总额占对外贸易总额年平均比重达60.21%，而中国西藏与尼泊尔的边境贸易占西藏边贸总额 99%以上。不同于一般贸易波动时的增长趋势，从图 1 可以看出，除 2009 年因特殊原因同比有所下降外，西藏边境贸易一直保持着平稳快速增长趋势。

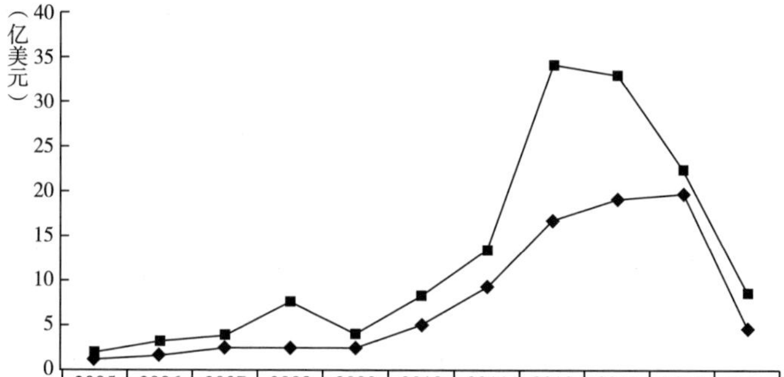

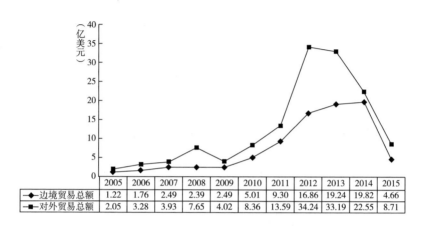

	2005	2006	2007	2008	2009	2010	2011	2012	2013	2014	2015
—◆—边境贸易总额	1.22	1.76	2.49	2.39	2.49	5.01	9.30	16.86	19.24	19.82	4.66
—■—对外贸易总额	2.05	3.28	3.93	7.65	4.02	8.36	13.59	34.24	33.19	22.55	8.71

图 1　近十年西藏对外贸易及边境贸易发展趋势

数据来源：中华人民共和国拉萨海关提供，笔者整理。

（二）边境贸易中出口占比较高，长期保持高额顺差态势

尼泊尔作为西藏边境贸易主要对象，与中方贸易互补性不强，使得西藏边境贸易长期处于高额顺差态势。近十年来，西藏边境贸易进口年均总额仅为 0.064 亿美元，在 2014 年突破的最高峰值也仅为 0.17 亿美元；边境贸易出口年均总额则达到 4.47 亿美元，出口在边境贸易中的年均占比高达 94.11%。长期以来，受尼泊尔经济发展及西藏自身经济发展所限，西藏边境贸易商品结构单一，以低附加值商品为主。主要出口商品为羊毛、服装、布匹、大蒜等农产品，以及电子通信工具和其他各类生活用品。主要进口商品为手表、植物油、大米、酥油、化妆品及铜器等民族工艺品。

（三）边境小额出口贸易的开展以代理方式为主

西藏边境小额出口贸易的现状是西藏自产产品相对较少，产品构成主要为内地省份生产的日用百货品等，而出口方式主要是进行代理出口。

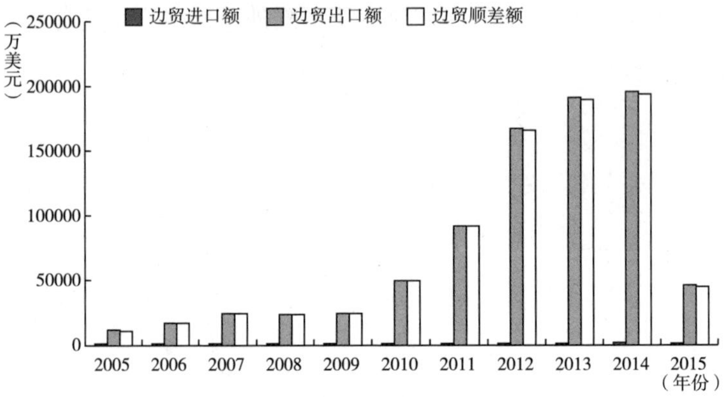

图 2　近十年边境贸易进口、出口及顺差趋势图

数据来源：中华人民共和国拉萨海关提供，笔者整理。

代理出口流程是：尼泊尔商人自行到中国内地省区组织货源，并与内地企业进行货款交割，而货物则由西藏代理企业通过口岸代理报关出口，西藏代理企业只从中收取相关代理服务费用。

（四）中尼两国商业银行不断加强合作，边境小额贸易结算方式以人民币结算为主

十几年前，在樟木口岸只有 1 家尼泊尔商业银行开立了人民币结算账户。而目前，已有 4 家尼泊尔商业银行在西藏地区口岸中行、农行两家银行开立了 4 个人民币同业往来账户，而开立 NRA① 账户的尼泊尔商户达到 28 家。西藏边境小额贸易结算方式包括银行结算及现钞结算，“4 · 25” 地震前以银行结算为主，占比为 80%左右，而 “4 · 25” 地震后至今以现钞结算为主。现钞结算方式则是尼泊尔商人直接支付给中方商人美元或尼泊尔卢比②现钞，或者将尼泊尔卢比或美元现钞通过 “背包商” 等进行兑换后，支付给中方商人人民币现钞。

---

① NRA 账户指境外机构在中国境内银行业金融机构开立的人民币银行结算账户。

② 尼泊尔卢比，代号是 NPR，是尼泊尔的货币单位。

（五）以展会为平台的贸易促进和经贸交流扎实有效

中国西藏—尼泊尔经贸洽谈会于1985年首次举办，并由中尼双方轮流每两年各举办一届，是中国西藏与尼泊尔之间最重要的经贸交往活动之一，目前为止，已经在拉萨市、日喀则市和尼泊尔的加德满都先后成功举办了15届。中国西藏旅游文化国际博览会于2014年首次举办，每年一届，截至目前，已经在拉萨市成功举办了三届。作为西藏加强与南亚各国边贸建设，以及与世界各国经贸交流的重要举措，西藏各家金融机构和外贸企业充分利用经贸洽谈会和藏博会这两个平台，采取多种方式开展跨境人民币业务宣传。以展会为平台的经贸交流机制，极大地促进了双边经济贸易往来关系，拓宽了贸易领域，为双方经济发展和市场繁荣起到了积极的作用。

三　中国西藏与尼泊尔金融合作现状

受国际政治环境的影响，中国西藏主要同尼泊尔王国进行贸易往来，金融合作领域也主要涉及对尼泊尔的跨境合作。随着中国西藏与尼泊尔的贸易往来越来越密切，人民币在跨境贸易结算中居主导地位，并呈现出强劲的发展势头。自2010年6月西藏自治区成为跨境人民币结算试点省份以来，西藏对尼泊尔跨境人民币结算量为333.67亿元，占全国对尼业务量的97.03%。为全面了解边境贸易主要贸易往来国家尼泊尔对跨境人民币结算的意愿，中国人民银行拉萨中心支行于2016年11月2~6日出访尼泊尔，顺利完成了首次直接与尼泊尔央行间的金融交流与合作工作。分别与尼泊尔央行两位副行长施巴先生（Mr. Shiba Raj Shrestha）和辛塔先生（Mr. Chinta Mani Siwakoti）在正式议题讨论前进行了简要的非正式会谈，并与尼泊尔央行外汇管理、统计调研、银行与金融监管机构等相关部门，以及尼泊尔金融情报中心（FIU）有关人员围绕尼泊尔外汇管理政策制度及人民币在尼流通和兑换情况，推进西藏与尼泊尔双边金融开放的途径与方式，中尼双边反洗钱与反恐怖融资信息共享可行性及方式，建立中尼央行分支机构交流合作常态化机制，以及了解尼方在经贸、金融方面的合作意向与需求等内容进行了探讨，并取得了一定成果。

2002 年 6 月 17 日，中国和尼泊尔两国央行签署了《中国人民银行和尼泊尔银行双边结算与合作协议》。2014 年 12 月 23 日，中尼两国央行签署了《中国人民银行和尼泊尔国家银行双边结算与合作协议补充协议》（以下简称《补充协议》），同时中国反洗钱监测分析中心与尼泊尔金融信息中心签署了《关于反洗钱和反恐怖融资金融情报交流合作谅解备忘录》。《补充协议》将中尼两国人民币结算范围从“边境贸易”扩大到了“一般贸易”，并将尼泊尔商业银行在中国商业银行开立人民币账户的范围从“在中国樟木的商业银行”扩大到“在中国设立的符合条件的商业银行”，有效促进了中尼两国间跨境人民币业务和经济贸易的发展。上述一系列国际金融合作文件的签署，为中尼双方金融机构跨境合作的开展提供了重要的基础和平台。

（一）中尼边境金融机构设置

日益蓬勃的边境贸易的发展给金融的发展带来了机遇。为促进中尼双方经贸发展，中尼双方都在口岸两边设立了金融机构。“4·25”地震之前，中国在樟木口岸的樟木镇设立了三家金融机构，尼泊尔在对面桥头设立了四家金融机构。在尼泊尔“4·25”地震中，樟木口岸由于受损严重被迫关闭，吉隆口岸的边境贸易地位再次凸显。中国农业银行目前已在吉隆口岸成立分支机构，吉隆口岸农行基础设施及人员配备齐全，业务开展良好；中国银行吉隆支行正加快建设，预计 2017 年 7 月开业，目前，中行在口岸一线地区设立了流动服务车。而吉隆口岸对面的尼泊尔博卡拉目前有一家尼央行分支机构。

（二）中尼边境金融机构开展跨境人民币业务

就提供跨境人民币结算服务而言，目前，主要由农行吉隆口岸支行提供货物贸易人民币结算业务。从提供小币种现钞兑换业务情况来看：中行于 2015 年 4 月中旬开办了人民币兑尼泊尔卢比现钞兑换业务，截至 2016 年 10 月末，中行西藏分行累计兑换 4145.37 万尼泊尔卢比。就账户开立情况而言，中行、农行无法开立尼币账户。而尼泊尔商业银行明确表示无法开立人民币账户，也不提供人民币兑换服务。但据出访了解，对方银行是能够提供人民币兑换尼币服务的，但其国内严苛的外汇管理制度及相对混乱的金融市场，使其人民币业务只能停留在暗箱操作的层面上。人民币在尼泊尔境内是大受欢迎的，很多商家愿意收取游客的人民币，甚至其口岸移民局在办理签证业务时，也收取人民币。也就是说，人民币在尼泊尔境内大量存在，但其银行却不能明确人民币业务的位置。

（三）中尼边境金融机构间的合作开展

中国银行西藏分行于2002年先后与尼泊尔加德满都银行和尼泊尔孟加拉银行签订了合作协议。协议规定尼泊尔银行可以在口岸中行开立美元和人民币账户。[①] 主要结算形式是，尼泊尔出口商在西藏地区口岸银行开立人民币边境贸易结算专用账户，依据进口报关单等凭据，最终将货款入账至尼泊尔银行在中方银行开立的人民币同业往来账户；尼泊尔进口商将尼泊尔卢比存入尼泊尔的银行，尼泊尔的银行按照挂牌汇率将其兑换成相应金额的美元但仍留存在银行，而向客户开出相应金额的美元支票，由客户将支票支付给出口商，或由客户到中行结汇后支付给出口商。该支票是由中行印制后交由尼方银行，尼方银行开出后持票人持票兑付，类似于银行承兑汇票，但又不尽相同。农行西藏分行则分别于2013年与尼泊尔全球银行（IME）、2015年与尼泊尔JANATA银行签订了合作协议，其结算流程与中行大致相同。

四　中国西藏与尼泊尔金融合作中存在的问题

（一）尼币币值不稳定限制了双方银行合作的积极性

目前，人民币同尼币的汇率机制尚未形成，双方的汇率计算需要通过美元作为中介，受美元影响极大。加之尼泊尔国内通货膨胀严重，尼

① 《中国和尼泊尔两国央行签署双边结算与合作协议》，新华网，http：//www.mofcom.gov.cn/article/resume/n/200207/20020700024113.shtml.2002-06-07。

币贬值迅速。从图 3 可以看出，自 2007 年以来，尼泊尔全国消费物价指数年增长率最高达到 12.6%，通货膨胀严重。2016 年，尼泊尔 CPI 指数同比增长 9.9%。这些情况严重影响了中尼双方银行进行合作的积极性。

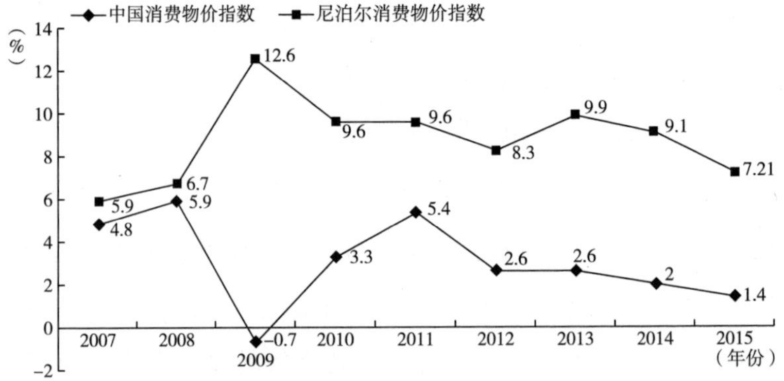

图 3　2007~2015 年中尼两国 CPI 指数趋势图

数据来源：国际货币基金组织官网，http：//www. imf. org/external/。

（二）尼泊尔严格的金融管理政策制约了中尼双方银行的跨境合作

根据尼泊尔相关法律，在尼泊尔境内银行仅能开设美元、英镑等 11 种外币账户，且其外币现金存入银行需收取 1%的手续费。尼泊尔境内无法开立人民币账户，使得尼泊尔商家收到的人民币现金无法进入金融体系流转，只能通过地下渠道回流中国。由于尼泊尔金融监管不够规范，以及相关结算规则并不完善，尼方银行因惧于尼泊尔监管当局对其进行不当处罚，而不能明确开展相关人民币业务，导致了尼泊尔企业、个人缺乏合法渠道办理人民币相关业务。因此，在尼泊尔大量存在的人民币现金也无法进入金融体系通过银行进行结算流通。目前，在尼泊尔境内已经有多处人民币兑换点，同时，在各家商业银行、大商场和星级酒店都能兑换人民币，但目前只能允许中国公民在尼泊尔兑换和使用人民币，人民币主要来源于对中国的出口贸易、中国留学生及中国游客三个渠道。人民币现金存量较小，如孟加拉商业银行人民币现金年均收入只有 100 万元左右。

（三）背包商等地下渠道结算使大量资金游离于金融体系之外，严重挤压了双方金融机构的合作空间

“4·25”尼泊尔特大地震发生后，吉隆口岸的边境贸易及跨境人民币结算主要通过现金结算。现金结算方式有三种。一是尼商进入中方境内采购货物，在确定需付货款金额后，电话通知尼境内的伙伴将资金交予尼境内“背包商”，尼境内“背包商”将收到款项的信息发给口岸“背包商”，口岸“背包商”再将相同金额的货款交予中方境内的尼商，尼商再将需付的资金交予货主和中方出口企业。二是中方企业垫付货款及其他费用，并在货物出口后，将相关单据通过微信发给尼方商人，尼方商人将货款交予尼境内“背包商”，尼境内“背包商”将收到款项的信息发给口岸“背包商”，口岸“背包商”再将相同金额的货款交予中方企业。三是尼泊尔境内尼商分批从尼泊尔境内携带卢比现钞，入境后将卢比集中与口岸“背包商”兑换人民币，并将人民币支付给中方出口企业。此种结算中真正货款结算很少发生，大部分结算资金是代理报关费、装卸费和运输费等。根据系统数据和调查结果显示，现金结算中的第一种方式正逐渐成为目前西藏边境贸易的主要结算方式，银行结算功能反而逐渐弱化。

（四）人民币同尼泊尔卢比的汇率机制尚未形成，尼泊尔卢比清算渠道有限

当前尚未形成人民币同尼泊尔卢比的汇率形算成机制，主要是将美元作为交叉货币计算人民币同尼泊尔卢比之间的汇率水平，这种汇率计算方法使得人民币同尼泊尔卢比的汇率不能真实地反映市场上两种货币的真实供求变化，同时美元的波动又影响到人民币同尼泊尔卢比的真实汇率，不利于人民币国际货币职能的发挥。中国银行开办人民币与尼泊尔卢比现钞兑换业务以来，尼泊尔卢比现钞涉及大量的押运、保管和手续费成本，对中行西藏分行库存现钞清算造成了一定的压力。由于本地市场对尼泊尔卢比的需求很小，中行西藏分行只能通过中国银行四川分

行、广东分行逐级运送，最终运输至香港进行清算。据中国银行总行从香港了解的情况看，由于尼泊尔卢比现钞市场需求较小，在香港交易时，仅接收2008年版、2014年版面额500元和1000元尼泊尔卢比，并以交易当日牌价为准，手续费为12%~15%，以美元结算（且限制尼泊尔卢比每次交易额仅为等值40000美元）。

（五）相关配套设施滞后，配套政策尚不完善

首先，“4·25”尼泊尔地震使樟木、吉隆口岸受灾严重，口岸重建工作任重道远。而其他两个口岸道路等级低，基础设施简陋，货物的仓储、交接等都极为不便，加之通关时间短，业务主要停留在小额边贸互市阶段。二是由于人民币现钞出入限额较低，影响了人民币在边境贸易中的支付职能。目前规定人民币现钞出入境携带的限额为每人每次2万元，这个限额规定与中尼贸易的实际需求量不匹配。与此同时，目前的人民币现钞跨境调运业务费用较高、手续繁杂，严重影响了商业银行办理相关业务的主动性。三是尼泊尔高额的进口关税严重阻碍了人民币“走出去”的步伐。按照中国西藏向尼泊尔出口商品进行分类，主要出口产品是关税为25%左右的轻纺产品、家电类产品等。由于高额的关税削减了尼泊尔进口商的利润，因此为了规避关税，尼泊尔进口商采取的对策是，只对进口商品总价的10%进行正常申报，剩余货款以美元或尼泊尔卢比等货币形式通过地下渠道流入中国。这种做法不仅导致了西藏自治区边境贸易资金流和货物流严重不匹配现象，也造成跨境贸易人民币结算融通渠道不畅。

五　推进与尼泊尔金融合作，加大人民币跨境使用的措施及建议

（一）在人民银行层面上，当好两国金融机构的“媒人”，加强中尼金融监管协作，促成两国金融机构深度合作

一是放宽人民币流出入限制，特别是对于边境贸易、一般贸易银行结算渠道不畅的边境地区，建议出台适合边境贸易、一般贸易发展的人

民币出入境管理办法或改携带人民币出境限额管理为申报管理，以解决大量用于边境贸易、一般贸易的人民币现金非法跨境流动问题，畅通人民币流通渠道。二是进一步完善人民币与尼泊尔卢比的汇率形成机制，疏通尼泊尔卢比现钞库存清算渠道，实现小币种兑付常态化。三是借鉴中国云南与老挝合作形式中的“老中银行”模式，鼓励两国银行对对方互设分支机构，推进两国银行共同出资实现“跨国婚姻”，探索成立“中尼银行”，畅通人民币结算清算渠道。四是建议两国央行授权边境地区省级央行间建立工作协调机制，定期举行会晤，通过举办合作交流会、洽谈会等形式，交流两国金融管理法规、政策管理的变动情况，探讨促进双边经济发展的政策措施，并采取双方互派工作人员的形式，着力解决金融机构跨境合作中存在的问题，加强边境金融机构之间的交流与合作，不断推进跨境人民币结算业务发展。①

（二）在金融机构层面上，要抓住机遇，主动作为，加强金融产品创新，提供优质高效的金融服务

利用好中尼两国签订双边结算与合作补充协议的契机，主动与尼方金融机构接触与沟通，破解当前中尼经贸中存在的资金结算难题，寻找新的利润增长点。在目前已开办人民币兑尼泊尔卢比现钞业务的基础上，要争取开办更多与尼币相关的业务。要认真研究在尼方设立分支机构，或与尼方金融机构合作组建新机构的可行性。要不断加强业务产品创新，结合中尼经贸现状推出一系列切实可用的金融产品或服务。要积极与尼方金融机构商洽，探索开办信用证、保函等国际业务，要及时介入尼方金融机构已经开办的金融产品之中去，力争创造双方金融机构、进出口双方等各方面多赢的局面。

（三）在多部门协作层面上，建立多部门协作机制，为中尼金融机构跨境合作创造良好的氛围

外交、商务、人民银行、税务、海关和商检等部门要建立合作机制，

---

① 刘光溪：《云南省跨境人民币结算试点的特点和做法》，《新金融》2012 年第 3 期。

进行信息共享，并系统性解决当前中国和尼泊尔边境贸易结算中面临的实际困难和问题。针对尼泊尔商家直接在内地采购的实际情况，探索推行市场采购贸易方式，在其市场采购完成后直接报关通关，为中尼经贸打通一条更为快捷便利的渠道。在确保交易真实性的基础上，提供为中尼边境贸易结算安全通畅的结算服务。多部门联合加强中尼双方反洗钱合作，谨防涉恐等非法资金借助中尼金融机构跨境合作之际乘虚而入。进一步通过展会等平台加大对区内外贸企业的业务培训和宣传，同时对业务发展较好的外贸企业给予融资等方面的优惠政策扶持，推动跨境人民币业务发展。

（四）完善跨境人民币业务基础设施建设

抓好金融支持与自治区政府关于边境口岸灾后重建安排部署的无缝对接，积极推进各口岸基础设施建设，改善各口岸交通状况，增强西藏自治区自产出口产品的市场竞争力。另外，还需要加快推进边境口岸的综合设施配套建设，建立健全边境口岸的边检、公安、海关、银行等管理机构，完善边境口岸的通信、能源、教育、卫生等配套设施，鼓励各银行根据贸易的发展，提供更加丰富的金融产品，在提高效益的同时，帮助企业发展壮大，为拓展边境跨境人民币业务提供基础条件。

（五）加强业务监测分析，防范跨境人民币业务风险

强化与人民银行相关业务系统数据的核查比对，有效整合数据资源；充分借助 RCPMIS（中国人民银行建立的人民币跨境收付信息管理系统）的监测预警功能，加强对跨境人民币业务数据信息的实时监测分析，有针对性地与相关部门联合开展现场检查，规范金融机构和企业跨境人民币业务操作，切实防范辖内跨境人民币业务风险。

原载于《西藏大学学报》（社会科学版）2017 年第 4 期

中国西藏与南亚地区宗教文化交流史

——追寻“班智达”与“罗杂哇”的足迹

旺　多*

摘　要：我国西藏与南亚各国的交流源远流长，已有1300多年的历史。千百年来往返于我国西藏与南亚各地之间的“班智达”与“罗杂哇”络绎不绝，不计其数，成为文化传播与文化再造过程中的中坚力量，推动了中国文化多元化发展及我国与南亚各国人民友好往来。本文以“一带一路”倡议为依托，展示中国与南亚各国人民文化交流史上浓墨重彩的一笔——以佛教为主的文化交流史。通过追寻前人足迹，挖掘南亚各地与我国西藏进一步交流合作的情感基础，使西藏更好地融入“一带一路”倡议中。

关键词：“一带一路”倡议　中国西藏　南亚　“班智达”　“罗杂哇”

2015年5月习近平主席访问印度时讲道：“中国唐代高僧玄奘到古吉拉特邦取经，然后把佛经带回中国，在我的家乡陕西西安传经。佛教从印度传入中国，对中国文化产生了深远影响。”

习近平主席此访将进一步挖掘中印两国在“一带一路”上的文化共同点，推动“玄奘文化交流规划”，扩大文化、教育、旅游、宗教、影视、媒体、人力资源等领域交流合作，促进两国文体、青年、智库等各领域人员之间的交往。

---

* 旺多，西藏日喀则人，博士，西藏大学文学院教授、硕士生导师，主要研究方向：西藏宗教史、藏族历史、藏族历史文献。

中国西藏与南亚各国之间的交流源远流长，已有1300多年的历史。其间宗教文化交流成为重要的途径和表现，“班智达”与“罗杂哇”[①] 成为重要的标志。千百年来往返于我国西藏与南亚各地之间的“班智达”与“罗杂哇”络绎不绝，不计其数，成为文化传播与文化再造过程中的中坚力量，推动了中国文化多元化发展和我国与南亚各国人民友好往来。他们对藏族文化乃至中华文明的贡献是值得肯定的。本文以“一带一路”倡议为依托，展示中国与南亚各国人民文化交流史上浓墨重彩的一笔——以佛教为主的文化交流史。特别是追寻“班智达”与“罗杂哇”的足迹，挖掘南亚各地与我国西藏进一步交流合作的情感基础，使西藏更好地融入“一带一路”倡议之中。

一　外籍“班智达”与本土“罗杂哇”的初期合作

外籍“班智达”与本土“罗杂哇”初期合作基本上分为三个阶段，即藏传佛教中经常提到的“吐蕃三大法王”时期（在藏区被认为是“三怙主”的化身）。

（一）松赞干布时期

公元7世纪，佛教从印度、尼泊尔和中国中原内地两个方向传入吐蕃，这是松赞干布大胆吸收和引进吐蕃周边文明的重要标志。这一情景在藏族古代史书中均有明确记载。据《贤者喜宴》载：“从东方汉地和木雅，引进工艺历算书籍，从南方白色的印度，翻译佛陀正法经典；从西方粟特（波斯）尼泊尔，开享用财物的库藏，从北方霍尔与回鹘（突厥），获得法律事业楷模。”[②] 当时吐蕃四邻不仅是文明发达之地，更是盛行佛教的地方：唐王朝位于吐蕃东部，它不仅疆域辽阔，人口众多，而且拥有非常悠久的历史和发达的文化。其政治影响、经济实力远非吐

---

① “班智达”与“罗杂哇”是梵文，“班智达”意即精通五明的大学者，“罗杂哇”译为“世间眼”，意即翻译大师。

② 译文转引自恰白·次旦平措、诺章·吴坚、平措次仁著《西藏通史——松石宝串》（上），陈庆英、格桑益西、何宗英、许德存译，西藏社会科学院、中国西藏杂志社、西藏古籍出版社，2004，第99页。

蕃所能匹敌，佛教文化更是达到了顶点。在吐蕃的南面，最强大的王国非天竺莫属，天竺也是地域辽阔、文化发达、人口众多的地方，最值得炫耀的是它的佛教文化。

关于松赞干布时期的佛教传入史实方面，有两个问题值得关注：一是赞普派吞弥·桑布扎到天竺留学，学习文字及印度文化，成为第一批派往印度的留学生；二是当时是否确实出现了佛经翻译。两个问题直接涉及吐蕃何时正式接受佛教文化。根据史籍提供的信息，《布顿佛教史》记载："（吞弥·桑布扎）在玛茹宫创制藏文和《八种声明论》，藏王在此闭门专修四年，继后，译出了《宝箧经》《百拜忏悔经》《宝云经》等。"[①] 这种记载在众多的藏文文献中得到证实。通过以上两个事实，可以确定吞弥是第一批派到南亚的留学生之一，是吐蕃第一批"罗杂哇"。7世纪时，第一批外籍"班智达"被邀请到了吐蕃。据《红史》记载："迎请印度大师古萨热、婆罗门香噶热、尼泊尔大师西拉曼殊、迦湿弥罗大师达努达、噶努达、印度堪布李敬、和尚玛哈德哇等，由吞弥·桑布扎任译师，由达磨郭夏、拉隆多杰贝等任传话，译定多种经典。"[②] 这批外来"班智达"与本土"罗杂哇"共同开创了吐蕃佛典翻译的先河。

（二）赤松德赞父子时期

据义净《大唐西域求法高僧传》记载，吐蕃时期，前后有8位僧人从长安途经吐蕃前往天竺求法[③]。从长安途经吐蕃前往天竺是求法的一条捷径，被称为"唐蕃古道"，吐蕃众多求法者也是经过这条求法古道进入南亚各国。此路线应该是指拉萨→日喀则→吉隆→尼泊尔→印度。

史载，赤松德赞年幼之时，其父王再度派两路使者求法，一路是"派使者携带礼品经由南方尼泊尔前往印度"[④]；另一路是"派遣桑希和另外四人作为求取汉地经典之使者，并规定，如完成使命，当赐奖赏，

---

① 布顿·仁钦竹、多吉杰博：《布顿佛教史》（藏文），中国藏学出版社，1988，第182页。

② 蔡巴·贡噶多吉：《红史》，东嘎·洛桑赤列校注，陈庆英、周润年译，西藏人民出版社，2002，第30页。

③ 石硕：《吐蕃政教关系史》，四川人民出版社，2000，第183页。

④ 巴色朗：《巴协（藏文）》，民族出版社，1982，第5页。

若未成则杀之!”[1] 桑希一方也收获颇丰，从汉地取回的佛经对吐蕃佛教发展起到了重要作用。

8世纪中期的赤松德赞时期是大量外籍“班智达”云集吐蕃和吐蕃自己培养“罗杂哇”的黄金时期，这一时期开展了众多空前的传教活动，佛经翻译可说是其中最重要的内容。特别是桑耶寺专门译场建立后，外籍“班智达”与本土“罗杂哇”合作完成了从质量和数量上都具有划世纪意义的佛经藏译浩大工程。参与人员有邬仗那国的莲花生，沙河尔国的寂护、莲花戒，迦湿弥罗国的无垢友，藏族大译师毗卢遮那，等等。莲花生大师是藏传密宗的鼻祖；寂护推行了显宗与律宗；莲花戒著有修行三次第；无垢友是密宗的重要传承者；毗卢遮那既是“大圆满法”的传承者，又是著名的翻译大师。

（三）赤祖德赞父子时期

赤德松赞时，“迎请了班智达毕玛拉迷扎（bi ma la mi tra）噶玛拉锡拉、札那色那（dsnyvana se na）、尼泊尔人呼伽罗（hvokar）等人”[2]。公元9世纪初，赤祖德赞时期出现了吐蕃叱咤风云的三位“罗杂哇”——噶、觉、尚。

通过“班智达”与“罗杂哇”不懈的努力，完成了吐蕃时期译经原则与规范化的第一手资料——《声明要颂二卷》和梵藏对照辞典《翻译名义集》。编制了《丹噶目录》，这是西藏佛经翻译的第一部《大藏经》目录。此后又有《旁唐目录》《钦普目录》问世。这三部目录收藏了佛经翻译开始以来的藏文佛教典籍，进行分类编目后，共包括738种佛经。这是藏族古代目录学史的三颗启明星。桑耶寺、旁唐、丹噶、钦普成为吐蕃时期最重要的译场。到此时，藏译佛典的规模已为《大藏经》的集结奠定了坚实的基础。

三个阶段一脉相承，环环相扣，既展示了藏族人民善于学习和吸收

---

① 巴色朗：《巴协（藏文）》，民族出版社，1982，第6页。

② 达仓·班觉桑布：《汉藏史籍》，陈庆英译，西藏人民出版社，1986，第120页。

其他民族先进文明的秉性和勇气，又表现了藏族文化的开放性和包容性。同时，也看到了我国西藏与南亚各地之间文化上的频繁联系。迎请“班智达”、派出“罗杂哇”具有官方统一组织安排的特点。

二　著书立说——本土“班智达”开始崛起

对藏族历史与藏传佛教的关注和研究中，到分裂割据时期（9~13世纪），人们似乎更看重的是藏传佛教各教派形成，以及西藏政教合一制诞生对藏族社会的影响，却很少有人关注这一时期藏族文化的兴衰。在一段时期内政治上无法实现统一、经济上无法摆脱萧条的环境之下，各地方割据势力设法寻求以精神力量（文化）来实现某种慰藉或达到某种凝聚。其实，藏族文化发展史上一个重要时期也出现在分裂割据时期。中国西藏与南亚各地的文化交流得以延续，但比起前弘期，已经发生了变化。

正在此时，佛教在印度受到前所未有的限制和打击。在外籍“班智达”主要来源受阻的情况下，吐蕃本地学者开始发挥作用。当然，一些外籍“班智达”的身影依然出现在吐蕃本土。如，10世纪来到阿里的“班智达”密曾第和查拉人哇，传说因译师去世，“班智达”密曾第一度在后藏放牧；朱托·噶亚达日，他是印度著名“班智达”，又是卓弥·释迦益西的导师，主讲“道果教法”；帕·当巴桑杰在西藏开始传授“希切”教法，培养希切派的众多法脉弟子；绰布译师邀请三位南亚著名“班智达”——泥婆罗佛陀室利、杰尊·弥陀罗瑜伽师（Mitrayogin）和迦湿弥罗释迦室利跋陀罗（Shākyashrībhadra）传法①。特别是印度大名鼎鼎的阿底峡大师，为清理佛教、培养本地学者、重修菩提萨埵、传授次第与因果教法做出了重要贡献。班智达迦湿弥罗·释迦室利是萨迦班智达·贡噶坚赞的导师，为藏区顶尖人才的培养呕心沥血。

这一时期更值得关注的是本地学者异军突起。各种思想学说、佛学

---

① བུདྡྷ་ཤྲཱི། ཇེ་བཙུན་མི་ཏྲ། ཁ་ཆེ་པཎ་ཆེན་ཤཱཀྱ་ཤྲཱི་བྷ་དྲ།

观点层出不穷，典籍编纂、因明逻辑、佛经翻译、文学诗词、天文医学等方面取得了巨大成就，各个领域涌现出诸多本地精英学者，特别是一些大德高僧、宗教人士成为不容忽视的一股力量。

俄·洛丹西绕（1059～1109）是藏地著名的翻译大师。他的著作见于弟子戳龙坝①编著的《俄·洛丹西绕传记世间眼》，共有 72 部。俄·洛丹西绕被“称为西藏译著最丰厚和学识最渊博的学者”②。现存《定量论释》③ 被认为是本地学者编著的第一部因明学方面的著作，在藏传因明逻辑发展史乃至整个藏传佛教史上具有划世代的意义。

恰巴·却吉僧格（1109～1169）是俄·洛丹西绕的再传弟子，他的主要功绩由东噶教授概括为 11 个方面④，他为藏传佛教学经制度之因明“经院辩论”形成做出了卓越贡献。

藏区最具影响且得到公认的本地第一“班智达”当属萨迦“班智达”贡嘎坚赞（1182～1251），他是西藏著名的学者、佛学家、教育家、医学家、翻译家和著名的爱国高僧。他精通大、小五明，故被称为“萨迦班智达”（ས་སྐྱ་པཎྜིཏ་），简称“萨班”。自此，在整个藏区形成了钻研“大、小五明”的学术氛围。

觉单·日白热持（བཅོམ་ལྡན་རིག་པའི་རལ་གྲི།）是西藏著名的学者。12 世纪由觉单与卫巴·洛色桑杰本⑤一道展开了大藏经的搜集、整理、对勘、编目工作，完成了藏传佛教史上第一部系统的《甘珠尔》与《丹珠尔》

① 戳龙坝·罗追迥乃是洛丹西绕的四大弟子之一，最初从学于阿底峡与仲敦巴，后拜俄译师研习量学，著有《量论小疏》。

② 东噶·洛桑赤列：《东噶大辞典（藏文）》，中国藏学出版社，2002，第 768 页。

③ ཚད་མ་རྣམ་པར་ངེས་པའི་དཀའ་བའི་གནད་རྣམ་པར་བཤད་པ།

④ 11 个贡献是：1. 创建了五部大论新的学习方式；2. 开了学经与辩论相结合的先河；3. 依据导师的特长调整教学任务；4. 创建班级和学期制；5. 按需调整教学内容；6. 鼓励班级之间进行切磋；7. 提倡教学与讨论相辅相成；8. 成绩优异者自愿到各寺院游学挑战（进一步提高和检验）；9. 按成绩优劣授予相应学位；10. 取量论要义，撰成大、中、小《摄类学》，并要求按此教学；11. 建立一套独具特色的藏传佛教辩经程序，包括问答、手势、语言、表情等，这种辩经方式迅速被各大寺院接受，直至今日。参见东噶·洛桑赤列《东噶大辞典（藏文）》，中国藏学出版社，2002，第 1357 页。此处为笔者翻译。

⑤ དབུས་པ་བློ་གསལ་སངས་རྒྱས་འབུམ་

之目录《阳光目录》（དཀར་ཆག་ཉི་མའི་འོད་ཟེར་），为藏传大藏经（原始经典）的集结做出了突出贡献。自此，后藏纳塘寺享誉全藏。

雄顿译师（ཤོང་སྟོན་ལོ་ཙཱ་བ་རྡོ་རྗེ་རྒྱལ་མཚན།）① 是藏族著名翻译家，于 1265 年被派往尼泊尔重点学习小五明②，特别精通声明。从梵文本译出《佛本生记·如意宝树》《语门遍人》《语法论·格助词晶》《修辞论·诗镜》，以及剧本《龙喜记》等。特别是译本《诗镜》（སྙན་ངག་མེ་ལོང་མ།）在藏族诗镜学史上具有里程碑的意义，至今深受人们的喜爱，甚至成为我国民族院校必修的诗镜课程（教材）。雄顿译师的译文水平达到了炉火纯青的地步。其侄子是著名译师雄洛·罗追丹巴，再传弟子是邦洛·罗追丹巴，在藏族文学史上，“雄”“邦”被誉为“日月”（同辉）。

这一时期的主要特点是：既是外来“班智达”与本土“罗杂哇”携手合作、相互交流的第二个阶段，又是本地学者异军突起、自力自强的重要时期。他们的学术成就，以及坚忍不拔、勇于创新的精神激励着无数后来学子奋发向上、再创辉煌。从“班智达”与“罗杂哇”迎请、派出等组织特点来看，与吐蕃时期不同的是，这一时期大多局限于个人行为和小集团（教派）行为。

三　“班智达”与“罗杂哇”的数量及其成就

来藏的“班智达”基本来自几个南亚国家和地区，包括尼泊尔、克什米尔（罽宾国）、乌仗那、印度等地，大多还是来自印度本土。

在藏族文化中，“班智达”与“罗杂哇”地位相等，不管是外来的还是本土的，受到同等的尊重和敬仰。到 8 世纪，“罗杂哇”的待遇可与大臣告身相等。《娘氏宗教源流》记载：“发给译师的薪俸与大臣相等。众臣之薪俸是赞普的三分之一，赞普之薪俸是百名侍从百日薪俸的总和，每人都有。”③ 另外，每人的生活用品包括青稞、衣服、酥油、马

① 与八思巴为同时期人，约生于 13 世纪 40 年代。

② 指梵文（语法）、诗律、声明、藻词、戏剧。

③ 娘·尼玛韦色：《娘氏宗教源流（藏文）》，西藏人民出版社，1988，第 394 页。

匹、纸墨等。

关于“班智达”与“罗杂哇”的一个基本概念是：藏传佛教前弘期外籍“班智达”的作用大，数量在20人左右，基本上没有出现本土的“班智达”。而本土“罗杂哇”的贡献无可估量，数量当在50人左右。在藏传佛教后弘期，印度佛教受阻的情况下，很多“班智达”逃到周边国家和地区，藏区邀请并接纳了部分“班智达”。在相互协作的基础上，本地“班智达”开始发挥作用。自著名“罗杂哇”仁青桑布开始，后弘期“罗杂哇”队伍迅速庞大，翻译领域不断扩展，翻译质量有所提高，“罗杂哇”的数量超过了前弘期。大约到17世纪翻译实践基本结束。藏传佛教有一千年的佛经翻译历史（7~17世纪）。

前弘期来藏“班智达”数量。赤松德赞亲政并清除反佛势力后，开始迎请大量外来高僧入藏。在《莲花生大师本生传》中有当时吐蕃迎请108位外来高僧的记载：“乌仗亚那莲花生大师，沙河尔国的菩提萨埵，克什米尔布尔马拉米扎，我的一百零八位上师，我已宣布为佛教法王，在印度弘扬着的佛教，经、论、续集和秘诀，定要全部译成吐蕃文。”① 根据《布顿佛教史》记载，前弘期外来“班智达”多达21人（到14世纪时为93人）。其中就有邬仗那国的莲花生、沙河尔国的寂护、迦湿弥罗国的无垢友等。他们不仅在译经事业中起到举足轻重的作用，而且促使吐蕃诞生第一批本地僧人，僧伽队伍迅速膨胀。吐蕃有计划地大规模培养翻译人才是从桑耶寺建立之后开始的，并从此形成了庞大的翻译队伍，翻译质量和数量明显提高。译经事业最宏广的是后期的噶、焦、尚三译师。毗卢遮那在传播“大圆满”教法方面的作用和佛经翻译史上的地位更是值得肯定。根据《丹噶目录》记载，前弘期藏译佛经多达700多种，实属难能可贵。

“罗杂哇”的数量在文献中有不同的记载。《布顿佛教史》记载，前弘期自吞米·桑布扎，有56位“罗杂哇”。《娘氏佛教源流》在布顿基

① 《莲花生大师本生传》，洛珠加措、俄东瓦拉译，青海人民出版社，2007，第487页。

础上增加了 17 位，共 73 位。崔成仁钦的《丹珠尔目录》记载了 73 位翻译大师。

而后弘期的翻译大师比前弘期多出几倍。《布顿佛教史》记载，自第一位译师吞弥·桑布扎至勒贝罗追之间，共出现了 192 位“罗杂哇”；《娘氏佛教源流》载有 155 位；《贤者喜宴》载有 144 位。《东噶藏学大辞典》记载，到 20 世纪的根敦群培，总计 185 位。经过比较得出，10~13 世纪是“罗杂哇”出现最多的一个特殊时期，当在 100 人左右。

按《丹珠尔》所收佛经的记载，个人译作在十部以上的“罗杂哇”有十几位，他们是噶觉尚三位、仁钦桑布、嘉·尊追僧格、那措罗杂哇、巴才次成、康巴译师仁钦扎、努·先把白桑、觉囊多罗那他。

在数量可观的“罗杂哇”队伍中，各位“罗杂哇”各有所长，有的擅长翻译显教经典，有的侧重于密教方面的翻译，而有的侧重于文学、历算、医学方面，有的专攻因明逻辑翻译，有的则是全能型“罗杂哇”，一般被称为“大校阅师”[①]，如噶、觉、尚三位。这三人翻译各有重点，尚·益西德以“经”为重点，觉若·路易坚赞以“律”为重点，噶瓦白泽以“论”为重点，其中尚·益西德译品多达 200 余种。

四　“班智达”与“罗杂哇”的使命基本完成

“班智达”与“罗杂瓦”精诚合作，推动了藏传佛教乃至整个藏族文化的进一步发展。特别是到 13 世纪，基本完成了藏传《大藏经》的结集，形成了中华大藏经——《甘珠儿》（藏文卷）、《丹珠尔》（藏文卷）[②]。

要培养一位“罗杂哇”，其成本我们无法计算，迎请外籍“班智达”与本土求法者赴外都需要可靠的经济基础作为有力保障，否则传教收徒与求法生涯无法继续。很多“罗杂哇”前往南亚各地带上够用三年的费

---

① ཞུ་ཆེན་གྱི་ལོ་ཙཱ་བ།

② 《甘珠儿》的收集、编纂、对勘由当时著名藏族学者蔡巴·贡嘎多吉主持完成。《丹珠尔》由著名学者布顿·仁钦珠主持完成。至此，藏文《大藏经》形成。

用，主要以黄金为主。一旦用完，历经艰辛，不怕路途遥远和险峻，返回西藏，再筹经费，重返求法之路。有的甚至有五六次的往返经历。他们在南亚求学的时间较长，有的甚至达到十几年，俄·罗丹喜饶在印度时间为17年之久。很多“班智达”与“罗杂哇”付出了青春乃至生命的代价。这样的求法经历竟持续了千年之久，真可谓文化交流史上的壮举。

从7世纪吐蕃第一位“罗杂哇”吞弥·桑波扎开始到17世纪五世达赖喇嘛时期的达尔巴罗杂哇·阿旺平措，藏传佛教千年的佛经翻译历史基本结束。但是，17世纪以后，也出现了一些佛经翻译实践甚至研究。汉藏佛经翻译也取得了一定的成就。如，18世纪贡布嘉著《汉区佛教源流记》。20世纪中期出现了汉藏佛经翻译的又一次高峰，法尊法师（汉族）将宗喀巴大师的《菩提道次第论》和《密宗道次第论》译成汉文，将汉文《大毗婆沙论》译成藏文。根敦群培先生是著名的语言学家、翻译大师，他与俄罗斯藏学家罗列赫合作将藏文巨著《青史》译成英文，等等。

结　语

我国西藏与南亚之间的文化交流源远流长。在1300多年的历史长河中，穿梭于我国西藏与南亚各国之间的“班智达”、“罗杂哇”、官员、商人、朝圣者络绎不绝，成为维系我国与南亚各国之间情感友谊的重要纽带。他们当中既有实现个人夙愿的虔诚信徒，又有愿为国家民族奉献一切的仁人志士。特别是频繁往返于我国西藏与南亚各地之间的“班智达”与“罗杂哇”，成为文化传播与文化再造过程中的中坚力量，推动了中国文化多元化发展和我国与南亚各国人民之间友好往来与文化交流。今天，我们以“一带一路”倡议为契机和依托，进一步挖掘我国西藏与南亚各国之间曾经的文化交流历史，以诚恳、包容、理解、开放的态度，更进一步地促进我国西藏与南亚各国之间的经济文化交流和合作。

原载于《西藏大学学报》（社会科学版）2017年第1期

西藏地区如何巧借“一带一路”倡议的东风

杨成业　冯佳佳*

摘　要： 伴随着“一带一路”倡议国际合作高峰论坛在北京召开，“一带一路”在国内及国际的影响力进一步加强，不仅对国际社会产生重要影响，也对中国国内发展带来契机。西藏位于中国西南边陲，紧邻缅甸、尼泊尔、印度等国家，不仅有国际合作的地理位置优势，又有国家政策的大力支持。本文从促进西藏地区和平稳定、充分发展民族文化旅游产业和增强周边国家贸易往来等三个方面，分析在“一带一路”倡议布局中西藏地区如何借机促进自身发展。

关键词： 西藏　“一带一路”　南亚国际大通道

“一带一路”是一项重要的政治经济布局，它是由以习近平总书记为核心的党中央在新形势新阶段的条件下提出的一项世纪倡议，在党中央的统筹规划下，正逐步地由构想转变为现实行动。这项世纪倡议对中国的影响深远且巨大，它的成功运作将打破西方经济大国对我国长期以来的经济封锁，开辟出一条以中国为主导的，惠及包括中亚、南亚、西亚、东盟等 65 个国家和地区在内的互联互通、共存共荣的新路子，打破长期以来的地缘政治被动局面。

---

* 杨成业，河南南阳人，西藏大学讲师，研究方向：固体矿产勘查；冯佳佳，河南平顶山人，西藏大学讲师，研究方向：土木工程。

2017年5月14~15日，在北京举行了“一带一路”国际合作高峰论坛。作为“一带一路”倡议提出三年多来最高规格的论坛活动，“展望”“合作”“共赢”已经成为这个五月的全球关键词。而对于深处内陆、相对闭塞的西藏而言，历史上就曾作为“南方丝绸之路”“唐蕃古道”“茶马古道”的重要参与者，以及中国与南亚诸国交往的重要门户。随着“一带一路”倡议的稳步推进，作为总体战略布局中重要一环的西藏迎来前所未有的发展契机。下面，就从以下三个方面分析藏区如何巧借“一带一路”倡议的强劲东风，来完成对外开放后环喜马拉雅经济合作带的转变，克服自身存在的短板，实现西藏区域经济跨越式大发展。

一 促进西藏地区的和平稳定

从本质上看，“西藏问题”根源上是西方帝国主义培植分裂西藏势力，挑拨藏区人民与中央政府之间的关系，企图瓜分中国。特别是近些年来，随着中国综合国力和全球影响力的逐步增强，个别西方国家又拿西藏问题大做文章，从而企图以此制约中国的快速发展和抹黑中国的国际形象。也正是这些原因，导致西藏地区出现各类不稳定因素，在中国西南边境与周边接壤国家摩擦不断。这种不稳定的环境直接影响了西藏地区与南亚各国之间的开放与互通。

众所周知，一个地区要想快速发展，就必须以拥有一个相对稳定的环境作为前提。这是必然规律，西藏的经济发展自然也是不能例外的。西藏地区位于中国西南边陲，是中国第二大省区，周边与多个国家和地区接壤，其中包括纷争不断的克什米尔地区（由印度实际控制），还有印度、尼泊尔、不丹、缅甸四个国家，错综复杂的边界环境和各类不稳定因素充斥在此。因此，在各国之间和平共处五项原则的基础上，高瞻远瞩的党中央倡导的“一带一路”顺应时代发展和各方利益，提出了“互联互通、互利共荣、协同发展”的新原则，通过加强与周边国家良好的经济合作，不断扩大双边贸易，可以极大地减少因领土争端等敏感问题所引起的摩擦和纠纷，从而达到搁置争议、共同发展的目的。所以自 2013 年“一带一路”倡议提出后，西藏地区进一步强化了“进出口通道”作用，以西藏为枢纽，中国与南亚诸国的经济往来逐步频繁，特别是与印度、尼泊尔及其周边国家的进出口贸易活动日渐增加，双方在不断深化经济交往与合作的过程中建立了互信，同时亚洲和平发展理念在西藏地区逐渐得到广泛的认可，西藏人民也逐步地感受到这种和平稳定的环境所带来的很多好处。

二　充分发展民族文化旅游产业

随着人民生活的日益富足，人们对精神生活和业余生活有了更高的需求，旅游成了人们选择假期活动的重要选择。世界各国在自己经济发展过程中，也将旅游业作为国家经济的一个重要组成部分，目前中国很多省区的旅游产业发展取得了巨大的成就，成为本省经济中的支柱产业，比如云南，更被称为“旅游者的天堂”，这成为云南省对外的一张名片。对于西藏而言，由于其位于祖国的西南边陲，地理位置特殊，拥有漫长的边境线和广袤的土地，同时还与印度、不丹、尼泊尔等国家接壤。在国内，西藏毗邻的省份有新疆、青海、四川和云南。地理位置的特殊性造就了西藏自然景观的多样性和民族文化的神秘色彩，在人们眼中，西藏俨然是这个世界上最后一块神秘的土地，因此，它完全具备了开发成为世界级旅游品牌的基础。当前西藏旅游资源众多，“全藏区的文物点多达 200 余处，其中世界文化遗产 1 处，国家级历史文化名城 3 座，国家级文物保护单位 27 处，自治区级文物保护单位 55 处，市级文物保护单位 79 处”[①]。西藏的自然景观更是让人叹为观止，主要有高原湖泊和山峰两大类。西藏的山峰数量与高度是世界上任何地区所无法比拟的，世界上 8000 米以上的山峰一共有 14 座[②]，其中包括世界最高峰珠穆朗玛

---

① 温文芳：《西藏融入“一带一路”应打好特色牌》，《西藏发展论坛》2015 年第 5 期，第 33～37 页。

② 温文芳：《西藏融入“一带一路”应打好特色牌》，《西藏发展论坛》2015 年第 5 期，第 33～37 页。

峰在内的5座分布在西藏境内。由于海拔很高的缘故，西藏拥有众多终年不化的高原雪山，其中有冰川22468条，面积达28645平方千米，成为全国冰川最多的地区，形成了地球上中低纬度地区极为罕见的冰川奇观。另外，在西藏湖泊分布也较为广泛，“西藏大约有1500多个湖泊，面积达到2.4万平方千米，约占全国湖泊总面积的30%”①，最为出名的有纳木错和羊卓雍措等，吸引了大量游客前来观赏，高原湖区成为西藏特色景观的重要内容。

在“一带一路”的时代大背景下，要想在激烈的竞争中取得丰硕的文化影响和经济效益，只有充分挖掘自己的区域特色，做大做强自己的区域优势产业，才是最为行之有效且生命力持久的方针。在“一带一路”背景下开发西藏独特的民族文化产业，充分发挥区域旅游特色，运用藏民族文化资本是一个重要的着力点。这也是实现西藏地区现代经济跨越式发展，较快缩小同沿海地区发展差距的必然选择。

综上而言，西藏经济的整体发展必然离不开旅游业的发展，反之，西藏旅游业的发展也必将加快西藏调整经济结构、优化产业结构的步伐，以及进一步改善西藏的基础设施及交通运输条件，同时还有助于增加西藏人民的收入和加快实现西藏小康社会，从而推动快速完成党的两个一百年目标。与此同时，西藏旅游业的发展也有助于推动藏族特色文化的宣传，二者产生互动，互为促进，达到较好的良性循环的状态，促使西藏作为世界级旅游胜地的规划最终实现。此外，西藏自治区各级政府要深刻认识到旅游业所具有的辐射带动的特殊功能，抓住当下良好的历史机遇，充分挖掘西藏民族特色，打造西藏旅游诱人名片，借助“一带一路”倡议的强劲东风，实现西藏民族旅游经济的腾飞。

三　有效增强周边国家贸易往来

西藏位于中国的西南边陲地区，一直以来，经济社会发展都比较落

① 温文芳：《西藏融入“一带一路”应打好特色牌》，《西藏发展论坛》2015年第5期，第33~37页。

后，但“一带一路”倡议的提出，为中国边疆地区经济发展带来了新的契机。目前最要紧的是要加快构建面向南亚开放的南亚国际大通道，北接“丝绸之路经济带”，南连“21 世纪海上丝绸之路”。[①]

南亚大通道往南推进建设，加快与尼泊尔、印度等在交通运输上的战略合作将是重中之重，通过公路、铁路甚至海洋运输等方式与印度、尼泊尔等建立起便捷、高效的联通，[②] 从而形成经由孟加拉国或者印度的南亚出海通道，达到缩短原有海上丝绸之路距离的目的。其中经青藏铁路打通拉萨→日喀则→樟木、拉萨→亚东等口岸铁路专线，可以大大缩短中国至南亚、西亚的空间距离，扩大与南亚诸国的贸易往来，特别有利于建立南亚经济圈。

从地理位置上看，在南亚与中亚丝绸之路衔接的区域内，西藏是其中最为重要的省份，同时格尔木-库尔勒铁路的建设又为南亚大通道并轨中巴铁路走廊，融入丝绸之路提供了有力的支撑。

西藏特殊的地理位置和自然条件孕育出了无可比拟的自然资源，比如植物资源、草药材资源、矿藏资源、太阳能、风能、水能、地热能资源等。面对“一带一路”这个历史机遇及西藏与尼泊尔、不丹、印度、缅甸接壤的地缘优势，西藏自治区各级政府一定要顺应市场的需求，发挥特色资源优势，进行合理的出口结构调整，扩大边境贸易的规模，激发商品市场的活力，充分发挥樟木、普兰、吉隆、日屋等边境口岸的功能，从而增加藏区的外汇收入，促进当地经济的增长。

总而言之，随着“一带一路”倡议的逐步实施，将为西藏带来新的机遇，加快实现西藏新的跨越式发展。[③] 为此，西藏各级政府要统一思想，充分调动国外与国内两种资源、两块市场，做到取长补短、优势互

---

① 唐小明：《建设南亚大通道融入丝绸之路经济带格局下的西藏物流发展战略研究》，《西藏科技》2015 年第 10 期，第 17~20 页。

② 唐小明：《建设南亚大通道融入丝绸之路经济带格局下的西藏物流发展战略研究》，《西藏科技》2015 年第 10 期，第 17~20 页。

③ 苗杨、蒋毅：《融入“一带一路”战略构想推动西藏跨越发展》，《当代世界》2015 年第 1 期，第 71~72 页。

补，大力发展边境贸易，同时也要时刻与中央推进的“一带一路”建设保持良好的协调与融合，加快南亚大通道的建设，实现与孟中印缅经济走廊的无缝对接，从而实现互利共赢和全藏区经济、社会、文化等各方面的持续健康快速发展。

“一带一路”视野下西藏地区外语教育规划调整构想*

益西旦增**

摘　要：随着国家“一带一路”倡议布局的深入和区域经济一体化的不断推进，目前的外语教育逐渐无法满足新时期我国社会对外语人才的实际需求，制定并实施区域性多元外语教育政策势在必行。本文论述了语言在“一带一路”倡议实施过程中的基础服务功能，分析了西藏外语教育在“一带一路”倡议大背景下的现状和不足，并结合西藏实际，提出西藏地区实施多元化外语教育政策，以及新增对“一带一路”沿线国家，特别是毗邻西藏的南亚国家小语种人才培养的建议，为西藏更好地融入“一带一路”倡议提供优质的语言服务。

关键词：外语教育　“一带一路”　多元化　西藏

引　言

2013 年 9 月，中国国家主席习近平在哈萨克斯坦纳扎尔巴耶夫大学发表重要演讲时提出共同建设“丝绸之路经济带”的倡议；同年 10 月，习近平主席在印度尼西亚国会发表重要演讲时提出共同建设“21 世纪海

---

* 本文系 2016 年国家社会科学基金项目“‘一带一路’背景下西藏地区外语能力建设战略转型研究”（项目号：16XMZ025）的阶段性成果。

** 益西旦增，藏族，西藏日喀则人，西藏大学旅游与外语学院副教授，主要研究方向：社会语言学。

上丝绸之路”。“一带一路”的新丝路概念一经提出，便引起了全球范围内的高度关注和“一带一路”沿线国家的积极响应，中国与“一带一路”沿线国家的经济与文化交流也因此进入了一个更加快速发展的轨道。在这样一个以“一带一路”为重要代表的经济全球化、区域经济一体化深入发展的大背景下，处于“一带一路”重要关节点的省、自治区、直辖市，都面临着大规模的结构调整和技术创新，而结构调整和技术创新的实质又在于人才驱动。因此，人才培养与教育发展成为“一带一路”倡议重要的组成环节。然而，“一带一路”涉及的沿线国家和地区为数众多，各个国家和地区的语言、文化又各不相同，经济发展水平参差不齐，这些差异性的存在在成为优势互补、合作共赢的基础的同时，也带来了前所未有的挑战，亟须培养大批符合“一带一路”建设需求的各类人才。其中培养大批合格的外语人才又成为“一带一路”倡议成功实施的重要因素。这就给中国“一带一路”相关省区的外语教育提出了更多、更高的要求 。

一　一带一路，语言先行

“政策沟通、设施联通、贸易畅通、资金融通、民心相通”是“一带一路”建设的核心内容。实现这“五通”的重要基础之一便是语言相通[①]。“一带一路”倡议的构思一经提出，国内许多相关专家学者便提出了“一带一路，语言先行”的战略观点。[②] 然而，就现实而言，由于我国外语人才培养长期以来将重点放在对通用语和主要几种第二外语的培养上，对“一带一路”沿线国家的小语种语言关注不够，准备不足，无论是熟悉的语种数量、可用的外语人才，还是语言产品及相关的语言服

① 王辉、王亚蓝：《“一带一路”沿线国家语言政策概述》，《北华大学学报》（社会科学版）2016 年第 2 期，第 23~27 页。

② 沈骑、夏天：《“一带一路”语言战略规划的基本问题》，《新疆师范大学学报》（哲学社会科学版）2018 年第 39 期，第 36~43 页；卢俊霖、祝晓宏：《“一带一路”建设背景下“语言互通”的层级、定位与规划》，《语言文字应用》2017 年第 2 期，第 67~73 页。

务，都难以满足“一带一路”倡议所需要的语言需求[①]。

国家语委组织编写的“一带一路”语言系列丛书之一《“一带一路”国家语言状况与语言政策》指出，“一带一路”覆盖的中亚、东南亚、南亚、西亚和东非5个地区的官方语言达到40余种，而中国全部高校外语专业设置的语种只覆盖其中20种。此外，学习“一带一路”沿线国家小语种的在校学生数目也是少之又少。2010~2013年，在中国外语专业类招生中，涉及“一带一路”的语种仅20种，其中11个语种的在校生数目不足100人，土耳其语、波斯语和斯瓦希里语3个语种在校生数目在50~100人之间，剩下6个语种在校生均不足50人。[②]

针对这一现状，王秋芳等国内知名外语教育研究者纷纷呼吁调整我国高校外语人才培养体系，改变“英语独大”的外语教学现状，建议成立“丝路”小语种强化训练基地及“丝路”小语种人才培养基金，积极培养“语言+专业技能”的复合型外语人才，[③] 为“一带一路”的“五通”建设提供优质的语言服务，为“一带一路”倡议的顺利实施培养优秀的外语人才。

作为外语人才培养的主要机构，我国各大外语院校积极响应“一带一路”的战略部署及专家学者的建议，一个旨在为“一带一路”倡议提供语言服务的外语课程改革措施也正式拉开了序幕，2016年教育部牵头制定的《推进共建“一带一路”教育行动》更是将这一课程改革推向高潮，为外语院校开设“一带一路”沿线国家小语种专业提供了更大的政策平台。北京外国语大学于2015年12月19日宣布成立“一带一路”语言教学与研究中心，并新增库尔德语、克里奥尔语、茨瓦纳语、恩德贝莱语及白俄罗斯语等小语种专业。北京第二外国语学院增设罗马尼亚语、塞尔维亚语、立陶宛语、爱沙尼亚语、波斯语、印地语、希伯来语、土

① 赵世举：《“一带一路”建设的语言需求及服务对策》，《云南师范大学学报》（哲学社会科学版）2015年第4期，第36~42页。

② 《“一带一路”催生小语种人才需求量激增》，中新网，2017年6月12日。

③ 张日培：《服务于“一带一路”的语言规划构想》，《云南师范大学学报》（哲学社会科学版）2015年第4期，第48~53页。

耳其语8个本科专业。北京语言大学也将以往的“英语+土耳其语”复语方向调整为土耳其语专业。此外，上海外国语大学新增了乌兹别克语、捷克语、波兰语及哈萨克语。广东外语外贸大学也在原有的19个小语种专业的基础上，新增马来语、乌尔都语等专业。除了这些知名的语言类院校外，许多综合性高校也根据自己的地理位置纷纷开设了亚美尼亚语、菲律宾语、孟加拉语、泰米尔语、吉尔吉斯语等“一带一路”沿线国家语言专业。①

二 “一带一路”背景下西藏高校外语教学战略转型

（一）西藏融入“一带一路”倡议的努力及成果

“一带一路”是中国在区域经济一体化和经济全球化的大背景下，结合当前国内外新形势而提出的跨区域经济合作的重要倡议。西藏自治区作为历史上南方丝绸之路、唐蕃古道、茶马古道段的重要参与者，外连印度、缅甸、尼泊尔、不丹等南亚国家，内通云南、四川、青海、新疆等西南、西北各省、自治区，具有独特的地缘优势，是中国与南亚国家交往的重要门户。“一带一路”倡议的提出给西藏地区交通、贸易、金融、能源和现代物流业等领域的跨越式升级，以及推动促进西藏社会经济的快速发展带来了难得的历史性机遇。

为了迅速融入“一带一路”倡议，抓住“一带一路”带来的发展机遇，西藏提出了以“一带一路”为统领，立足“以口岸互联互通为基础、以开放型产业发展为核心”的总体思路，积极融入“一带一路”的总体部署中，在优化开放型经济发展环境，加快外贸发展，加强基础设施的互联互通与国际产能和装备制造合作，深化国际友谊，以及建设多边、双边合作机制等方面取得了丰硕的成果。

然而，尽管有以上诸多为了融入“一带一路”倡议的努力和成果，

① 赵世举：《“一带一路”建设的语言需求及服务对策》，《云南师范大学学报》（哲学社会科学版）2015年第4期，第36~42页。

但西藏地区在“一带一路，语言先行”方面的尝试还未真正开启。同全国许多地方一样，“英语独大”成为西藏高校外语教学的突出症结。“一带一路”沿线国家，特别是南亚国家所用语言的教学在当前仍是空白。这一问题不仅给中国西藏同南亚国家的经济文化往来带来一定程度上的影响，而且在“一带一路”倡议实施以后，更是给中国西藏实现同南亚各国互联互通带来了一定程度上的沟通障碍。

（二）西藏高校外语教育的现状及不足

中央第六次西藏工作座谈会明确指出了西藏是“面向南亚开放的重要通道”。把西藏建设成面向南亚的重要开放门户是“一带一路”倡议的重要组成部分，也是西藏扩大对内对外开放，加快经济、文化发展的重大历史契机，更是中国建成全方位开放新格局、促进西藏地区长足发展和长治久安的重要组成部分。

在这样的历史机遇的大背景下，外语教育的地位和作用显得日益突出。然而，西藏总体外语教育现状却不容乐观。由于基础教育阶段的外语教育仅限于英语，因此在此主要探讨西藏高校的外语教学现状。目前，西藏共有普通高等学校 6 所，除了开设大学英语课程作为公共必修课外，西藏大学、西藏民族大学还开设了英语和日语本科（专科）专业。法语、德语等以第二外语或选修课形式出现。总体来讲，外语语种数明显过少，除了日语之外，未开设其他主要非通用语种专业课程。此外，西藏高校同样未开设与西藏有着密切经贸文化往来的周边国家的小语种专业，比如印度语、尼泊尔语、缅甸语等，无法满足西藏在“一带一路”倡议大背景下对这些小语种人才日益增长的需求，一定程度上影响了与这些南亚国家的“五个互通”。

（三）西藏外语教育政策的基本思路

在谈到中国外语教育政策的时候，长期从事语言规划的上海交通大学张蔚磊教授如是说：“我国幅员辽阔，邻国众多，各地区的外语教育可以充分发挥地域优势开展不同语种教育，实现外语教育的多样化、差异化、个性化和生态化，保证外语教育的可持续发展。”① 对于“一带一路”背景下的西藏外语教育政策这句话同样适用。西藏是中国面向南亚的重要门户，西藏的外语教育应充分发挥自身的地缘优势，紧紧抓住“一带一路”建设的历史契机，主动出击，及时进行符合“一带一路”倡议需求的政策性调整，实现西藏外语教育的多元化发展。

（1）改变西藏目前“英语教育独大”的外语教育局面，化“英语独大”为英语同小语种教育并重、互补。具体来讲，同全国众多高校一样，西藏高校外语专业中英语所占比重高达95%以上，小语种专业和课程严重匮乏，学科同质化倾向明显。随着“一带一路”倡议的不断推进，这种单一型的语种结构和非通用语人才匮乏的问题将变得更加明显。因此，根据“一带一路”沿线国家语言使用情况，积极扩大西藏高校外语教学语种数量变得日益迫切。西藏各高校应根据自己的实际情况增设法语、德语、西班牙语等传统小语种，在教学资源相对较好的西藏大学、西藏民族大学等高校开设“一带一路”沿线南亚小语种相关课程，如印地语、尼泊尔语，鼓励其他高等学校（如西藏职业技术学院、拉萨高等警官学校等高职高专院校）开设小语种课程，力争在不久的将来，在西藏高校中形成区域性多元化的外语语种教学体系。

与此同时，西藏高校必须清醒地认识到在外语资源从“单一型”到“多元化”的转型过程中，由于受人才引进困难等客观条件制约，短期内开设具有一定规模的小语种专业课程存在着较大的难度，为此，尝试和推行小语种人才培养的复合型模式可以最大限度地提高小语种人才培养的规模和效率，为西藏高校外语资源实现多元化起到良好的过渡和引导作用。因此，除了在西藏高校内尝试推行“语言专业+小语种”的多元人才培养模式以外，西藏各个高校应充分利用北京大学、华南师范大学、厦门大学、北京外国语大学等对口支援高校的小语种教学资源，积极推进西藏高校小语种人才的“插班培养”模式。

---

① 张蔚磊：《美国21世纪初外语教育政策述评》，《外语界》2014年第2期，第90~96页。

（2）改革英语课程设置，推行 ESP 教学。古今中外对于外语教育的规划同具体的历史和现实背景息息相关，对于外语人才的定义也因此不尽相同。就中国的外语教育而言，晚清洋务运动将外语人才定义为贯通西学之才，民国时期提倡博雅教育，认为外语人才应学贯中西，新中国成立以来，对于外语人才的定义则注重语言知识和语言技能本身，强调外语作为工具的实用性。这种对于外语人才工具性的定义虽然有着其自身毋庸置疑的优势，但在这一定义和规划下培养出来的外语人才仅能满足普通的日常语言沟通和交流的需求，由于缺乏人文素养和专业知识，而无法满足经济全球化及“一带一路”倡议大背景下国与国之间、地区与地区之间日益频繁的商贸、法律、文化、政治等专业领域交流和合作的需要。

尽管以往内陆及边疆地区由于地理位置与国际贸易、文化等交流合作并无密切的关系，但是随着“一带一路”的不断深入推进，包括西藏在内的内陆及边疆地区将变为开放前沿，以往的地理弱势因此将转变为地理优势。

就西藏而言，在“一带一路”倡议大背景下国家明确提出的“环喜马拉雅经济合作带”便是西藏成为面向尼泊尔、印度、不丹等南亚国家的通商要道的重要信号之一。而随着这样的跨境经济合作区的建成及边境贸易的不断发展，包括藏药产业、特色农牧业、旅游文化产业等在内的西藏的主要产业，将加快进入国际市场的步伐。这就使熟悉相关专业的英语人才的需求变得日益迫切，而目前西藏英语教育“小才成堆，大才难觅”的人才培养状况无法满足对“语言+专业”人才的需求，因此，结合语言和专业技能的 ESP 英语课程模式的推行刻不容缓。

ESP（English for Special Purpose）是指将语言工具和语言学习者将来从事的工作结合起来的专门用途英语培训①。目前西藏高校的外语教育不仅呈现“英语独大”的教学局面，同时英语教育本身又过于倾向于师

① 段平、顾维萍：《我国大学 ESP 教学的发展方向探讨》，《外语界》2006 年第 4 期，第 36～40 页。

资方向。ESP 教学的推行可以实现以英语为语言载体，以专业为学习内容，促使英语教学具有专业性、实用性、价值性，将英语课程与“一带一路”倡议中的政策沟通、道路联通、贸易畅通、货币流通、民心相通等“五通”所需的专业技能有机地结合起来，实现英语作为国际通用语在“一带一路”倡议中的语言服务功能。

（3）在西藏成立“一带一路”语言文化研究所，负责实施“内查、外调”工作。具体来讲，“内查”指对西藏地区涉及“一带一路”的相关重要领域和行业进行外语人才需求和现状调查，从而规范指导“一带一路”大背景下西藏地区外语能力的建设，使西藏的外语教育更加符合西藏经济社会对外语人才的实际需求，为“一带一路”的顺利实施提供及时有效的语言服务，进而促进西藏地区经济文化的发展，方便与“一带一路”南亚各国为主的区域进行国际交流。“一带一路”语言文化研究所的另外一个中心任务是“外调”工作。所谓“外调”是负责对“一带一路”沿线国家，特别是南亚国家的语言、文化、国情进行充分的了解和研究，摸清底数，建立语言文化数据库①。“内查、外调”所得出的结果可用作西藏自治区整体外语教育规划的重要参考数据。

总而言之，“一带一路”语言文化研究所可以跟踪调查西藏及其周边国家和地区在“一带一路”建设中的外语人才现状及需求，整体上把握西藏地区外语教育政策的调研、规划、调整和实施，推进西藏地区“一带一路”大背景下的外语能力建设。

结　语

党中央“一带一路”重大倡议的提出和实施使得包括西藏在内的中西部地区不再是对外开放的“后来者”，而成为“牵动者”，并承担着开发与发展的重担。作为中国面向南亚的战略枢纽和开放门户，西藏同南亚诸多国家山水相连，边民关系密切，长期以来，与周边国家和地区保

① 李宇明：《“一带一路”需要语言铺路》，《中国科技术语》2015 年第 6 期，第 62~62 页。

持着经济文化上的友好往来。“一带一路”倡议的提出和实施进一步加快和推动了南亚大通道的建设和环喜马拉雅经济合作带的建设，为西藏丰富的民族文化、旅游资源及特色产业由南亚通道进入国际市场提供了前所未有的政策平台，为西藏经济文化的再一次腾飞提供了千载难逢的历史机遇。

作为重要的战略资源之一，外语人才培养和储备的多寡直接关系到“一带一路”倡议的顺利实现与否。因此，“一带一路，语言先行”是“一带一路”倡议顺利实现的重要先决条件，只有有了语言文化上的相联相通，政策沟通、设施联通、贸易畅通、资金融通、民心相通才能够顺理成章。

西藏作为国家“一带一路”建设的重要关节点之一，西藏的外语教育应抓住这一百年不遇的历史契机，根据西藏自身在“一带一路”倡议中的地缘优势，实行多元化外语教育，优化外语教育结构，提高外语教育品质，为“一带一路”倡议提供优质的语言服务，为“一带一路”倡议在西藏的顺利实施提供自身的时代责任感与教育服务情怀。

融入“一带一路”倡议，推动西藏持续健康发展

王文力　尼玛次仁*

摘　要： 在全球经济增速减缓的情况下，以习近平总书记为核心的中国政府率先提出“一带一路”设想，即通过多国之间的相互合作，建立灵活、有效的地区合作平台，建立以古丝绸之路为纽带的地区经济共同体。西藏作为古丝绸之路的重要环节，是我国与东南亚各国之间建立联系纽带的重要依托，是“一带一路”倡议中的关键所在。本文以西藏地区的持续健康发展为研究对象，并结合“一带一路”倡议的推出，为西藏的发展方向提出建议。

关键词： “一带一路”　西藏　持续发展　健康发展

“一带一路”倡议是习近平主席在2013年的一次重要演讲报告中首次提出的。基于当前国际经济形势疲软，东南亚地区经济发展势头有所下降的形势，习近平主席创新性地提出建设以古丝绸之路为纽带的经济走廊，并有意将这种经济合作模式进行深化，进而带动整个亚、欧经济的复苏。为此，在我党召开的第十八届三中全会上，以古丝绸之路与海上丝绸之路为核心的“一带一路”倡议全面提出。这意味着中国对外经贸、文化往来将进入新的阶段，而西部地区作为连接东南亚、中东地区的重要窗口，其发展受到国内外的广泛关注。

西藏地处青藏高原，地理优势明显，自然资源丰富，环境优美，是

* 王文力，西藏大学马克思主义学院讲师，研究方向：思想政治教育；尼玛次仁，藏族，西藏大学马克思主义学院院长，研究方向：马克思主义哲学。

中国西南地区与其他国家之间建立沟通联系的关键。西藏是中国边境线最长的省份，与中东、东南亚等多个国家相接壤，在古代就有相互经济、文化往来的记录。如今，作为我国“一带一路”倡议实施的桥头堡，西藏迎来了前所未有的发展机遇。如何融入“一带一路”倡议，并以此来推动西藏地区的持续健康发展，就成为此次研究的重要内容。

一 “一带一路”倡议的重要意义

经过40年的改革开放，中国经济得到了快速且充分的发展，然而，随着世界经济进入调整期，中国经济发展速度逐渐放慢了脚步，进入了全面的产业结构调整期。经济发展依然是当前国家建设的主要内容，为此，中国政府在十八届三中全会后，推出一系列经济复苏计划，并辅以政策的支持。这不仅推动实现了中国经济的软着陆，更为中国经济的再次腾飞奠定了良好的基础。但是，在改革开放的这段时间里，中国经济发展主要以东部沿海地区的经济发展为主要任务。中西部地区经济多以矿产资源为主，这种不可持续的发展模式极大地限制了中西部地区的经济发展，中西部地区居民生活水平提高并不明显。

“一带一路”倡议的提出是中国经济改革的里程碑事件，习近平总书记创新性地将陆上丝绸之路和海上丝绸之路与地区经济发展相结合，“‘一带一路’建设，有助于西部地区统筹利用国际国内两个市场、两种资源，形成横贯东中西、联结南北方的对外经济走廊，进一步释放开发开放和创新创造活力”①。在带动中国中西部地区经济发展的同时，也将为“一带一路”沿线国家经济发展提供前所未有的契机。通过加强与东南亚、中东地区的经贸往来，西藏、新疆、甘肃、陕西等省份将承担起中国对外经贸往来的历史重任，从而为促进各自经济的持续健康发展提供了一定的保障。

1. 加强中国与东南亚、中东地区的经济、文化往来

中国自古代起就与东南亚、中东各国之间进行着密切的经济、文化

---

① 袁新涛：《“一带一路”建设的国家战略分析》，《理论月刊》2014年第11期，第5页。

等方面的交流，与这些国家之间有着极其稳固的经贸关系。新中国成立后，尤其在改革开放之后，对外经贸往来进入新时期，在东南亚、中东各国的贸易对象中占据极其重要的地位。“中国是周边若干国家的第一大贸易伙伴国，也是不少国家贸易顺差的最大来源国。”[①] “一带一路”倡议实现了各国之间的优势互补，通过不断加深经济、文化等多方面的沟通、交流，可以在“一带一路”倡议的实践过程中，有力推动各国经济的快速发展。

2. 建立以点带面的经济发展模式

“一带一路”倡议是习近平主席在深入分析当前全球经济形势的前提下，提出的具有建设意义的地区经济发展新模式。借助古丝绸之路，“一带一路”再次将东南亚、中亚、中东、西欧地区紧密结合起来，建立起新时期的经济带，为新丝绸之路上的每一个国家带来发展的新机遇。“‘一带一路’战略核心理念之一是加强与东南亚国家的经贸合作。”[②] 而中国作为该倡议的提出方，自然有着一定的经济影响力，基于长期以来在经贸往来中积累的信誉，以及自身经济实力的不断强大，“一带一路”倡议得到世界各国的支持与参与。目前，“一带一路”倡议正在各处开花，通过蒙内铁路、中匈协议、亚投行等一系列项目的实施，必将吸引更多国家的参与。以中国为首的“一带一路”倡议将带领全球进入经济发展的新纪元。

3. 加强中国东、西部地区之间的协调发展

东部地区充分享受了中国改革开放40年所带来的红利，而西部地区由于地理位置偏远、交通极为不便等原因，在经济发展方面一直远远落后于东部沿海地区，东西地区之间的差异逐渐变大。因此，中国西部地区在经济发展方面有着极其迫切的需求。在产业结构调整方面，中国曾

① 宋国友：《中国与周边国家经济关系及政策选择》，《国际问题研究》2013年第3期，第34页。

② 张军：《我国西南地区在“一带一路”开放战略中的优势及定位》，《经济纵横》2014年第11期，第95页。

做出过一系列的努力，却收效甚微，主要在于基于自身内部的调整对西部地区的经济发展作用十分有限。但是，“一带一路”倡议的提出，能够将西部地区作为中国对外沟通交往的西大门，逐渐承担起与东南亚、中亚、中东地区经贸往来的重要任务，进而实现中国西部地区经济的跨越式发展。

4. 促进地区经济转型升级

对外经济贸易总量既是衡量一个国家经济发展水平的重要标准，也是衡量一个国家开放水平的重要指标。“一带一路”倡议的提出，为中西部地区的经济发展带来了机遇，但是，享尽改革开放红利的东部沿海地区也需要借此机会进行产业结构的合理化调整、转型和升级，并且配合“一带一路”倡议的实施，提供经济等多方面的保证。在原有市场体系的基础上，平衡市场资源配置，简化对外经济贸易往来手续，将（上海）自由经济贸易区模式进行区域化试点，为中国与其他国家之间的经贸往来提供便利，使各国在实现“一带一路”倡议的同时，分享由此带来的胜利果实。

二　“一带一路”倡议与西藏的持续健康发展

中国政府极其关注西藏地区在经济、文化等领域的发展情况，中国领导人也将西藏各族群众的生活时常牵挂在心上，这不仅是由于西藏的地理位置极为重要，更是由于在几十年的改革开放过程中，西藏为此做出了大量贡献，却一直受交通、气候等因素的限制，迟迟得不到发展的缘故。习近平总书记在十八届三中全会上提出加快西部地区经济发展等一系列问题，其中以西藏地区的经济发展最引人关注。“一带一路”倡议的提出，为西藏地区经济发展带来了前所未有的机遇。在发展经济的同时，西藏地区政府需考虑经济发展的可持续性，在不破坏西藏现有生态环境、人文环境的同时，实现地区经济的健康发展。

1. 为西藏地区创造稳定的社会环境

作为中国西部地区最重要的省份之一，西藏地区的安全问题一直以来受到社会各界的关注，其中不乏一些别有用心的“势力”试图破坏西藏安定的社会环境。随着中国经济的快速发展，这种意图更加明显，并在国际场合以“西藏问题”作为制约中国的“利器”，其中以“藏独”和“中印边界之争”最具有代表性，严重影响了西藏地区的持续健康发展。

“一带一路”倡议的提出为西藏地区及周围国家带来了新的发展机遇，“把以往开放的内陆偏远地区变为开放前沿，沿边以往的弱势因而成为优势，这会促进跨国开放中的要素流动，为区域性经济发展带来新动力”①。通过加深中国西藏与周围各国之间的经济、文化等领域的往来，在提高西藏地区居民生活水平的同时，也实现了周围国家的共同发展。这符合长期互惠互利的发展模式，不仅提高了中国在这一地区的影响力，也为西藏地区创造了一个安定的社会环境，有力地促进了西藏地区的持续健康发展。

2. 为西藏地区持续健康发展奠定良好的经贸关系

受地理位置的制约，西藏长期以来的经贸往来主要集中在尼泊尔、印度等国家，由于中国与这几个国家之间的关系存在不确定性，因此，西藏地区对外经济贸易往来会不定期受国家关系的影响而处于暂停状态，这一状态在1997年最具代表性。

然而，随着中国经济实力的不断提升，以及日益增强的国际影响力，西藏在与周边国家进行经济贸易往来时更加具有主动性。“一带一路”倡议的提出，使西藏完全掌握了地区经济、文化沟通与交流的话语权，带动区域国家经济共同发展，对于维护中国在西藏地区与周围国家之间的良好关系意义重大，也有利于推动中国西藏与周边国家保持持续健康的经贸关系。

3. 促进西藏地区的经济发展模式转型

由于西藏地区位置偏远，交通也极为不便，在改革开放过程中并未

---

① 苏山：《试论西藏在“一带一路”战略建设中的地位和作用》，《西藏发展论坛》2015年第3期，第24页。

充分享受到改革红利。在经济发展方面，西藏地区主要以畜牧业、种植业作为经济来源，这些传统的作业方式带来的经济收入并不稳定，过度开发畜牧及种植资源也严重破坏了西藏地区的自然环境，“西藏地区产业发展不平衡，第三产业所占比重很小，第一产业农牧业产业化程度低”[①]，从而导致经济的不可持续发展。

党的十八届三中全会针对西藏地区发展问题进行多次磋商，根据西藏当前经济发展情况，制定明确的发展方向与目标，并结合“一带一路”倡议的提出，建立以市场经济为基础的对外经济贸易往来体系，对现有基础设施进行升级，保证西藏地区经济发展过程中对人才的需求，将西藏经济发展与“一带一路”倡议同时上升至倡议层面的高度。

经济结构转型方面，在保证现有畜牧业规模的情况下不予破坏性扩大，适当发展旅游业与经济作物种植，逐渐增加具有高附加值的西藏健康产品出口，鼓励在西藏地区建立小规模的自由贸易示范点，并形成环西藏经济贸易区。“按照国家的主体功能划分，西藏的绝大多数区域都属于限制或禁止开发区域，在这种情况下，西藏的经济发展需要选择生态经济、文化经济作为战略重点。”[②] 因此，文化输出方面，西藏较东部地区有着较大优势，神秘的西藏文化发展也是此次西藏经济转型的重要内容，文化经济输出将成为西藏经济新的增长点。

三　西藏在“一带一路”倡议实施过程中出现的问题

尽管“一带一路”倡议能够为西藏及其周边国家的经济发展带来机遇，然而，西藏地区在各领域所存在的问题严重限制了“一带一路”倡议的深入开展，如果这些问题不予以解决，那么，西藏在“一带一路”倡议中的重要作用及地位将大打折扣。

---

① 涂学敏：《西藏“一带一路”建设存在的问题及破解之道》，《经贸实践》2015 年第 8 期，第 66 页。

② 毛阳海：《西藏对接“一带一路”战略的历史渊源和现实意义》，《西藏民族大学学报》（哲学社会科学版）2015 年第 4 期，第 67 页。

1. 传统产业结构不合理、主导产业动力不足

受传统生产模式的影响，西藏地区在传统产业结构方面极不合理，三大产业结构中，以劳动密集型的第二产业为主，且工业、农业等产业均处于起步阶段，投入、产出比较低，资源的浪费率较高，环境污染严重，在三大产业中并不具备明显的主导优势。而对于以服务业为内容的第三产业来说，旅游消费服务行业占据这一产业收入的绝大比例，文化、物流等现代服务业所占比例几乎为零。不仅如此，三大产业之间发展相对独立，关联性较低，这是一种极不合理的产业结构模式。

中国正进行全面的产业结构调整，西藏地区应当提高第三产业在三大产业中的比重，逐渐淘汰劳动密集型、环境污染型等企业，优化传统种植业、畜牧业的产业结构。建立以第三产业为主导，第一、第二产业为辅的产业结构，实现西藏地区产业结构的持续健康发展。

2. 缺少相关对外贸易政策的正确指导

长期以来，西藏地区的对外贸易工作内容较少，因此，在对外贸易政策方面，自治区政府并未根据西藏地区的特点进行单独制定。“一带一路”倡议提出以后，现有对外贸易政策并不能够完全适用于西藏地区，缺乏相应的政策准备是导致“一带一路”倡议在西藏地区实施缓慢的重要因素之一。尤其是西藏地区并不存在大量的对外贸易企业，以及对外合作项目，“一带一路”倡议提出以后，国外企业争相进驻西藏，却由于缺少相关政策的正确指导而迟迟不能开展业务，严重打击了投资者的热情。不仅如此，由于缺乏一系列的审核标准，在企业与项目的引入方面，部分不良企业、项目引入后，对西藏生态环境造成破坏性开发，严重影响西藏地区的持续健康发展。

为此，相关部门需要根据西藏地区特点制定具有针对性的对外经贸政策，并指导西藏地区开展对外企业、项目的引进，保证西藏地区对外经济贸易往来的持续健康发展。

3. 缺乏高素质人才的加盟

由于西藏地处青藏高原，环境较为恶劣，大多数人第一次到西藏会

出现不同程度的高原反应，有的甚至会有生命危险，相比于收入较高、生活条件较好的东部沿海地区，大多数高素质人才并不情愿去西藏工作。

“一带一路”倡议的实施需要大量的人才加盟，而西藏地区在高素质人才方面的欠缺影响了这一规划的全面实施。尽管中国对前往西藏地区工作的高素质人才给予不同方面的补贴、奖励，然而，真正能够留在西藏工作的高素质、高学历人才却少之又少。

为确保“一带一路”倡议的实施，以及西藏地区的持续健康发展，西藏地区需要培养地区人才，通过建立地区大学，培养当地人才，实现人才的自给自足。

结　语

“一带一路”倡议的提出，不仅为西藏的发展提供了良好的机遇，也带动了古丝绸之路沿线国家的经济复苏。作为中国与东南亚、中亚、中东地区经贸交流的前沿阵地，西藏地区需要深入理解“一带一路”建设的重要思想，为“一带一路”倡议的实施做好各方面的准备。在调整地区传统产业结构的同时，与习近平总书记提出的“一带一路”倡议相结合，全面促进西藏地区的持续健康发展。

“一带一路”倡议背景下中印两国学前教育发展的比较研究

夏双辉*

摘　要：习近平总书记在出访中亚和东南亚各国期间，提出共建“丝绸之路经济带”和“21世纪海上丝绸之路”的重大构想。教育作为文化传递、交流与互鉴的重要媒介，在共建“一带一路”过程中发挥着基础性和先导性的作用。学前教育作为中印两国国民教育体系的基础和奠基工程，受到中印两国的高度重视。本文通过对中印两国学前教育机会、学前教育投入及学前教育质量三个维度进行比较研究，发现中印两国仍然处于中等或落后水平。中印两国政府在加快推进学前教育普及进程、加大学前教育公共财政投入，以及建设数量充足且素质优良的学前教育师资队伍方面应加强交流与合作，提升中印两国学前教育的发展质量，从而为共建“一带一路”提供人才支持与智力支持。

关键词：“一带一路”　西藏　印度　学前教育

为贯彻落实国务院发布的《推动共建丝绸之路经济带和21世纪海上丝绸之路的愿景与行动》，2016年7月，教育部牵头制定了《推进共建“一带一路”教育行动》，提出建立“一带一路”教育共同体，从教育使命、合作愿景、合作原则、合作重点、中国教育行动起来及共创教育美好明天六个方面，对中国与“一带一路”沿线国家的教育合作进行了全

---

*　夏双辉，汉族，江西上饶人，西藏大学师范学院讲师，主要研究方向：学前教育基本原理。

面和整体的规划与设计，为中国与“一带一路”沿线国家的教育合作指引了方向。

印度作为南亚次大陆最大的发展中国家，其教育发展背景与中国具有一定的相似性。作为当今世界上最大的两个发展中的人口大国，其儿童的数量也是世界之最。如何发展本国的学前教育，提升本国国民的人力资本是中印两国政府面临的共同难题。随着“一带一路”向纵深发展，以及中国与南亚命运共同体的不断加快推进，教育作为中印两国文化传递、交流与互鉴的重要媒介地位日益凸显。但中印两国教育发展面临着一系列的困境，受制于经济发展基础比较薄弱、社会财富分布不均及受教育人口基数较大的影响，中印两国的教育发展水平相对落后。在学前教育领域主要表现为：学前教育的普及程度较低、学前教育经费投入水平较低、城乡学前教育发展不平等、学前教育质量有待提高等。建立中国与印度学前教育的区域合作，对推进中印两国学前教育全方位、多领域、高层次的交流与合作，提升中印两国的学前教育发展水平和发展质量具有十分重要的意义。

一　中印两国学前教育综合发展水平评价指标的构建

本研究在参考国内外相关研究的基础上，结合中印两国的学前教育发展现状，构建了中印两国学前教育发展水平评估指标体系，以此来反映中印两国学前教育的综合发展水平。

在评估教育发展水平和发展质量上，不同的国际性组织在其公布的教育统计报告中，设计了多种教育统计指标，以此来反映各国的教育发展水平。比较有代表性的有联合国教科文组织每年发布的《全球教育统计摘要》、经济与合作组织每年出版的《教育概览——OECD 指标》，以及世界银行和联合国计划开发署每年发布的教育年度统计报告。联合国教科文组织在其每年发布的《全球教育统计摘要》中，主要从教育机会、教育经费、教育结构、教师资源、教育公平、教育成果和效率及教育国际化七个维度提供教育统计指标的数据来评估教育的综合发展水平。[①] 在经济与合作组织每年出版的《教育概论——OECD指标》和《夯实基础Ⅱ：幼儿保育与教育》中，主要从学前教育背景、学前教育投入、学前教育产出、学前教育机构和组织四个维度对学前教育的综合发展水平进行评估。[②] 世界银行每年出版的教育统计指标包括教育投入、教育参与、教育效率、教育完成率和成果以及教育公平五个维度对教育的综合发展水平进行评估。[③] 联合国计划开发署每年发布的教育统计指标主要从成人识字率和综合毛入学率两个维度对教育的综合发展水平与质量进行评估。[④]

近年来，国内学者对教育发展指标体系和发展指数的研究，比较有代表性的是王善迈教授和袁连生教授的研究。他们主要从教育机会、教育公平、教育质量和教育投入四个维度构建了中国教育发展水平指标体系。[⑤] 在学前教育研究领域，比较有代表性的是霍力岩教授和刘占兰研究员的研究。霍力岩教授主要从学前教育机会、学前教育投入和学前教育质量三个维度构建了学前教育综合发展水平指标体系。[⑥] 刘占兰研究员和高丙成副研究员主要从学前教育机会、学前教育投入、学前教育质量和学前教育公平四个维度构建了学前教育综合发展水平的评价指标体系。[⑦] 基于以上对国际组织和国内学者关于教育和学前教育综合发展水平评价指标体系的构建研究，本研究主要借鉴了霍力岩教授和刘占兰研究员的分析维度，构建了中印两国学前教育综合发展水平的比较研究指

---

① United Nations Educational, Scientific and Cultural Organization, *Global Education Digest 2011: Comparing Education Statistics across the World* (Montreal: UNESCO Institute for Statistics, 2011) pp. 304-306.

② 霍力岩、孙蔷蔷：《中国与“一带一路”沿线国家学前教育发展的比较研究》，《现代教育论丛》2016年第4期，第58页。

③ 王善迈、袁连生：《中国地区教育发展报告》，北京师范大学出版社，2011，第18~26页。

④ 转引自刘占兰、高丙成《中国学前教育综合发展水平研究》，《教育研究》2013年第4期，第31页。

⑤ 王善迈、袁连生：《中国地区教育发展报告》，北京师范大学出版社，2011，第18~26页。

⑥ 霍力岩：《美、英、印、日四国学前教育体制的比较研究》，北京师范大学出版社，2013，第3页。

⑦ 刘占兰、高丙成：《中国学前教育综合发展水平研究》，《教育研究》2013年第4期，第32页。

标体系，主要包括学前教育机会、学前教育投入、学前教育质量三个维度。学前教育机会层面，主要是指学前教育毛入园率；学前教育投入主要包括公办园数占幼儿园总园数的比例、学前教育投入占教育总投入的比例、学前教育经费占 GDP 的比例，以及财政性学前教育支出占政府总支出的比例；学前教育质量主要包括学前教育师资总数、学前教育师幼比和学前教育师资培训体系。本研究以上述三个维度、四类一级指标、八项二级指标为分析研究框架（详见表 1），来分析中印两国学前教育的综合发展水平。

表 1　中印两国学前教育综合发展水平分析研究框架

维度	一级指标	二级指标
学前教育机会	入园率	学前教育毛入园率
学前教育投入	幼儿园格局	公办园数占幼儿园总园数的比例
	学前教育经费	学前教育投入占教育总投入的比例
		学前教育投入占 GDP 的比例
		财政性学前教育支出占政府总支出的比例
学前教育质量	师资状况	学前教育师资总数
		学前教育师幼比
		学前教育师资培训体系

二　中印两国学前教育综合发展水平现实状况的比较

（一）中印两国学前教育毛入园率比较

近年来，中印两国政府都致力于学前教育的普及工作，相继出台了推进学前教育普及进程的一系列政策，也开展了一些教育活动。进入 21 世纪后，中国政府为推进学前教育的普及，相继出台了《国家中长期教育改革和发展规划纲要（2010-2020）》和《国务院关于当前发展学前教育的若干意见》等政策性文件，提出了"基本普及学前教育"的战略发展任务。为重点支持中西部农村地区学前教育的普及，中国政府制定了学前教育三年行动计划，有力推动了中国学前教育的普及进程。印度政府为推进本国学前教育的普及，先后出台了《国家儿童宪章》《国家儿童行动计划》等，提出“普及学前教育，使所有儿童获得高质量的教育”[①]。为帮助处境不利儿童接受学前教育，从 1975 年就开始实施的儿童综合发展服务项目（ICDS）一直得到印度政府的财政支持与投资，越来越多的儿童在 ICDS 项目的支持下，接受学前教育服务。

在中印两国政府的努力下，两国的学前教育毛入园率有了不同程度的提升。根据联合国教科文组织公布的统计数据显示，2004~2013 年间，与世界平均水平相比，中国的学前教育普及率要高于世界平均水平，而印度学前教育的普及率基本与世界平均水平持平。从总体上看，中国的学前教育普及率要高于印度的学前教育普及率（如表 2 所示）。

表 2　2004~2013 年中印两国学前教育毛入园率统计

单位：%

年份	中国	印度	世界平均值
2004	37	35	38
2005	41	40	41
2006	47	40	42
2007	50	48	45
2008	51	54	47
2009	53	54	48
2010	56	56	49
2011	62	58	51
2012	70	58	53
2013	74	*	54

说明：* 为数据缺失。

资料来源：转引自霍力岩、孙蔷蔷《中国与“一带一路”沿线国家学前教育发展的比较研究》，《现代教育论丛》2016 年第 4 期，第 59 页。

（二）中印两国学前教育发展格局比较

学前教育的格局与发展是一个国家学前教育公共服务水平的重要体

① 庞丽娟、沙莉等：《印度学前教育公平的法律与政策研究》，《教育发展研究》2008 第 Z3 期，第 103 页。

现，反映了一个国家学前教育的办园体制和学前教育的发展模式。中印两国学前教育的类型基本上可以划分为公办园与民办园，中印两国学前教育公办园数在幼儿园总数中所占的比例，直观地反映了中印两国政府对学前教育的直接投资与供给。近年来，中国政府对发展公共学前教育的重视程度不断提升，提出了扩大普惠性学前教育资源的发展目标，中国的公办幼儿园数目不断增加。2010~2012 年教育部的统计数据显示，中国公办园占幼儿园总数的比例从 2010 年的 42%提升到 2012 年的 51%，公立园在园儿童数达到了 51%。[①] 印度学前教育与保育的开展基本上依赖于公立机构，学前教育与保育的入园率 98%来自公立教育机构。[②] 联合国教科文组织 2012 年的年度教育统计数据显示，印度公立幼儿园所占的比例达到了 73.9%。[③] 通过对中印两国学前教育发展格局的比较，可以发现印度的学前教育格局基本上是以公办园为主，公办园占幼儿园总数及公办园在园幼儿数的比例远高于中国。

（三）中印两国学前教育投入状况比较

学前教育投入是国家发展学前教育最主要的资金来源。根据联合国教科文组织公布的统计数据显示，对 2003~2012 年间中印两国学前教育投入占教育总投入的比例、学前教育投入占 GDP 的比例，以及学前教育经费支出占政府总支出的比例，来对中印两国的学前教育投入状况进行比较，可以发现，中印两国的学前教育投入水平都处于较低的状态，但是随着中国政府对学前教育重视程度的不断提升，学前教育投入占教育总投入的比例的增长趋势明显，特别是在 2010 年，中国的学前教育投入占教育总投入的比例得到了大幅度的提升，达到了 3.7%，这可以说是一个质的飞跃。[④] 印度学前教育投入占教育总投入的比例在十年间几乎没

---

① 霍力岩、孙蔷蔷：《中国与其他发展中国家学前教育发展的比较研究》，《现代教育论丛》2015 年第 3 期，第 14 页。

② 王明珠：《印度非正规学前教育研究》，硕士学位论文，南京师范大学，2013，第 31 页。

③ 霍力岩、孙蔷蔷：《中国与其他发展中国家学前教育发展的比较研究》，《现代教育论丛》2015 年第 3 期，第 14 页。

④ 刘占兰等：《中国学前教育发展报告（2012）》，教育科学出版社，2013，第 28 页。

有增长，甚至出现了负增长的现象。从学前教育经费占 GDP 的比例分析来看，中印两国学前教育经费占 GDP 的比例都在 0.1%以下，与世界的平均水平相比，存在着巨大的差距。但是，从学前教育经费占 GDP 比例的增长幅度来看，中国学前教育财政性经费的增长幅度超过了 100%，达到了 118%，远远超出世界的平均增长速度，而印度的学前教育财政性经费的增长幅度约为 10%，略低于世界平均增长速度。从学前教育支出占政府总支出的比例来看，中国的学前教育经费支出占政府支出的比例一直处于快速增长的态势，从 2003 年的 0.18%增至 2011 年的 0.38%；印度学前教育经费支出占政府支出的比例在 2003 年至 2006 年间，出现了负增长的现象，从 2011 年开始才出现大幅度增长的趋势。但是与世界学前教育经费占政府支出的平均水平相比，中印两国的学前教育经费支出占政府总支出的比例都处于较低的水平（详见表 3、表 4、表 5）。

表 3　2003~2012 年中印两国学前教育投入占教育总投入的比例

单位：%

年份	中国	印度	世界平均值
2003	0.6	1.5	7
2004	*	1.3	8
2005	1.2	1.3	8.2
2006	*	1.1	8.6
2007	0	*	8
2008	1.4	*	7.9
2009	1.5	1.2	7.5
2010	3.7	1.1	8.5
2011	4.3	1.2	9.1
2012	*	*	6.1

资料来源：转引自霍力岩、孙蔷蔷《中国与“一带一路”沿线国家学前教育发展的比较研究》，《现代教育论丛》2016 年第 4 期，第 60 页。

表 4　2003~2012 年中印两国学前教育经费占 GDP 的比例

单位：%

年份	中国	印度	世界平均水平
2003	0. 04	0. 05	*
2004	0. 03	0. 04	0. 32
2005	0. 04	0. 04	0. 3
2006	*	0. 04	0. 34
2007	0. 04	*	0. 35
2008	0. 04	*	0. 33
2009	0. 05	0. 04	0. 36
2010	0. 06	0. 04	0. 35
2011	0. 09	0. 05	0. 36
2012	*	0. 05	*

资料来源：转引自霍力岩、孙蔷蔷《中国与“一带一路”沿线国家学前教育发展的比较研究》，《现代教育论丛》2016 年第 4 期，第 61 页。

表 5　2003~2012 年中印两国学前教育经费支出占政府总支出的比例

单位：%

年份	中国	印度	世界平均水平
2003	0. 18	0. 19	0. 88
2004	0. 19	0. 15	0. 88
2005	0. 19	0. 14	0. 83
2006	*	0. 13	0. 88
2007	0. 20	*	0. 94
2008	0. 21	*	0. 88
2009	0. 21	0. 13	0. 93
2010	0. 27	0. 12	0. 94
2011	0. 38	0. 17	0. 98
2012	*	0. 17	1. 05

资料来源：转引自霍力岩、孙蔷蔷《中国与“一带一路”沿线国家学前教育发展的比较研究》，《现代教育论丛》2016 年第 4 期，第 62 页。

（四）中印两国学前教育师资队伍比较

学前教育师资队伍的数量与质量是影响学前教育发展的关键因素。

通过对中印两国学前教育的教师数量、师幼比及师资培训的比较分析，可以发现中印两国的学前教育师资发展存在一定的差距。根据联合国教科文组织2004~2013年公布的教育统计数据显示，中国的学前教育师资队伍的数量远远大于印度，且增长速度较快，增幅达到73.85%，成为世界上学前教育师资规模最大的国家，学前教育的师幼比与世界平均师幼比水平相比处于中等偏上水平。① 印度在学前教育发展过程中，存在学前教育师资队伍数量严重不足的困境，根据2004~2009年的统计数据显示，印度的学前教育师幼比不仅远远大于世界的平均水平，与中国相比也存在巨大的差距。以2009年为例，中国的师幼比是1∶23，略微高于世界平均水平的1∶21，而同时期的印度师幼比则达到了1∶40，这远远高于中国和世界师幼比的平均水平。在学前教育师资培训体系方面，近年来，随着中国政府逐渐加强对学前教师专业水平的重视，加大了对幼儿教师进行培训的力度，明确提出建立幼儿园园长和教师的培训体系，不断提升学前教育的保教质量。印度政府为提升本国的学前教育师资的专业水平，根据教师员工的岗位需求，设计了不同层次、不同规模、不同目标的资质要求，提供不同的培训安排。如通过邦培训行动计划、非政府组织与国际组织主导的培训项目来提高学前教育师资水平与质量。②

表6　2004~2013年中印两国学前教育教师数量

单位：人

年份	中国	印度	世界
2004	*	629567	2684225
2005	*	716973	2786495
2006	952120	738260	2865055
2007	1009325	*	3061369

① 霍力岩、孙蔷蔷：《中国与“一带一路”沿线国家学前教育发展的比较研究》，《现代教育论丛》2016年第4期，第58页。

② 姜姗姗、齐晓恬等：《印度儿童综合发展服务项目师资建设的实施经验及启示》，《教育探索》2013年第8期，第157页。

续表

年份	中国	印度	世界
2008	1049910	*	3214942
2009	1089118	*	3298037
2010	1205730	*	3431188
2011	1285800	*	3624688
2012	1488150	*	3845112
2013	1655336	*	3876912

资料来源：转引自霍力岩、孙蔷蔷《中国与“一带一路”沿线国家学前教育发展的比较研究》，《现代教育论丛》2016 年第 4 期，第 63 页。

表 7　2004~2013 年中印两国学前教育师幼比

单位：%

年份	中国	印度	世界
2004	*	41	21
2005	23	41	22
2006	23	41	21
2007	22	40	20
2008	22	40	20
2009	23	40	21
2010	24	*	21
2011	23	*	21
2012	23	*	21
2013	22	*	21

资料来源：转引自霍力岩、孙蔷蔷《中国与“一带一路”沿线国家学前教育发展的比较研究》，《现代教育论丛》2016 年第 4 期，第 64 页。

三　中印两国学前教育综合发展水平比较研究的思考

（一）提高学前教育入园率，加快推进学前教育普及

全面普及学前教育已成为中印两国学前教育发展的共同理念与实际需求。中印两国在学前教育的普及进程中，都面临着儿童人口基数庞大、

经济基础薄弱、城乡差异大等问题，这些问题严重制约了两国学前教育的普及。鉴于中印两国在学前教育普及过程中面临着相似的问题，为加快推进学前教育的普及，中印两国政府应该加强交流与合作，从双方学前教育的普及政策及教育行动计划中总结经验。如在推动和保障弱势群体儿童的受教育机会方面，中国政府可以从印度政府颁行的儿童综合发展服务项目（ICDS）中吸取经验教训，印度政府则可以从中国的学前教育三年行动计划中吸取经验教训。又如面对中国学前教育立法缺失的现状，中国政府可以从印度政府将普及学前教育写入《印度宪法》中得到启示，加快本国学前教育的立法工作，从法律层面保障学前儿童的受教育机会；在女童教育问题上，中国可以借鉴印度的发展经验，将女童的教育列入国家的儿童行动计划中。印度政府则可以从中国政府颁布的《国务院关于当前发展学前教育的若干意见》和《国家中长期教育改革和发展规划纲要（2010—2020）》中得到启示，提高对学前教育的重视程度，加强对本国学前教育进行规划。

（二）提升公办幼儿园数量，增加公共学前教育资源

学前教育作为公共服务体系构建、满足民生重大需求的重点领域，决定了政府必须发挥自身的主导作用，构建以政府为主导的学前教育公共服务体系。但是从1997~2009年中国公立幼儿园与私立幼儿园的比例变化来看，中国公办幼儿园的比例持续降低至32%，而民办幼儿园的比例则从占全国幼儿园比例的14%上升到68%。而公立幼儿园只能接纳53%的幼儿。[①] 随着中国政府对学前教育公益性重视程度的不断提升，到2012年，中国公办幼儿园占幼儿园总数的比例达到了51%，但是公办幼儿园在园幼儿人数并没有显著的增加，这反映出中国公共学前教育资源的严重匮乏。根据2012年联合国教科文组织公布的教育年度统计数据显示，印度公办园占幼儿园的总数接近73.9%，公立幼儿园在园幼儿数达

① 李玉峰、左俊楠：《金砖国家学前教育发展比较及启示》，《河北北方学院学报》（社会科学版）2014年第2期，第103页。

到了98%。由此可见，印度的学前教育机构基本上以公办幼儿园为主。有鉴于此，中国政府在推动本国学前教育的发展过程中，针对公办幼儿园占幼儿园总数偏低、公共学前教育资源匮乏，以及民办幼儿园办园机制不健全、园所办学条件较差、办园质量难以保证的实际情况，应该从印度的学前教育发展经验中得到相应启示，加大对学前教育的公共财政投入力度，大力发展公办幼儿园，通过新建、改扩建等方式提升公办幼儿园占幼儿园总数的比例，增加公共学前教育资源，让公立幼儿园承担起学前教育的主要责任，逐步缓解中国现存的“入园难”“入园贵”的问题。

（三）强化政府的主导责任，加大学前教育财政投入

政府占主导的公共投入对于支持优质、公平和可持续发展的学前教育事业至关重要。[①] 在印度政府的推动下，印度学前教育的普及进程很快，自2000年至2010年，印度幼儿园的毛入园率提高了近30多个百分点。[②] 但是，与快速提升的学前教育普及率相比，印度的学前教育投入水平却增长得十分缓慢。根据2003~2012年联合国教科文组织公布的教育统计数据显示，从印度学前教育经费占教育总经费的比重来看，十年中几乎没有明显增长；从学前教育经费占GDP的比例来看，十年间仅增加了10%；从学前教育经费占政府总支出的比例来看，在2003~2006年间，甚至出现了下滑的趋势，从2011年开始才出现增长的趋势。这与印度社会经济发展取得的辉煌成就形成了鲜明的反差。反观中国，在2003~2012年间，国家学前教育的经费投入一直保持着持续增长的态势，且增长的幅度很大。学前教育经费占教育总经费的比重、占GDP的比重、占政府财政支出的比重都有不同程度的持续增长，特别是学前教育经费占教育总经费和占GDP的比重增长的速度非常快，这与中国政府对

① 霍力岩、郑艳等：《部分国家学前教育财政投入特点探析》，《中国人民大学教育学刊》2012年第1期，第138页。

② 潘月娟、孙丽娜：《印度发展学前教育的措施、问题及对我国的启示》，《比较教育研究》2015年第3期，第103页。

学前教育的高度重视存在着密切的关系。因此，印度政府在推进本国学前教育发展过程中，在学前教育公共财政投入方面，应与中国加强交流与合作，从中国对学前教育的经费投入中吸取宝贵的经验，提高对学前教育的重视程度，提高政府对学前教育的财政投入水平。

（四）建设高质量幼教队伍，提升幼儿教师专业水平

印度学前教育面临的教师问题主要表现在师资数量难以跟上学前教育的普及速度，学前教育教师的素质跟不上要求，农村幼儿教师素质偏差且待遇水平较低等问题。[①] 从上面的教育统计数据可以看出，2006 年，印度学前教育的师资队伍数量在 74 万人左右，而中国的学前教育师资数量达到了 95 万人。在师幼比方面，印度学前教育的师幼比达到了1∶40，这远远高于世界平均水平的师幼比，而中国学前教育的师幼比约为 1∶21，与世界平均水平基本持平，处于中等或偏上的位置。在学前教育师资质量方面，中印两国面临着类似的问题，主要表现在学前教育师资队伍的质量不高，难以保证学前教育的质量。因此，在发展学前教育的过程中，印度政府可以从中国政府扩大学前教育师资队伍的措施中，吸取相应的经验，扩大本国的学前教育师资队伍，降低学前教师与学前儿童的比例。在学前教育师资队伍质量建设方面，中印两国应该加强交流与合作，如在保障学前教师的待遇、权益及编制问题，提高学前教师的学历、科研水平，以及针对学前教师的岗位需求、建立有针对性的学前教育师资培训体系等方面，中国政府可以借鉴印度政府推行的 ICDS 项目的具体举措，印度政府则可以借鉴中国政府颁布的《教育法》中有关学前教师的待遇，以及中国在 2011 年开始实施的“幼儿教师国家级培训计划”的具体规定和举措，以提高本国学前教育教师的待遇水平，完善学前教育师资的培训体系，从而推进本国学前教育教师水平和质量的不断提升。

---

① 严仲莲:《中印两国学前教育的发展历史比较》，《学前教育研究》2007 年第 1 期，第 53 页。

浅谈“一带一路”构想下西藏边贸普兰口岸的历史与现状及前景*

伍金加参**

摘　要：“一带一路”倡议的提出，为西藏边贸经济的发展带来了新的契机。作为我国向东亚国家开放的重要通道，西藏在发展边境贸易方面有着明显的优势。本文以“一带一路”倡议为依托，简要分析了西藏边贸普兰口岸的发展历史、存在的主要问题及其原因，并尝试性地提出“一带一路”倡议背景下促进边境贸易发展的几个建议，以期促进西藏普兰边贸进一步健康稳定的发展。

关键词：“一带一路”　普兰口岸　边境贸易　现状　前景

前　言

“一带一路”，即“丝绸之路经济带”和“21 世纪海上丝绸之路”的简称。这一倡议一经提出就受到国际社会的高度关注。为进一步推动这一倡议的实施，2015 年 3 月 28 日，我国政府制定并发布了《推动共建丝绸之路经济带和 21 世纪海上丝绸之路的愿景和行动》（以下简称《愿景和行动》）。《愿景和行动》对我国“一带一路”沿线的不同省市都提出新的任务，其中对西藏提出的要求就是要推进西藏的边境贸易和

---

* 本文系 2015 年度国家社科基金青年项目“西藏阿里普兰女性传统服饰文化的保护与传承研究”（项目号：15XMZ062）、2016 年度西藏大学“珠峰学者人才发展支持计划”阶段性成果。

** 伍金加参，藏族，西藏阿里普兰人，西藏大学旅游与外语学院讲师，西藏大学文学院博士生研究生，主要研究方向：西藏旅游，藏族历史及民俗文化。

旅游文化合作。“一带一路”倡议的实施，将会进一步带动西藏边贸经济乃至整个西藏经济社会的发展，为西藏带来空前的发展机遇。“一带一路”是中国与丝绸之路沿线国家分享优质产能、互惠互利的倡议，它是共商项目投资、共建基础设施、共享合作成果，主要内容包括道路联通、贸易畅通、货币流通、政策沟通、人心相通等“五通”。①

一　西藏边贸普兰口岸的历史背景

“中国西藏与南亚边境贸易源远流长，最早可以追溯到中国唐代，当时吐蕃与天竺、尼婆罗以及突厥等交往密切。据史料记载，公元七世纪吐蕃王朝时期，当时吐蕃王朝便两次派人到印度带回粮食、菜籽及日用品。”②另外，西藏边贸③普兰口岸也具有悠久的发展历史，甚至可以追溯到古象雄文明时期④，当时的象雄、吐蕃与南亚地区的天竺、尼婆罗，以及中亚的突厥等交往密切。17 世纪初，由于边境贸易的不断发展，西藏逐渐形成一些较为固定的且重要的对外边境贸易的路线及市场，对外贸易主要分布在普兰、吉隆、聂拉木等边境地带。到 19 世纪末 20 世纪初，由于东印度在印度南亚次大陆势力的扩张，西藏边贸普兰口岸与印度、尼泊尔边境贸易逐渐扩大，普兰口岸获得了发展。新中国成立后，尤其是随着改革开放政策的实施，中央政府先后批准开放了樟木口岸、普兰口岸、日屋口岸、吉隆口岸。2009 年，西藏在阿里边境确定了“建立南亚陆路贸易大通道”的总体发展目标，为促进西藏边境贸易发展指出了方向。自治区各边境地县也结合各自不同的区域特点，以“通贸兴边”“边贸富县”等发展战略为目标，不断促进区域经济发展，推动西

① 王梦遥：《“一带一路”构想下西藏边境贸易发展问题探究》，《现代商业》2015 年第 20 期，第 94 页。

② 李激扬：《中国西藏与南亚边贸现状及其发展前景分析》，《南亚研究季刊》2006 年第 4 期，第 30 页。

③ 扎西、普布次仁认为：“西藏的边境贸易主要以边民互市交易、边境小额贸易为主。”参见扎西、普布次仁《西藏边境贸易的历史演变与现实情况分析》，《西藏大学校报》（社会科学版）2014 年第 3 期，第 1 页。

④ 才让太、顿珠拉杰：《苯教史纲要》，中国藏学出版社，2012，第 1 页。

藏传统边贸市场向现代边贸市场的转型。由此可见，普兰口岸贸易需要抓住历史机遇，推动实现蓬勃发展。

历史上，西藏普兰边贸口岸对内、对外商品的互补性比较强，经常“以食盐、硼砂、羊毛、牦牛尾、牛绒毛、牛毛、皮、羊等”为主要交换品，边民的日常生活离不开这些边贸商品，他们积极从事与之相关的贸易活动，如，“居住在廓尔喀附近的勒米瓦人，是以木碗为主要商品。居住在‘孜恰列空’和卫藏的贵族世家商人，主要从事茶叶、氆氇、藏毯、皮靴、马街勒、马笼头、丝绸、藏香等贸易交往”[①]。另外，“1954 年印商来此有 130 多家，其中有 30 余家以粮食换盐、硼砂为主，还经营日用品。印商之富者拥有资本八九万卢比，少者也在三四百卢比以上，小商人多以卖糖买羊毛、盐、硼砂为主。尼泊尔商人多系行商，每年来此经商最多时五六百人及一百多顶不大的帐房。单身背筐前来的不少，以小商贩居多”[②]。“1959 年调查，普兰宗下的白勒塘卡市场有外商 175 户 484 人，其中印商 106 户 484 人共有资金约 452210 卢比，尼商 69 户 171 人共有资金 66462 卢比。普兰宗塔尔钦市场，也有外商 47 户 143 人，约有资金 286674 卢比。”[③] 总而言之，普兰边贸口岸的贸易货物种类多样，商品结构根据市场需求和边民生活需要不断调整，互补性较强。

二　西藏边贸普兰口岸的现状

西藏迄今为止一共有五个国家口岸，其中樟木、吉隆、日屋是中尼边境贸易的主要口岸，普兰口岸则跨中印、中尼边境贸易，亚东口岸也

① 洛卓曲金口述《阿里地区部分传统集市贸易见闻》，高禾夫译，《西藏文史资料选集》（十二），民族出版社，1990，第 80 页。

② 刘复生、黄博：《严重依赖外商的近代西藏阿里外贸业》，《藏学学刊》2016 年第 1 期，第 214 页。

③ 新疆阿里工作组：《阿里地区的社会、政治、经济调查》，阿里档案馆，1959，第 13～16 页。

曾跨中印、中尼、中布边境贸易。中尼边境贸易主要以樟木[①]、吉隆[②]、日屋口岸为主，普兰、亚东[③]次之。普兰边贸市场非常繁盛，每年6~10月为贸易季节，牧民及藏商多来此与印度商人及尼泊尔商人进行交易。这里的坐商多半为印商，行商则多为尼泊尔商人。

普兰县地处中、尼、印三国边界，拥有阿里地区唯一的口岸边贸市场，具有得天独厚的自然地理环境。普兰县利用其区位优势，着力推进互市贸易，主要措施包括：扩大特色优势产品交易，努力提高互市贸易额；积极协调“一关两检”，规范口岸管理，进一步完善进出口商品体系；积极筹备边贸商品电商平台推广工作，进一步搞活口岸经济，等等。藏族人类学家格勒博士在《月亮西沉的地方》一书中，经过实地考察后写道：“每逢交易季节，印度人、尼泊尔人、藏族都来了，他们将帆布往土墙上一盖，就成了一间间商铺兼住房。这里有来自印度的布匹、毛线、糖果、咖啡、化妆品、炊具、香料；尼泊尔人的货摊上，偶尔可见一些美国货、日本货。”[④]

近年来，阿里地区普兰县积极建设“西藏边贸经济大县”，扎实推进《自治区普兰口岸发展规划（2011—2020年）》的实施，着力把普兰县打造成“南亚贸易陆路大通道的重要桥头堡、面向南亚和世界的特色旅游目的地、阿里地区经济发展的重要增长极”。笔者目前了解到，普兰县将投资1.5亿元建设唐嘎边贸市场，用以搞活口岸经济，推进口岸

---

① 2007~2009年期间，笔者以导游的身份经过多次实地调查发现，樟木口岸的特色产品与普兰口岸的尼泊尔商品结构类似。

② 2017年，笔者利用暑期的时间进行实地调研，根据统计数据得出初步结论：与普兰口岸相比，吉隆口岸的进口商品量大，因为运输工具为大型卡车，而普兰则靠人马托运；吉隆口岸的进口商主要是尼泊尔商人，而普兰口岸还有印度商人，进而后者的商品结构多样化，具体内容，有待考证。

③ 2011年夏，亚东地震的前三天笔者还在亚东口岸进行实地调查，初步发现，与普兰口岸相比，亚东口岸的商品量少，物流量不足；亚东口岸的贸易时间通常为半天，而普兰口岸从一大早就开始营业，普兰口岸的贸易时间短则几个月，长则半年。有关亚东口岸的资料详见亚东·达瓦次仁《开放和建设亚东口岸是西藏边贸市场建设的最佳选择》，《西藏研究》1998年第2期，第13~21页。

④ 格勒：《月亮西沉的地方——一个人类学家在阿里无人区的行走沉吟》，四川民族出版社，2005，第107页。

建设，努力提高互市贸易额。

据统计，2015 年普兰口岸出入境人数达 24589 人次，边民互市贸易总值达 5419 万元，同比增长 49.3%。通过与自治区商务厅和阿里地委、行署积极衔接沟通普兰口岸建设项目，普兰县进一步推进口岸基础设施建设。目前，投资 1380 万元的“斜尔瓦”监护中队和投资 1198 万元的联检楼升级改造工程均已完工，投资 4394 万元的“斜尔瓦”国门区建设项目开工建设，“斜尔瓦”旅检现场停车场工程于 2015 年 12 月进行招投标，总投资 390 万元的孜拉市场建设项目前置手续办理及项目评审等工作也已完成。

在充分用好、用活国家和自治区给予普兰口岸现有的各项优惠政策的基础上，普兰县积极向国家和自治区争取给予建设普兰口岸更多的政策支持，并以更加优惠的政策积极寻找社会资本，搭建投融资多元化平台，以企业融资的方式开展普兰口岸市场建设。2015 年，投资 1.5 亿元的普兰口岸唐嘎边贸市场建设项目获批，交由阿里地区城投国有资产经营有限公司承建，项目预计于 2016 年初动工建设。

笔者还了解到，唐嘎边贸市场项目建设规划总投资 1.5 亿元，其中阿里地区城投国有资产经营有限公司自筹 7500 万元，申请国家支持 7500 万元。该项目规划占地面积 60451.15 平方米，新建总面积约 37596.05 平方米，其中新建边贸市场总投资 10500 万元，建设内容包括商铺 254 间，公寓 171 间，机动车停车位 200 个，非机动车停车位 385 个；边贸物资交流中心 1 座，总投资 4500 万元，其中物资交流中心 10858.99 平方米，仓库 1653.84 平方米，停车位 273 个，商铺 55 套。2015 年，普兰县已完成了项目前期的规划、地勘、测量、科研等工作，拆除了老县城 53 户居民、14 家单位、2 个加油站，并对相关单位及个人进行了妥善安置，为项目的顺利实施打下了良好基础。投资 1.5 亿元口岸市场建设项目全面启动后，边贸基础设施和管理服务将大为改善。

与此同时，普兰县鼓励群众参与边贸服务活动，让更多群众享受到“边贸福”、吃上“特色饭”。

一是依托斜尔瓦口岸、强拉山口和丁嘎山口，组建边贸旅游服务队，向外来游客提供货运、客运、驮运等服务，赚旅游边贸钱，使更多的群众参与旅游服务、享受旅游实惠、吃上“旅游饭”。据统计，2015 年全年安全顺利接待从强拉山口入境的印度官方香客有 18 批 776 人，从乃堆拉山口入境的官方香客有 5 批 240 人。

二是利用项目帮扶，促进快速增收。在普兰县旅游边贸产业转型升级的过程中，普兰县委、县政府在起草制定《普兰口岸唐嘎边贸市场运营管理方案》时，充分考虑到要与农牧民的精准扶贫、有效脱贫、增收致富等工作进行有机结合，为农牧民创业释放空间，提供机遇，让农牧民以项目载体方式积极参与其中。并通过培训专业人才，以专业人才带动行业发展，特别是依托普兰县丰富的旅游资源，积极鼓励有条件的农牧民从农牧业生产中脱离出来，参与专合组织或从事旅游边贸等服务业，这些措施大大促进了家庭旅馆、农家乐、牧家乐、黑帐篷等实体经济的蓬勃发展，增强了边民的致富本领。此外，通过制作“普兰口岸发展”专题片，以及在普兰口岸新华书店投入使用后，边民的文化素质也得到了进一步的提高。

三　西藏边贸普兰口岸现状的分析及解决策略

“边境贸易作为一种特殊的对外经济贸易形式，不仅具有重要的经济意义，而且具有重要的政治意义。”① 因此，边境贸易发展中存在的问题就是涉及国家之间的政治、经济等方面较为棘手的问题，也就是说，边境贸易问题显得格外的重要。

（一）普兰口岸边境贸易问题分析

1. 边境的自然环境限制边贸的发展

西藏普兰优越的地理位置及丰富的资源为发展边境贸易奠定了坚实

① 王彩霞：《浅谈西藏与尼泊尔边境贸易现状及前景》，《财经智富时代》2016 年第 1 期，第 107 页。

的基础，但是普兰位于世界屋脊的屋脊上，其边境地带多是高山峡谷地貌，对交通的限制明显，也对边贸的发展具有威胁性，限制了边境贸易的快速扩张。

2. 普兰边贸口岸、通道的基础设施建设较为落后

由于普兰受其特殊的高原峡谷地貌的影响，普兰的基础设施现状较为落后。边境地区的地势尤为险峻，对基础设施的建设产生很大的影响，基础设施规模大多较小，而且还不健全。高山、峡谷的环境对于现代科技的应用也产生了阻碍，有时会严重影响通信信号的接收与发出，十分不利于现代口岸建设及边贸发展。

3. 普兰边贸商品结构有待提升

普兰边贸特色商品的创新技术能力和新产品的研发能力不足，使得品种独特而又丰富的自然资源未能得到很好的开发和利用，这就不能形成独具特色的商品优势，导致商品缺乏竞争力。长此以往，这种片面追求总量增长而忽视商品质量的发展模式将会引起边贸发展的不稳定，为此，需要优化边贸出口商品结构。

4. 交通条件较差

良好的交通运输条件可以促进一个国家和地区的经济与旅游发展。改革开放后，在中央政府的支持下，西藏修建了川藏、青藏等公路，目前，西藏基本形成了公路、铁路、航空的交通运输格局，很大程度上改变了过去交通闭塞的局面，加强了与外界之间的交流，促进了西藏地区的经济发展。但是由于自然环境的影响，普兰口岸境外不通公路，货物集散能力有限，因此，交通运输问题成为制约普兰边贸发展的最大问题之一。

（二）普兰口岸边贸问题解决策略

1. 继续改善交通道路条件

西藏是中国通往南亚诸国道路交通中最近、最便捷的通道，是内地与南亚各国进行经济交流的陆上通道，发挥着贸易大通道的作用。因此，

西藏政府应该继续推进西藏交通道路建设，加大对道路建设的投资力度，促进国内其他地区与南亚诸国的经济与旅游往来，带动边境小城普兰及西藏，乃至全国的经济与旅游发展。

2. 加快建设口岸的硬件设施和软环境

根据推进“重点建设吉隆口岸，稳步提升樟木口岸，积极恢复亚东口岸，逐步发展普兰口岸和日屋口岸”的口岸发展战略，在突出普兰口岸发展重点的同时学习其他口岸，从而将这些口岸有机地联系起来，使其相互作用，相互影响，最大限度地发挥普兰口岸的优势。

3. 进一步优化普兰边贸的商品结构

“商品经济的发展，商品生产社会化程度的提高和国际分工的加强，各国之间互补互利的存在和发展，必然导致各国各地区之间互为市场开放状态，必然要求各国之间发展经贸关系。这是不以人们的意志为转移的。”① 因此，应优化普兰边贸商品结构，尽可能地拉长产业链，努力提高出口产品的科技含量。同时，普兰边贸作为一种独特形式的边境贸易，每年能吸引大量边民，要加大对它的扶持。此外，旅游业和高新技术产业的发展能为普兰经济的可持续发展提供长久的动力，应加强对旅游业和高新技术产业的重视。

4. 切实制定好边贸经济与旅游业的发展规划

现阶段普兰边贸仍然沿用传统的贸易方式，贸易形式较为单一，加上政治、自然环境等因素的影响，使得近年来普兰边贸总量虽然保持增长，但是与国内其他边境城镇相比，边贸总量较低。因此，西藏政府应制定合适的普兰边贸发展规划，充分发挥普兰边贸资源的优势和潜力，提高普兰边贸交易总量，根据经济与旅游效益和国家安全相结合等原则，参考国内其他边境地区发展边贸经济与旅游的经验，并结合当前国际市场规则制定政策规划，给予西藏普兰边贸活动特别的关注和政策上的支

① 卢秀璋:《从西藏边贸和亚东口岸的历史与现状看我国与南亚各国贸易发展的前景》，《西藏研究》1994 年第 3 期，第 9 页。

持，增加对普兰边贸市场和口岸投资建设，开展类似开放贸易区、出口加工区等形式的边境贸易。

四　西藏普兰口岸边贸的展望

历史上南亚大通道上的诸国是中国的友好邻邦，边境贸易的友好处理不仅可以促进边境地区经济、旅游业的发展，而且对于维护各国局势的稳定也具有重要意义。因此，通过“一带一路”建设，可以加深与南亚诸国的经贸合作，有助于中国“以我为主”的对外贸易网络的构建。

在“一带一路”倡议和国家大力促进西部大开发的政策推动下，西藏普兰口岸应抓住对外开放和机遇，努力简化边境贸易的各项手续，将边境贸易优惠政策落到实处，不断提高边贸管理方式，优化贸易形式，积极促进边境贸易的健康发展，促进边境地区的社会和谐稳定和经济的发展，努力提高边境地区人们的生活水平。同时，进一步加强与南亚诸国之间的友好合作，从而推进全方位、多层次的边境地区贸易格局的形成。

西藏“互联网+物流”对接 B&R 的策略分析与研究

杨卫华*

摘　要： 本文旨在研究西藏“互联网+物流”背景、任务与策略措施。本文分析了西藏地区经济结构单一、物流企业分散、乡镇物流基础差等产业特征，以及多式联运协调性差、信息网络敏捷性低等影响物流效率的问题，阐明了构建供给侧改革产业供应链、优化物流资源，发展多式联运、提高物流技术水平、建立物流信息平台是西藏对接 B&R 的必然选择，并指出多环节降低物流成本是“互联网+”环境下促进区域内产业扩张与升级的有效措施，是西藏居民增收、企业供给侧转型和增强经济竞争力的必然途径。

关键词： 西藏　“互联网+物流”　B&R　成本　策略

引　言

随着世界经济的快速发展和现代科学技术的进步，物流业已经成为国民经济中一个新的重要经济增长点，被称为“第三利润源泉”。

就物流企业而言，物流成本通常是指企业物流活动中所消耗的物化劳动和活劳动的货币表现，包括货物在运输、储存、包装、装卸搬运、流通加工、物流信息、物流管理等过程中所耗费的人力、物力和财力的总和，以及与存货有关的流动资金占用成本、存货风险成本和存货保险成本。按物流活动的范围进行成本分类，将物流成本分为供应物流成本、

---

* 杨卫华，西藏大学工学院讲师，研究方向：交通运输。

生产物流成本、销售物流成本、退货物流成本和废弃物流成本①。

一　西藏“互联网+物流”对接“一带一路”（B&R）任务与背景分析

B&R是全球价值链规则制定与利益分享机制，通过优化沿线国家贸易竞争，促进贸易互补，深化和融合B&R相关国家间的贸易合作关系，实现共赢共享，它要求各参与方在交通互联、信息共享、区域统一标准与接口的大框架内实现多式联运体系。

以拉萨为中心“3小时经济圈”西藏内联外通大通道是“十三五”规划项目。当前，西藏高效立体多式联运网络已初步形成，主要表现在以下三个方面：第一，航空，以拉萨贡嘎机场为中心，以昌都邦达、林芝米林、阿里昆莎、日喀则和平机场为节点的机场布局及配套机场高速（拉贡、拉林、泽贡、日喀则）；第二，铁路，以拉萨为枢纽，由青藏、拉日、拉林、川藏、新藏、玉昌构成主骨架的格局正快速形成；第三，公路，基本建成以拉萨为中心，“三纵、两横、六通道”为主骨架，东连四川和云南，西接新疆，北连青海，南通印度和尼泊尔，地市相通，县乡连接的公路交通网络②。至2017年底，西藏公路通车里程达到9万千米，高等级公路通车里程达到613千米，乡镇公路通达率达99.7%，建制村通达率达99.2%。西藏当前物流服务主要有：自有车、散车、小型物流公司、中邮物流公司、中铁运输公司、圆通、申通、顺通、韵达、敦豪（DHL）等。

由于受到特殊的高原环境的影响，西藏经济基础结构分布单一，其经济活动中区域内供应链管理水平低，而且西藏四个经济区之间也存在着乡镇物流基础差、多式联运协调性差、信息网络敏捷性差等影响物流效率等现实问题。为此，以市场经济为指导，参与融合北部湾为枢纽的南向大通道与中欧贸易、“推进西藏与尼泊尔等国家边境贸易和旅游文

---

① 《企业物流成本计算与构成》［S］（GB厅20523-2006）。

② 《西藏发布综合交通运输“十三五”规划》，中国公路网，2017年5月12日。

化合作”[①]、建设南亚通道就成为目前西藏“互联网+物流”建设的主要任务[②]，加强跨省跨国基础设施建设、引导地方企业参与国际合作、区域内部产业供给侧改革是西藏区当下工作要点。在西藏“互联网+交通运输”创新合作方面，选择“互联网+物流”发展策略，优化区内物流资源，降低物流成本成为西藏对接B&R，规划物流产业与发展物流企业的重点方向[③]。

二　西藏物流成本策略分析与研究

物流系统的两个主要功能是时间效应和空间效应。利用现代信息技术对物流环节进行功能整合，联合运输、延迟物流、加工配送一体化等，是降低物流成本的有效形式。

1. 构建供给侧改革产业供应链

合理完善供应链物流系统，通过促进物流系统的敏捷性，消除不增加价值的部分，能为供应链顺畅运行和商品价值提升、价格下降提供有力保障。为此，对西藏四个经济区的重要物流业务进行区域供应链重组，物流核算体系独立，市场指导下促使西藏初级资源生产形成集成化优势，物流供应链管理的合理性和协调性将使物流园区的内外联通更加有序；同时，经济区之间协调组成的全区供应链联合体，有利于全区初级产业开发与结构调整，继而实现全区第一、第二产业整体社会经济效益最大化。

2. 优化物流资源，发展多式联运

西藏中部经济区“一江两河”的商品粮、手工艺品、副食生产基地具有运量大、供应链区内参与方多、就业人数多等特点，因此，可以选

---

① 图登克珠：《“一带一路”背景下西藏建设面向南亚开放重要通道的战略选择》，《西藏民族大学学报》（哲学社会科学版）2017年第1期，第11~14页。

② 陈帝养等：《西藏物流系统优化机制研究》，《知识经济》2012年第8期，第114~114页。

③ 《政协委员谈“一带一路”：讲好“我们之间的故事”》，中国一带一路网，2018年3月12日。

择公铁路结合航空辐射的运输方式；西部经济区“五国一区”重点发展旅游业等第三产业资源，限于物流资源，可以选择公路—航空结合的运输方式；东部经济区发展农牧林矿及中药、旅游、毛纺等产业，可以选择以拉林铁路为主，航空—公路为辅的运输方式；北部经济区的畜牧生产可以依托青藏铁路，选择以铁路为主、公路为辅的运输方式。“互联网+物流”创新是西藏针对物流时间效应和空间效应反馈的有力措施，区段性高速道路的建设将模糊交通运输方式的界限，B&R平台提供的外联信息是物流系统结构导向的重要支撑，也是指导区内交通基础设施的需求建设的参考要素。

3. 提高物流技术水平

B&R平台下“互联网+”会扩散到区内各产业供应链内的每个商品生产个体，配套物流的效率价值将逐步成为商品价值的重要组成部分与竞争力体现，这对市场环境下的物流企业技术水平将形成以下需求。

（1）精细化。物流价值产生于商品的生产、流通与消费环节，西藏商品可以采用精细化包装、新型保鲜技术，延长储藏时间，扩大销售半径，最终形成或提高初级产品的商业价值。

（2）敏捷性。现代电子商务中生产系统基本采用定制化的生产方式，用以满足消费者的个性化需求。生产系统的快速反应必然要求物流系统与之快速匹配，只有物流信息化才能实现快速反应。随着网上购买比例的逐步增加，西藏要适应信息化、网络化趋势，加快发展电子商务，推进网上交易。

（3）削减退货成本。需要注意的是，西藏网购商品规模一般较小，也很分散。由于商品入库、账单处理等业务复杂，削减退货成本是物流成本控制活动中特别要关注的问题。

4. 建立物流信息平台

（1）发展协作型物流信息平台。西藏分散生产的特点决定了全区物流的运作主体仍然是以批发市场为主。因此，依托第四方物流（4PL）和个人终端，利用物流信息平台（如中国物通网、全国物流信息网），整合和管理自身的及其他服务提供商补充的资源、能力和技术，发展信息主导型与物流专业化批发市场将是区内物流的特色。第三方物流和第四方物流同平台协作是有效提高西藏商品竞争力与流通效率的重要措施。

（2）信息替代库存。现代物流企业通常应用仓库管理系统（WMS）和运输管理系统（TMS）等无纸化管理技术来提高运输与仓储效率。西藏物流业可以采用 JIT、CPFR、VMI、SMI 等供应链管理技术，建设综合交通运输大数据中心，形成数据开放共享平台，实现与供应商和客户信息共享、协同商务，以便用信息替代库存。

（3）物流服务科技化。物流软件商可以将行业标准、优化的流程和商业智能融入软件系统，客户既可以选择成套的行业解决方案，也可以根据实际需要先上一部分模块，还可以通过信息中间商（Informediary）完成采购、供应、物流服务、承运人、海关、金融服务等物流服务。随着电子商务的兴起，网上交易将日益活跃，西藏地区可以发展一批物流软件服务企业，将其发展成为物流技术扩散源，从而有力地促进各类企业在市场中的竞争力。

小　结

物流业涉及领域广，吸纳就业人数多，促进生产、拉动消费的作用大，是“互联网+”时代社会就业的重要渠道。

B&R 国际合作中，中国企业“走出去”要求法律与规则先行，以市场经济为导向实现“共赢共享”与落地生根，物流企业是标兵。

西藏“互联网+物流”的发展需要交通基础设施建设投入与企业自身硬件提升，“互联网+”更要求西藏物流行业在时间效应和空间效应上与本地企业协作共赢、削减成本。发展“互联网+物流”，对西藏居民增收、西藏经济结构供给侧改革和增强经济竞争力具有十分重要的意义。

“一带一路”倡议下西藏地区边境贸易发展的新机遇

孙　敏　鲁同所　杜　春*

摘　要：“一带一路”倡议的提出给西藏的边境贸易发展带来空前的发展机遇。西藏有其独特的区位优势，同时又是中国南亚大通道建设的重要门户，加强与尼泊尔的边境贸易不仅带动了西藏的经济增长，扩大了西藏对外开放水平，而且对中尼两国的经济发展都具有重要作用。本文分析了中国与尼泊尔边境贸易发展的现状及其意义，指出了“一带一路”建设给中尼边境贸易合作带来的新机遇。

关键词：西藏　“一带一路”　边境贸易

一　“一带一路”建设中西藏的战略地位

西藏位于中国西南边陲，在其特殊的自然地理环境下，孕育出了灿烂独特的文化，是中国西南重要的边陲门户①。长期以来，西藏的战略地位一直受到党中央、国务院的高度重视。党的十八大以来，以习近平为总书记的党中央对治藏方略进一步丰富和发展，提出了“治国必治边、治边先稳藏”的重大战略思想，随着党的治藏方略的不断完

---

*　孙敏，汉族，黑龙江伊春人，西藏大学教育学院硕士研究生，研究方向：教育学；鲁同所，汉族，河南濮阳人，中科院天体物理学博士，西藏大学理学院讲师，硕士生导师，研究方向：暗物质、引力波、宇宙线；杜春，汉族，北京人，清华大学理学博士，中国科学院粒子物理学博士后，西藏大学理学院讲师，研究方向：粒子物理、引力波。

①　董莉英：《西藏地方与尼泊尔贸易试述》，《中国藏学》2008年第1期，第218~222页。

善和发展，西藏的战略地位不断提升[①]。西藏不仅仅是与尼泊尔相邻的重要边境口岸，更是我国与南亚沟通的重要通道[②]。中国的对外贸易在改革开放以来得到飞速发展，边境贸易也不断繁荣增长。由于西藏与尼泊尔天然的地缘优势，以及相同的宗教信仰和相似的生活习惯，中尼边境贸易的发展更是具有重大潜力。《推动共建丝绸之路经济带和21世纪海上丝绸之路的愿景与行动》（以下简称《愿景与行动》）明确提出，推进西藏与尼泊尔等国家边境贸易和旅游文化合作。在“一带一路”倡议的不断推进下，乘着“一带一路”发展的列车，通过深入挖掘西藏与尼泊尔经贸合作的潜力，推动南亚大通道和环喜马拉雅经济合作带建设，能够进一步发挥西藏在“一带一路”建设中的地缘战略作用，为早日实现全面小康社会、人民共同富裕贡献西藏的力量。

二　中尼边境贸易概况

（一）中尼边境贸易的现状

西藏与尼泊尔分布于喜马拉雅山脉两侧，由于两国的区位与地缘特点，中国与尼泊尔的通商合作由来已久。在悠久、良好历史关系的基础上，中国与尼泊尔的经贸合作具有更加美好的发展前景[③]。中国在经济全球化及区域经济一体化的洪流中，由贸易大国迈向贸易强国行列。中国与尼泊尔的贸易主要通过西藏进行合作，虽然西藏与尼泊尔的贸易总额在中国的对外贸易总额中占比不大，但对中国来说，藏尼的边贸合作对南亚大通道建设和推进西藏地区的经济繁荣发展具有重要的意义，而对尼泊尔来说，与中国的贸易往来也是其尽早摆脱贫困，实现经济进一

---

① 杨亚波：《西藏融入“一带一路”战略的现实需求和战略选择》，《西藏发展论坛》2015年第5期，第27~32页。

② 唐小明：《建设南亚大通道融入丝绸之路经济带格局下的西藏物流发展战略研究》，《西藏科技》2015年第10期，第17~20页。

③ 普布顿珠：《中尼边贸发展趋势分析》，《西南金融》2010年第8期，第47~48页。

步发展的重要战略[①]。

根据要素禀赋理论，一国应该生产并出口该国相对丰裕要素密集型产品，进口该国相对稀缺要素密集型产品[②]。尼泊尔北部与中国相邻，东部与印锡金邦为邻，西部和南部与印度接壤，是个完全的内陆国家，劳动生产力相对落后，为典型的农业国；中国作为世界第二大经济体，经济、文化及科学技术等发展已有相当规模。在两国的贸易往来中，中国主要向尼泊尔出口密集使用资本和技术的工业制成品，而尼泊尔向中国出口密集使用资源和劳动密集型产品[③]。由此可见，中尼之间贸易往来具有较大的互补性，双边经贸合作存在较大的发展空间[④]。

从贸易平衡角度来看，在中尼贸易中，中国一直处于高强度顺差状态，尼泊尔一直处于逆差状态，这主要是由两国的经济形势导致的[⑤]。在两国贸易的商品类型构成上，中国向尼泊尔出口的产品大部分为工业制成品，而尼泊尔由于其经济落后的国内形势，出口的产品大部分为原材料和初级制成品[⑥]。虽然尼泊尔有其天然的地缘优势，其出口的农产品具有低价格的优势，但尼泊尔对中国的制成品类商品的需求远远大于中国对其低价农产品的需求，这就造成了两国贸易极不平衡的状态。所以在扩大两国贸易额的同时，更应该思考两国贸易的平衡性问题。

随着近千年中尼商贸关系的发展，中国西藏和尼泊尔之间的边境口岸已初具规模，其中樟木、普兰、吉隆和日屋边境贸易口岸是进

① 张杰：《中国和尼泊尔贸易现状、问题及对策研究》，硕士学位论文，河北经贸大学，2014，第8~11页。

② 李坤望：《国际经济学》，高等教育出版社，2005，第55页。

③ 黄正多、李燕：《中国—尼泊尔经贸合作：现状、问题与对策》，《南亚研究季刊》2010年第4期，第67~72页。

④ 骆海燕：《中尼边贸发展浅析——基于"一带一路"战略》，《商场现代化》2016年第16期，第7~8页。

⑤ 苏加：《中国与尼泊尔双边贸易及投资前景分析》，《经济论坛》2011年第1期，第94~96页。

⑥ 利拉·玛尼·博迪亚、王娟娟：《尼中关系的历史、现状与未来》，《南亚研究季刊》2010年第4期，第67~72页。

行边境贸易和南亚大通道建设的大门，边贸口岸建设为中尼贸易搭建了更好的贸易平台①。同时，保障中尼贸易更好发展的基础设施建设也更加完善。中尼之间由于喜马拉雅山脉的阻隔，交通的不便利是影响中尼贸易的主要问题。目前，青藏铁路延伸线拉日铁路通车，下一步将延伸至尼泊尔首都加德满都，构建中尼铁路。此外，川藏铁路开工，滇藏铁路前期工作也正式展开②。中尼贸易的交通基础设施的改善将为双边的合作提供更大的便利，可以预测两国双边贸易规模还会进一步扩大。

（二）中尼边境贸易存在的问题和解决策略

中尼双边贸易在近年来的发展处于稳定增长状态，发展前景良好，但其发展过程中存在的问题也是不容忽视的。由于尼泊尔与中国经济发展上的巨大差距，中尼贸易顺差问题严重。尼泊尔是农业大国，是世界上最不发达的国家之一，其出口到中国的低价农产品和初级原材料市场竞争力不大，需求量小，这就造成了中尼贸易额小，顺差严重。长期的贸易顺差不利于两国贸易的良好发展，而如此巨大的贸易顺差也不可能在短时间内得以解决。这就需要调整贸易方式，寻找贸易机会，最主要的就是实现尼泊尔国内的经济增长，调整产业结构模式，促进中尼贸易长远发展。

商品结构相对单一也是中尼贸易的主要问题，这主要是由尼泊尔国内的产业结构单一和经济发展较慢等原因导致的。这就需要尼泊尔加快产业结构升级和大力培养技术人才，同时加大中国对尼的战略性投资，积极推进两国贸易往来，实现中尼贸易进一步发展。

（三）中尼边境贸易的意义

中国与尼泊尔的边境贸易虽然对中国整体经济发展贡献不大，但对

---

① 王培县、董锁成、刘欣：《立足南亚地缘战略 建设中尼陆路贸易通道》，《西藏研究》2008年第1期，第103~109页。

② 杨富：《西藏南亚贸易陆路大通道战略的内涵》，《西藏发展论坛》2013年第1期，第52~54页。

西藏地区的经济发展具有重要意义。西藏地区由于地理历史原因，与内陆地区相比有其独特的文化，生活方式及习惯与内陆地区相差较大，且西藏地处高原，交通便利性差及文化差异大，这就导致内陆地区对西藏的特殊需求供应不到位。而西藏与尼泊尔有共同的佛教信仰和相似的生活习惯，藏尼之间的贸易弥补了西藏本身生产能力不足和内地供应不便利的缺陷，满足了西藏地区对宗教用品的大量需求。而且，中尼之间的贸易往来对西藏的经济增长具有推动作用。西藏地处西南高原，交通的不便利导致其经济发展相对落后，尼泊尔作为与西藏贸易往来最密切的国家，藏尼之间的贸易在很大程度上带动了西藏经济的发展，中尼贸易也提高了西藏的财政和外汇收入水平，为西藏的 GDP 增长做出了巨大的贡献①。

西藏与尼泊尔的双边贸易交流也推动扩大了西藏的对外开放水平。虽然西藏由于其特殊的地理位置，对外交流相对封闭，但在国家的对外开放政策和西部大开发政策的支持下，藏尼之间的交流合作不断发展，互通联结进一步加强，西藏有了更多的与外界交流互通的机会，而且西藏作为中国与南亚互通联结的重要门户，其对外开放水平的提高更加有利于中国的南亚大通道建设，加强了中国与南亚的合作交流②。

发展中尼贸易对于促进中尼两国自身发展都至关重要，同时也符合两国战略合作的发展方向。结合两国贸易历史及现状，可得知中尼两国之间存在较大的贸易互补性和相关性，中尼贸易仍然具有较大的发展空间。在“一带一路”新形势下，中尼双方更应把握机会，迎接挑战，实现中尼贸易合作跨越式发展，带动两国经济更好、更快发展。

---

① Kalyan Raj Sharma：《中国-尼泊尔贸易现状、影响及发展路径研究》，《生产力研究》2009 年第 21 期，第 129~130 页。

② 李涛、戴永红：《尼泊尔政局与中国的策略选择》，《南亚研究季刊》2010 年第 3 期，第 27~33 页。

三　“一带一路”给中国与尼泊尔的边境贸易发展带来的新机遇

在“一带一路”框架下深化中国与尼泊尔的合作交流对双方都是机遇。根据《愿景与行动》提出的推进西藏与尼泊尔的边境贸易和旅游文化合作的要求，西藏要紧紧抓住“一带一路”建设发展机会，发挥西藏独特的区位优势，扩大对外开放水平，加强与尼泊尔的边境贸易合作，积极参与南亚大通道建设和推动环喜马拉雅经济合作带建设，推动两国经济的发展。

首先，改善贸易环境，稳固贸易合作。政治关系是经贸关系的重要影响因素，稳定的政治关系是双边贸易发展的基本保证①。中国与尼泊尔建交的60多年时间里，两国的政治关系稳步发展，为中尼贸易的健康稳定发展提供了保障。乘着“一带一路”发展的列车，在进一步增强两国友好交往的基础上，扩大两国合作，推进经济、文化、农业和基础设施建设等方面的交流与合作，鼓励发展旅游业、发电产业及纺织产业等，形成互利共赢的良好合作模式，减少贸易摩擦，营造一个良好的贸易合作环境，从而使双边贸易更趋于稳定。

其次，拓展贸易领域，促进贸易平衡。扩大中尼贸易领域的益处不仅在于推动当前贸易数额的增长，更对两国经济发展有显著的促进作用。在中尼经贸快速发展的巨大前景下，中尼双方应该共同探索更加广泛的贸易合作领域，如加工贸易、服务贸易等方面，探索新型贸易合作方式。同时，中方应加大对尼的投资力度，制定相应贸易政策，解决贸易壁垒问题，减小中尼贸易逆差，扩大中尼贸易规模。在这一过程中，还要着力改善两国贸易失衡的状态，鼓励出台惠及双方的贸易政策，为两国更好进入南亚市场打下更坚实的基础。

最后，规划长期合作，实现互利共赢。中国与尼泊尔的贸易合作目前正处于平稳发展阶段，为进一步实现中尼全面贸易伙伴关系，就要制

① 王大明：《尼泊尔政局新变化对中尼关系的影响》，硕士学位论文，外交学院，2009，第8~10页。

定适合双方发展的长期合作规划，进一步加强两国政府和企业之间的沟通与交流，在有国家保障的基础上实现信息效益最大化，形成互利、双赢的经济合作模式。此外，除了制定经济政策外，双方还应加强文化交流，增强相互之间的文化认同感，进一步推进经贸合作，促进双边更好的发展。

原载于《北方经贸》2017 年第 9 期

图书在版编目(CIP)数据

“一带一路”倡议与西藏经济社会发展研究 / 图登克珠，徐宁编著. -- 北京 : 社会科学文献出版社，2018.7

（西藏经济文化研究中心文库）

ISBN 978-7-5201-2901-5

Ⅰ. ①一… Ⅱ. ①图… ②徐… Ⅲ. ①区域经济发展-研究-西藏②社会发展-研究-西藏 Ⅳ. ①F127.75

中国版本图书馆 CIP 数据核字（2018）第 140203 号

· 西藏经济文化研究中心文库 ·

“一带一路”倡议与西藏经济社会发展研究

编　　著 / 图登克珠　徐　宁

出 版 人 / 谢寿光
项目统筹 / 宋月华　王晓慧
责任编辑 / 孙以年　王晓慧

出　　版 / 社会科学文献出版社 · 人文分社（010）59367215
地址：北京市北三环中路甲 29 号院华龙大厦　邮编：100029
网址：www. ssap. com. cn
发　　行 / 市场营销中心（010）59367081　59367018
印　　装 / 三河市东方印刷有限公司

规　　格 / 开 本：787mm × 1092mm　1/16
印 张：15　字 数：212 千字
版　　次 / 2018 年 7 月第 1 版　2018 年 7 月第 1 次印刷
书　　号 / ISBN 978-7-5201-2901-5
定　　价 / 98.00 元